new academic press

Bildnachweis:
S. 12 – PD 19550515_PD0189 (RM) Staatsvertrag 1955
S. 15 – PD 20061005_PD2139 (RM) Leopold Figl
S 23 – PD 19660419_PD0020 (RM) Regierung Klaus II
S 55 – PD 19940101_PD8037 (RM) EU Beitritt
S 77 – PD 20040419_PD4700 (RM) Hainburg
S 85 – PD 19940624_PD0022 (RM) Mock Vranitzky
S 117 – PD 20170829_PD0867 (RM) Karl Renner
S 118 – PD 19590510_PD0008 (RM) Julius Raab
S 123 – PD 19860101_PD2526 (RM) Angelobung Waldheim
S 124 – PD 20060913_PD1317 (RM) Sinowatz – Vranitzky
S 136 – PD 20080708_PD1536 (RM) Klaus Kreisky TV
S 153 – Kurt Langbein
S 157 – PD 20050920_PD3409 (RM) Simon Wiesenthal
PD: APA – Austria Presseagentur, Picture Desk

Cover: Reinhold Gärtner und Anton Pelinka – privat

Bibliografische Information der Deutschen Nationalbibliothek
Die Deutsche Nationalbibliothek verzeichnet diese Publikation in der
Deutschen Nationalbibliografie; detaillierte bibliografische Daten
sind im Internet über http://dnb.de abrufbar.

© 2019 by new academic press, Wien, Hamburg
www.newacademicpress.at

ISBN: 978-3-7003-2107-1

Coverfoto: © Verein f. intern. Politik
Gestaltung: Peter Sachartschenko
Druck: CPI buch bücher.de

Reinhold Gärtner

Anton Pelinka: That's Politics.
Gedanken zur Zweiten Republik

nap new academic press

Inhalt

Vorwort

Die Politikwissenschaft wurde in Österreich mit einer gewissen Zeitverzögerung universitär verankert. 1968 entstand in Wien eine „Professur für Philosophie der Politik- und Ideologiekritik", seit 1971 gab es Politikwissenschaft als kombinationspflichtige Studienrichtung; 1971 wurde der erste Lehrstuhl für Politikwissenschaft an der Universität Salzburg besetzt.

Einige Jahre später, Mitte der 1970er Jahre, entstand das Institut für Politikwissenschaft an der Universität Innsbruck und der erste Lehrstuhlinhaber – und langjährige Institutsvorstand – war Anton Pelinka.

1985 kreuzten sich unsere Wege. Ich kam ans Institut und konnte hier meine Dissertation, später meine Habilitation schreiben und bin seither am Institut tätig.

Anton Pelinka war mir bereits vorher bekannt – als einer jener Wissenschaftler, die in einzigartiger Art und Weise im Stande waren (und sind), Politikwissenschaft nicht nur im Elfenbeinturm zu betreiben, sondern Politik ganz wesentlich auch innerhalb und außerhalb der Universität zu beobachten und zu analysieren. Und diese Fähigkeit zeichnet Anton Pelinka nach wie vor aus. Seine Analysen sind immer treffend und prägnant, und obwohl sie sich dadurch auszeichnen, dass sie von einer notwendigen Distanz und parteipolitischen Unabhängigkeit geprägt sind, wurde er zu Unrecht wiederholt in die Nähe politischer Parteien gerückt.

Pelinkas lebenslanges Eintreten für Demokratie, für Grund- und Menschenrechte passte nicht so recht in ein schematisches Denken, das zwar ein *entweder – oder*, nicht aber ein *sowohl – als auch* kannte.

Die Analysefähigkeit Pelinkas gründet auf einem enormen Wissensschatz. Ihm ist nicht nur die österreichische Politik vertraut, ihm sind auch die Vergleiche wichtig und diese Vergleiche machen es erst möglich, die österreichische Politik nicht nur mit Scheuklappen zu sehen, sondern immer in einen größeren Kontext zu setzen und damit zu verstehen. Gastprofessuren an der Jawaharlal-University in Neu Delhi, an der University of New Orleans, der Stanford University in Kalifornien, der Harvard University in Cambridge/Massachusetts, an der University of Michigan in Ann Arbor, an der Unversité Libre de Bruxelles, an der Hebrew University in Jerusalem sind nur einige der Wissenschaftsstationen außerhalb Österreichs, die letzte Professur führte ihn an die Central European University in Budapest (2006–2018).

Dieser umfassende wissenschaftliche Fundus von Anton Pelinka fand Niederschlag in zahllosen Publikationen. Das vorliegende Buch sollte deshalb nicht ein Auszug aus dieser Unmenge an Werken sein, sondern eine Aufzeichnung seiner Gedanken zu einem kleinen Teil seiner wissenschaftlichen Forschung – zur Zweiten Republik.

Als ich im Sommer 2017 Anton Pelinka die Idee zu dieser Publikation vorschlug, kam postwendend seine Zustimmung. Es sollten Gespräche zur Zweiten Republik werden, nicht im Sinne eines chronologischen, zeitgeschichtlich vollständigen Abrisses, sondern als Art Gedankensplitter, als Festhalten von einigen, sehr subjektiv ausgewählten aber doch wesentlichen Aspekten dieser mittlerweile mehr als 70 Jahre österreichischer Politik. Die (stundenlangen) Gespräche haben wir dann im Frühjahr 2018 geführt, meine Rolle dabei war jene des Fragestellers, Antons Rolle jene des Spezialisten, der auf diese Fragen ausführlich einging und seine Antworten dazu präsentierte. Die Auswahl der Themenbereiche ist dabei genauso subjektiv wie die Antworten. Das ändert aber nichts an der Fundiertheit und analytischen Präzision, die der Blick durch die wissenschaftliche Brille von Anton Pelinka offenlegt.

Da das gesprochene und das geschriebene Wort unterschiedliche Textsorten sind, wurden die Transkripte von mir bearbeitet und in Buchform gebracht. Mit Ergänzungen wurde relativ sparsam umgegangen, einige Fakten bzw. Daten sind in Fußnoten genauer präzisiert bzw. erklärt. Zudem rundet eine Zeittafel die Publikation ab, da wir davon ausgegangen sind, dass viele Daten zwar für manche oft noch in Erinnerung, für andere aber ohne Erklärungen nicht mehr so leicht einordenbar sind.

Bei Anton Pelinka möchte ich mich herzlich bedanken: Zum einen für seine Bereitschaft, diese Gespräche zu führen; zum anderen an dieser Stelle aber auch für die mittlerweile jahrzehntelange Unterstützung, die er mir in meiner beruflichen Laufbahn immer wieder gegeben hat. Ohne Anton Pelinka wäre meine politikwissenschaftliche Tätigkeit in dieser Art und Weise nicht möglich gewesen.

Innsbruck, Oktober 2018

Vorwort Anton Pelinka

Dieses Buch ist das Ergebnis einer sehr, sehr langen freundschaftlichen Zusammenarbeit – zwischen Reinhold Gärtner und mir: am Institut für Politikwissenschaft der Universität Innsbruck, im Rahmen des Universitätslehrganges Politische Bildung, in der Gesellschaft für Politische Aufklärung. Reinhold und ich sahen (und sehen) gemeinsam die Verpflichtung, politisches Wissen zu vermitteln, das sich auf wissenschaftlich gewonnene Beobachtungen, Beschreibungen und Analysen stützen kann. In diesem Sinn waren und sind wir Moralisten – bestimmt von einem Gefühl der Verpflichtung, Einsichten in politische Zusammenhänge weiterzugeben. In diesem Sinn waren und sind wir auch Optimisten, beeinflusst von der Überzeugung, dass politikwissenschaftliche Lehre und politische Bildung ein Stück Politik sind, wie es Max Weber definiert hat: das hartnäckige Bohren dicker Bretter, mit Augenmaß und Leidenschaft; und beeinflusst von der Überzeugung, dass die Vermittlung von Wissen Wirkung zeigt.

Das Buch ist das Buch Reinhold Gärtners. Er hatte die Idee, unsere Gespräche in Buchform festzuhalten. Ich habe diese Idee gerne aufgegriffen, weil diese Veröffentlichung die Fortsetzung meiner über Jahrzehnte praktizierten Lebensaufgabe ist: Politik zu vermitteln – nicht als „staatsbürgerliche Pflicht", sondern als eine Erfahrung in und mit einer spannenden Umwelt.

Das Buch, seine Art und sein Inhalt, haben viel mit Reinhold Gärtners und meiner Tätigkeit am Institut für Politikwissenschaft zu tun. Es ist Ausdruck eines kooperativen Klimas, eines wechselseitigen Wohlwollens – auch und gerade im Interesse der Studierenden, der Lesenden. Und das Buch drückt auch ein bestimmtes Verständnis von Politikwissenschaft aus: Diese verkündet keine letzten Wahrheiten – sie stellt Erkenntnisse zur Diskussion, die im wissenschaftlich gestützten Diskurs sich weiterentwickeln können, sich weiterentwickeln sollen.

Innsbruck, im Oktober 2018

Entscheidende Momente

Es gibt im Verlauf der Zweiten Republik eine Reihe von markanten Daten: 1945 die Gründung der Republik; 1955 der Staatsvertrag von Wien, damit verbunden der Abzug der Alliierten und das Neutralitätsgesetz; 1966 die erste Alleinregierung; 1986 die Waldheim-Debatte und die Thematisierung der Mitverantwortung bzw. Mittäterschaft am Nationalsozialismus und an den NS-Verbrechen oder 1995 der EU-Beitritt.

Natürlich steht am Anfang der 27. April 1945, gleichsam als *das* Schlüsselereignis. Ein Ereignis, bei dem einige wenige Politiker, die alle tief in der Vergangenheit verwurzelt sind – allen voran Karl Renner – erkennen, dass sich ein Fenster geöffnet hat. Sie erkennen, dass dieses Fenster von den Alliierten aufgemacht worden ist und dass jetzt nur eines Sinn macht und zwar die Kooperation mit den Alliierten. Es war für diese Akteure ganz wichtig so zu tun, als wären sie selbst Teil dieser Allianz der Vereinten Nationen. Nicht dass es ohne die Unabhängigkeitserklärung und die wenige Tage davor schon begonnenen Initiativen des Karl Renner nicht auch so gekommen wäre, das wissen wir nicht. Aber die Alliierten haben damit einen Partner gehabt um das, was sie in der Moskauer Deklaration[1] als Ziel verkündet haben, auch umsetzen zu können. Das war ganz wichtig, dieses Geschick primär des Karl Renner, der ein begnadeter Opportunist war. Dann war 1947 die Entscheidung, gegen den erkennbaren Widerstand der Sowjetunion am Marshall-Plan teilzunehmen, um den Preis des Ausscheidens der KPÖ aus der Dreierkoalition.[2] Damit wurde ein Signal gesetzt – im Zweifel sind wir westlich, orientieren wir uns nach Westen. Und natürlich mit nachweisbar sehr positiven ökonomischen Effekten für Österreich.

Wenn wir an den Anfang zurückgehen, in die Nachkriegszeit, so war diese erste Phase nicht nur durch besondere ökonomische Probleme bestimmt, die mit dem etwas missverständlichen Titel „Wiederaufbau" beschrieben werden, sondern auch mit der Besonderheit, dass es 10 Jahre lang – von 1945–1955 – in Österreich eine Doppelautorität gegeben hat. Nämlich eine, entsprechend der

---

1 Ende Oktober/Anfang November 1943 trafen in Moskau die Außenminister der USA, Großbritanniens und der UdSSR zusammen. In der Moskauer Deklaration wurde Österreich als erstes Opfer der nationalsozialistischen Aggression, gleichzeitig aber auch als Mittäter und damit als mitverantwortlich an den NS-Verbrechen bezeichnet. Als Ziel definierten die Außenminister die Wiederherstellung eines unabhängigen Österreich.

2 In der ersten Bundesregierung waren von 1945–1947 ÖVP, SPÖ und KPÖ vertreten.

Bundesverfassung von 1920 etablierte, österreichische demokratische Ordnung mit Nationalrat, Bundespräsident, Bundesregierung und Gerichtsbarkeit und gleichzeitig die Autorität der Alliierten[3]. Konkret war es eine Doppelautorität, die dadurch gemildert war, dass die Alliierten sich in entscheidenden Fragen nicht einig waren, sodass Österreich de facto eigentlich weitgehend souverän war, obwohl die volle Souveränität auf dem Papier noch nicht gegeben war. Die Bedeutung der Alliierten ist mehr darin zu sehen, dass sie Österreich gegeneinander beeinflusst haben im Sinne von „die einen fördern, die anderen verändern", wie z.B. die Förderung des VdU[4] durch die amerikanische Besatzungsmacht, aber ebenso die Behandlung, der Versuch der Veränderung von prominenten Nationalsozialisten durch die Besatzungsmächte, etwa das US-amerikanische Lager Glasenbach in Salzburg oder jenes der Briten in Wolfsberg in Kärnten. Die Alliierten haben zwar Einfluss genommen, aber sie haben insgesamt eigentlich den österreichischen Verfassungsorganen weitgehenden Spielraum gelassen.

Unterzeichnung des Österreichischen Staatsvertrages im Belvedere (Wien) am 15. Mai 1955.

Das ändert sich 1955. 1955 gibt es wieder ein window of opportunity: Wer weiß, wie lange das Fenster offen ist. Wir wissen jetzt, dass eineinhalb Jahre später,

---

3   Oberstes Gremium der Alliierten in dieser Zeit war der Alliierte Rat, der zunächst allen vom Parlament beschlossenen Gesetzen einstimmig zustimmen musste, ab 1946 ein einstimmiges Veto einlegen konnte.

4   VdU: Verband der Unabhängigen, von 1949–1956 im Nationalrat als WdU (Wahlverband der Unabhängigen) vertretene Vorläuferpartei der FPÖ.

nach der Niederschlagung des Ungarnaufstands, das Fenster wahrscheinlich wieder zu gewesen wäre. Diese Gelegenheiten wahrzunehmen und zu sagen, o.k. wir begrenzen unseren außenpolitischen Spielraum, wir zahlen den politischen Preis für den Abzug der Befreier/Besatzungsmächte, indem wir uns für immerwährend neutral erklären, wir erreichen durch geschickte Diplomatie, dass die USA, die zunächst sehr misstrauisch war, dem durch den Hinweis auf das Schweizer Vorbild zustimmen. Die USA unter Eisenhower und Dulles. Finnland war diesbezüglich als Vorbild immer schlecht,[5] die Schweiz immer gut: Neutralität nur nicht nach finnischem Vorbild, sondern nach Schweizer Vorbild, damit waren auch die USA dafür. Also geschickte Diplomatie, aber ein Schlüsselereignis im Sinne von Ergreifen einer Chance.

Es kommt zum Staatsvertrag und zur Neutralitätserklärung, die ja im politischen, aber nicht im rechtlichen Konnex zum Staatsvertrag steht. Von da weg ist Österreich ein Normalstaat, im Inneren mit einer westlich liberal-demokratischen Ordnung wie in vielen anderen westeuropäischen Ländern. Nach außen hin wegen der Neutralität in einer Art Zwischenlage, durchaus ähnlich jener in Finnland oder in der Schweiz, und das ändert sich dann langsam durch den Beitritt – oder besser gesagt infolge des Beitritts – zur EFTA 1960 und 1973 mit dem Freihandelsabkommen mit der Europäischen Wirtschaftsgemeinschaft. In weiterer Folge kommt es dann zu einer schrittweisen Annäherung an die schon durch ökonomische Verflechtungen gegebene starke Bindung an Westeuropa, d.h. die Europäischen Gemeinschaften.

Dann gibt es die Auseinandersetzung mit dem, was man lange Zeit nicht so sehen wollte, mit der eigenen nationalsozialistischen Verstrickung im Sinne von österreichisch, und hier ist zunächst die oft unterschätzte Affäre Wiesenthal-Peter[6] zu sehen und dann die Diskussion rund um Waldheim, wobei auffällt, dass diejenigen, die in den 1980ern bei Waldheim sehr streng waren, in den 1970er Jahren bei Wiesenthal-Peter nicht sehr streng waren. Und in diesem Zusammenhang ist zu bedenken, dass es von Anfang an eine parteipolitische Instrumentali-

---

5   Die Neutralität Finnlands wurde als starke Abhängigkeit von der UdSSR wahrgenommen. Mit dem Begriff Finnlandisierung bezeichnet man – teilweise nicht ganz zutreffend – eine Neutralitätspolitik, die sich durch deutliche Nähe bzw. Abhängigkeit zu einem anderen Staat definiert.

6   Simon Wiesenthal hatte im Jahr 1970 die NS-Vergangenheit von vier Ministern des Kabinetts Kreisky I aufgezeigt und wenige Jahre später die NS-Vergangenheit Friedrich Peters und die Verbrechen der SS-Brigade Peters. Infolge dessen kam es zu massiven Anschuldigungen von Kreisky in Richtung Wiesenthal. 1975 musste sich Kreisky dafür im Nationalrat rechtfertigen und betonte, dass er Wiesenthal niemals als Nazikollaborateur bezeichnet habe; Ende der 1980er Jahre wurde Kreisky wegen der falschen Behauptung, Wiesenthal sei ein Nazikollaborateur gewesen, zu einer bedingten Geldstrafe verurteilt.

sierung gegeben hat. Bei der Frage „Wie gehen wir mit dem Nationalsozialismus um?" zeigt sich die Integration früherer Nationalsozialisten in die ÖVP bzw. in die SPÖ; diese Integration zeigt sich aber auch bei der Nutzung von ad hoc-Koalitionen mit der Freiheitlichen Partei: 1957 gab es bei der Präsidentschaftswahl mit Wolfgang Denk einen gemeinsamen Kandidaten von ÖVP und Freiheitlicher Partei[7]. Das zeigte sich auch im Zuge der Habsburg-Affäre 1963[8], als die SPÖ – immerhin als Koalitionspartner der ÖVP – eine parlamentarische Übereinkunft mit der FPÖ gegen die ÖVP findet und es erste Überlegungen einer möglichen Koalition mit der Freiheitlichen Partei gegeben hat, die sich dann innerhalb der SPÖ nicht durchgesetzt haben. Alles das zeigt schon – nachvollziehbar verständlich, aber nicht unbedingt positiv zu bewerten – die Neigung, das Thema Nationalsozialismus sehr stark der parteipolitischen Opportunität unterzuordnen.

Und nicht zuletzt war dieses Thema auch außenbestimmt, wie auch schon 1955 das annus mirabilis eine Folge der teilweise Neuorientierung sowjetischer Außenpolitik und nicht unbedingt die phantastische Leistung von Julius Raab war. Es kommt dazu, dass die österreichische Regierung das dann geschickt gemacht hat. Aber entscheidend waren die weltpolitischen Rahmendaten. Das zieht sich hier durch: 1945 wird Österreich unabhängig, nicht aufgrund einer besonderen Selbstleistung, sondern aufgrund einer politischen Festlegung der Siegermächte, Österreich als befreit zu definieren. 1955 erreicht Österreich die Unabhängigkeit durch die neue Flexibilität der poststalinistischen Sowjetunion und dann ab 1985[9], ganz deutlich ab 1989 mit dem Ende des Kalten Krieges, dem Ende der sowjetischen Vetomacht gegenüber einer österreichischen Westorientierung. In weiterer Konsequenz steuert Österreich – übrigens gemeinsam mit den anderen Neutralen (wobei die Schweiz dann ausschert), mit Schweden und Finnland und zunächst noch Norwegen – in Richtung auf eine EG-Mitgliedschaft. Seither ist Österreich weitgehend – mit Ausnahme der noch immer verfassungsrechtlich vorhandenen Neutralitätsverpflichtung – eine westeuropäische Normaldemokratie.

---

7 Wolfgang Denk (48,9%) unterlag bei der Bundespräsidentschaftswahl am 05. Mai 1957 Adolf Schärf (51,1%).

8 Am 04. Juli fand im Nationalrat ein Entschließungsantrag von SPÖ und FPÖ Zustimmung, in dem die Rückkehr Otto Habsburgs als unerwünscht bezeichnet wurde, da dies dem Ansehen Österreichs schade. https://www.parlament.gv.at/PAKT/PR/JAHR_2006/PK0743/index. shtml

9 Im März 1985 wird Michail Gorbatschow neuer Generalsekretär des Zentralkomitees der KPdSU.

15.5.1955, Schloß Belvedere, Wien, der österreichische Außenminister
Leopold Figl nach der Unterzeichnung des Staatsvertrags

Zweimal, 1945 und 1955, sprach Leopold Figl die berühmt gewordenen Worte
„Österreich ist frei".

Erstens einmal ist beides verständlich. Schon in der Unabhängigkeitserklärung 1945, die für die ÖVP noch Leopold Kunschak unterschrieben hat, noch
nicht Leopold Figl, ist klar, dass Österreich seine Unabhängigkeit als Befreiung
definiert und dem wurde auch Ausdruck gegeben. Das Bundeswappen wurde
dann mit gesprengten Ketten versehen, wobei vermutlich die wenigstens Leute
wissen, warum es gesprengte Ketten gibt: Damit ist weder das Ende der Monarchie, noch das Ende der Besatzungszeit, noch das Ende der NS-Herrschaft gemeint, sondern die Wiedererringung der Unabhängigkeit und der Wiederaufbau
des Staatswesens. Das ist irgendwie vergessen worden, wurde nie besonders betont oder in den letzten Jahren jedenfalls nicht.[10]

---

10 Gesetz vom 1. Mai 1945 über Wappen, Farben, Siegel und Embleme der Republik Österreich,
    Art. 1: „Die Republik Österreich führt das mit Gesetz vom 8. Mai 1919, St.G.Bl Nr. 257 eingeführte
    Staatswappen, das die Zusammenarbeit der wichtigsten werktätigen Schichten: der Arbeiter-
    schaft durch das Symbol des Hammers, der Bauernschaft durch das Symbol der Sichel und des
    Bürgertums durch das Symbol der den Adlerkopf schmückenden Stadtmauerkrone, versinn-
    bildlicht, wieder ein. Dieses Wappen wird zur Erinnerung an die Wiedererringung der Unab-
    hängigkeit Österreichs und den Wiederaufbau des Staatswesens 1945 dadurch ergänzt, daß eine
    gesprengte Eisenkette die beiden Fänge des Adlers umschließt." Staatsgesetzblatt 2; 1. Mai 1945.
    Der ehemalige Team-Stronach und damalige ÖVP Abgeordnete Marcus Franz forderte Ende
    2015 die Beseitigung der seiner Meinung nach kommunistischen Symbole Hammer und Sichel

Das Zweite ist natürlich, Österreich war frei, aber da gibt es die formelle, korrekte Definition für *frei aber nicht souverän*. 1955 wird Österreich im völkerrechtlichen Sinn wieder voll souverän und das kann man auch mit dem zweiten „Österreich ist frei" bezeichnen. D.h. beide Male hat Figl eigentlich etwas ausgesprochen, das scheinbar, anscheinend ein Gegensatz ist. Dennoch ist es eigentlich die Betonung von zwei einander nicht widersprechenden Seiten einer komplexen historischen Wahrheit. 1945 ist Österreich existent geworden, wurde sofort eine Demokratie, im November 1945 gab es freie Wahlen (noch vor Frankreich zum Beispiel).[11]

Und es ist eine funktionierende liberale Demokratie, aber eingeschränkt durch diese eigenartige Doppelautorität mit dem Alliierten Rat, der sich in wichtigen Fragen häufig nicht einigen konnte, was Österreich den denkmöglich größten Spielraum gegeben hat. Nicht zu vergessen sind dabei die verschiedenen Übergriffe der Besatzungsmächte, insbesondere auch von sowjetischer Seite, Verhaftungen usw., z.B. der Fall Ottilinger. Insofern ist beides richtig, aber wenn man so will, halbrichtig.[12]

Im Jahr 1966 geht die 20 jährige Zeit der Großen Koalition zu Ende – Österreich bekommt erstmals eine Alleinregierung. Dieses Ereignis kann in gewisser Weise als Zufall bezeichnet werden, denn wenn die ÖVP 1966 nicht die absolute Mehrheit an Mandaten bekommen hätte, hätte es nicht die Alleinregierung Klaus gegeben, sondern vermutlich nach sechs oder acht Monaten komplexer Verhandlungen eine Fortsetzung der Großen Koalition. D.h., es war ein Zufallsfaktor, nach dem damaligen Wahlrecht hat die ÖVP mit einer relativen Mehrheit von 48,3% an Stimmen die absolute Mehrheit von 85 Mandaten bekommen, aber es war schon eine Zäsur. Denn es hat Befürchtungen gegeben, dass diese Nachkriegsordnung, diese sich doch als stabil erweisende Demokratie, die immerhin 1966 schon länger gehalten hat als die ganze Erste Republik, zusammenbrechen würde, wenn es nicht mehr die Große Koalition gibt. In dieser Hinsicht sind die Ära Klaus (Bundeskanzler von 1964–1970) und die Ära Kreisky (Bundeskanzler

---

vom Bundesadler und sorgte damit über die Grenzen Österreichs hinaus für Gelächter.

11 Bei dieser Wahl erreichte die ÖVP 49,8% und 85 Mandate, die SPÖ 44,6% und 76 Mandate und die KPÖ 5,4% und 4 Mandate (bis 1971 saßen im Nationalrat 165 Abgeordnete, seither sind es 183)

12 Margarethe Ottilinger, damals Sektionsleiterin im Bundesministerium für Vermögenssicherung und Wirtschaftsplanung, wurde im November 1948 an der Zonengrenze zwischen OÖ und NÖ von den Sowjets verhaftet – die *Presse* schreibt 2016 von „Kidnapping" –, wegen angeblicher Spionage für die USA zu 25 Jahren Haft verurteilt und blieb bis 1955 in der UdSSR inhaftiert.

von 1970–1983) eigentlich eine Bestätigung des Erfolges der Zweiten Republik. Die Zweite Republik brauchte keine Große Koalition mehr, um einfach existieren zu können. Insofern war es eine Art durch Zufall entstandene Reifeprüfung der österreichischen Demokratie und die ist nach 4 Jahren ÖVP-Alleinregierung und 13 Jahren SPÖ-Alleinregierung eigentlich sehr gut bestanden worden.

1966 war ein Schlüsselereignis – das Ende der Großen Koalition und 1970 der Wechsel von einer Einparteienregierung zu einer anderen Einparteienregierung. Beides Ereignisse, die weniger wichtig als singuläre Ereignisse sind, aber sozusagen als Erfahrung für den Erfolg der Stabilisierung der Zweiten Republik gesehen werden können. An sich sehr wichtige Regierungswechsel. In einem Gespräch meinte Ernst Florian Winter, der damals Direktor der Diplomatischen Akademie war, erster Direktor übrigens, eingesetzt vom damaligen Außenminister Bruno Kreisky: „Das kommt zu früh, das Ende der Großen Koalition, das ist noch zu früh." Zum Glück hat er nicht Recht behalten. Also diese beiden Normalisierungsereignisse zeigen, dass Österreich jetzt als normale Demokratie gesehen werden kann. Wenn die Große Koalition endet, bricht nicht wieder der Bürgerkrieg von 1934 aus.

Ein weiteres wesentliches Ereignis in der Zweiten Republik war der EU-Beitritt. Beginnend schon in den 1980er Jahren mit den Weichenstellungen in Richtung EU-Beitritt, dann die Volksabstimmung 1994 und der Beitritt am 01.01.1995. Das ist der zweite – zweite oder dritte – große Erfolg der Großen Koalition. Die Große Koalition hat ihre großen Erfolge erreicht, sich gleichzeitig dann immer mehr selbst überflüssig gemacht. Auch das ist ein Erfolg.

Seit dem EU-Beitritt sind so zentrale Momente eher nicht sichtbar. Man könnte vielmehr im Sinne des angeblich chinesischen Sprichwortes sagen: „Die Weisen mögen uns vor großen Ereignissen schützen". Dass z.B. die Allianz Schüssel-Haider nicht zu einem Großereignis wurde. Dass damals ein Bruch vermieden wurde oder dass es nicht dazu gekommen ist, dass es ein Bruch wird. Das Vermeiden von Schlüsselereignissen, obwohl die Versuchung schon da war. Oder zumindest die Neigung wäre da gewesen, es als Großereignis zu sehen und was blieb davon? Jetzt kommt es wieder, wieder die Annahme und wir sehen, was sich alles geändert hat, also hier ist es hochinteressant, dass Arik Brauer auf Strache zugeht, seinen jüdischen Hut aufhält. Und Strache ist wahnsinnig glücklich, dass der Brauer auf ihn zukommt. Das ist doch was. Ob deswegen die FPÖ zu den Befreiungsfeiern nach Mauthausen eingeladen werden soll, ist eine andere Geschichte. Das ist Sache der Lagergemeinschaft, d.h., jene die grundsätzlich die Interessen der Überlebenden vertreten und die sollen das entscheiden. Das ist deren Entscheidung, da soll man nicht klüger sein wollen als die Überlebenden. Es gibt gute Gründe für das Nichteinladen nach Mauthausen und gute Gründe, dass Arik Brauer auf Strache zugegangen ist. Aber die Brauer-Geste, die ist sehr wichtig.

Das eben erwähnte Jahr 2000 wurde immer wieder als eine Art Zäsur angesprochen. Erstmals kommt es zu einer ÖVP-FPÖ-Koalition, die FPÖ ist allerdings nicht zum ersten Mal in einer Regierung.

Dennoch ist dieses Datum weniger als Zäsur zu nennen, ganz abgesehen davon, dass ja im Jänner 2007 diese Regierung aufgrund des Wahlergebnisses der Nationalratswahl 2006 einer anderen Regierung Platz macht. Das ist auch ein Beleg dafür, dass die Stabilität der Republik das eigentlich ganz gut überstanden hat.

Die FPÖ wurde bereits 1983 von der SPÖ als Koalitionspartner in die Regierung geholt. Das war gewissermaßen die Vollendung der Friedrich Peter-Strategie, nämlich die FPÖ salonfähig zu machen und die Vollendung der Bruno Kreisky-Strategie, die ÖVP solange wie möglich draußen zu halten. Es kommt zu dieser Erfüllung der beiden Strategien, wobei interessanterweise weder Kreisky noch Peter Mitglieder der SPÖ-FPÖ Regierung sind. Aber das war sozusagen der Masterplan Peter-Kreisky, basierend auf der Zielvorstellung, dass die FPÖ eine österreichische FDP werden will, liberal, könnte man sagen, um damit vergessen zu machen, dass sie, anders als die FDP, anders als andere liberale Parteien von Großbritannien und der Schweiz auf und abwärts, eine Partei früherer Nazis war, die von früheren Nazis für frühere Nazis gegründet wurde; dass der erste Obmann, Anton Reinthaller, ein SS-General war (mit dieser Tatsache, dass der erste Obmann der FPÖ ein SS-General und Staatssekretär der Reichsregierung Adolf Hitler war, kann man noch immer in Westeuropa einiges Erstaunen erregen). Das wollte Friedrich Peter vergessen machen, er war der Nachfolger des SS-Generals, er war ein anderer SS-Mann, einer, der – anders als Reinthaller – auch an der Front, wie er das sagt „seine Pflicht getan hat". Friedrich Peter wollte Normalität herstellen durch Mainstreaming der FPÖ und hat das Ziel durch die Koalitionsbildung erreicht. Er hat aber nicht erreicht, dass diese Ambivalenz aufbricht, dieser Gegensatz zwischen „wir sind eigentlich brav, wir sind sowieso eigentlich wie die FDP, wie andere der Liberalen Internationale, was wollt ihr uns denn vorwerfen" und den Grassroots der FPÖ, die gar kein Interesse an dieser Art von Liberalität gehabt haben. Und das spürt die FPÖ heute wieder.

Das war das Ende dieser ersten Kleinen Koalition übrigens auch. Diese Koalition war von Norbert Steger, der sich als der Vollender des Friedrich Peter-Bruno Kreisky-Plans gesehen hat, längerfristig angedacht gewesen. Aber die FPÖ war (und ist) verfangen in den Widersprüchen zwischen der elitären Mainstreamstrategie und den Grassroots. Viele wollen nach wie vor die vagen Ideale, die etwa in der Zeitschrift AULA und in den Burschenschaften verkündet werden, umsetzen. Und daran ist die erste Regierung mit FPÖ-Beteiligung zerbrochen, durch den sogenannten Innsbrucker „Putsch", für den diese Bezeichnung Putsch aber nicht passt: Das war kein Putsch, das war ein Parteitag und da hat der Vorsitzende verloren. That's democracy. Und das war eine Partei, die um die 5% gehabt hat. Im Jahr 2000 ist es dann eine Partei, die mit mehr als einem Viertel, konkret mit 26,91% zum ersten Mal die stimmenmäßig zweitstärkste Partei wird und umgehend wieder in der Regierung Platz nimmt. Nun wird sie von einer Gruppe und insbesondere von einer Person geführt, die kein Interesse mehr an Salonfähigkeit hat, die vielmehr auf Provokation aus ist. In dem Sinn ist die FPÖ von einer sich sozusagen nach außen hin liberal gebenden postnazistischen Partei zu einer rechtspopulistischen Partei geworden. Generationenwechsel, damit hat sie gewaltige Stimmengewinne erzielt und damit ist sie in die Regierung gekommen, insofern eine teilweise andere FPÖ, aber auch wiederum mit den Widersprüchen, die dann ja auch bald zum Knittelfelder Ereignis[13] geführt haben, zur Spaltung der FPÖ, zum späteren – rückblickend kurzfristigen – BZÖ-Phänomen.

Alles das zeigt die Widersprüchlichkeit jener FPÖ, die dem Friedrich Peter-Norbert Steger-Kurs folgte. Damals war die Frage, wer der FPÖ mehr Legitimität verschaffen könnte als Bruno Kreisky. Und die Antwort war „niemand", daher Bruno Kreisky. Es kam mit Haider 1986 eine FPÖ, die sagte, eigentlich egal, wir wollen Stimmen maximieren und die FPÖ war damit erfolgreich. In dieser Hinsicht ist 2000 anders als 1983, weil die FPÖ sozusagen nicht in irgendeiner Form dankbar sein musste, zum Tisch der Koalition eingeladen zu werden, sondern eigentlich die Bedingungen diktieren konnte. D.h., der Wandel war in der FPÖ, der Wandel war in der Gesellschaft, denn es hatte nicht 25 Prozent nazistisch infizierte Österreicher und Österreicherinnen gegeben, sondern viele von denen, die die FPÖ im Jahre 1999 zur zweitstärksten Partei gemacht haben, waren eigentlich ziemlich desinteressiert an der Vergangenheit, am Nationalsozialismus. Das war bei diesen mehr als 25% eher eine Stimmung des „denen oben zeigen wir's einmal", also eine klassische rechtspopulistische Agenda. Eigentlich eine rechtspopulistisch gewandelte und nicht primär postnazistische, aber nach wie vor sehr widersprüchliche Partei.

Der Großteil der FPÖ-Klientel hat diese NS-Nähe also mehr oder weniger

---

13 Im September 2002 fand ein von Jörg Haider organisiertes FPÖ-Delegiertentreffen in Knittelfeld statt. Folge dessen war der Rücktritt von FPÖ-Vizekanzlerin Susanne Riess-Passer und die Ansetzung von Neuwahlen.

stillschweigend in Kauf genommen. Das war schon in der Haider-Phase so und ist auch in der jetzigen Phase feststellbar. Die Spitzen der heutigen FPÖ wollen ja nicht gerne daran erinnert werden an diese Haider-Phase, weil sie später auch eine Opposition gegen Haider bildeten. Wenn wir davon ausgehen, dass die FPÖ-Wählerschaft – und dafür gibt es ja auch genaue Daten, verlässige Exit-Polls usw. –, überproportional aus nicht höher gebildeten Österreicherinnen und Österreichern besteht; aus Menschen, die die FPÖ nicht nazistisch wahrnehmen und wahrscheinlich auch irritiert sind, wenn ab und zu etwas Einschlägiges ausbricht, bleibt als Tatsache, dass dieses Einschlägige sie aber nicht wirklich stört. Denen ist es egal, denen ist es nicht so wichtig. 1938, 1945 ist denen nicht so wichtig, das ist auch eine neue Generation, das sind schon die Enkel der Nazis, nicht mehr die Söhne und Töchter. Das ist ihnen ziemlich wurscht, könnte man sagen. So z.B. die Affäre Landbauer[14]: diese Affäre störte zwar die Bündnisfähigkeit der FPÖ, aber die Wählerschaft war dadurch nicht irritiert. Das ist ein „Unfall" gewesen, den die gegenwärtige FPÖ-Führung sicherlich nicht haben wollte. Insofern ist die Aussage eines Strache durchaus ernst gemeint, dass das störe. Es stört nicht die WählerInnen, aber es stört die Bündnisfähigkeit der FPÖ gegenüber den Partnern, die man braucht, um regieren zu können.

Den Wählern und Wählerinnen ist vermutlich auch der Herr Landbauer egal. Die wählen die FPÖ nicht wegen Landbauer, auch nicht trotz Landbauer, sondern die wissen wahrscheinlich gar nicht, wer der Herr Landbauer ist, außer sie lesen dann davon, wenn etwas groß hochkocht. Umgehend vergessen sie es wieder. Das Liederbuch war ein minimaler Faktor für das Wahlergebnis, aber es geht um internationale Reputation, es geht dann um innere Konflikte in den beiden anderen Parteien und dass Johanna Mikl-Leitner so entschlossen und entschieden reagiert hat, das kann man auch von der innerparteilichen Frontschiene in der ÖVP her interpretieren[15].

---

14 Im Zuge das Wahlkampfs zur niederösterreichischen Landtagswahl 2018 wurde bekannt, dass in einem Liederbuch der Burschenschaft Germania, deren Mitglied und stellvertretender Vorsitzende der FPÖ-Spitzenkandidat Udo Landbauer war, NS-verherrlichende und antisemitische Passagen abgedruckt waren.

15 Landeshauptfrau Mikl-Leitner hatte deutlich betont, dass sie Landbauer nicht in einer künftigen niederösterreichischen Landesregierung akzeptieren werde.

Die österreichische Konsensdemokratie

Am Ende der Ersten Republik steht die Diktatur des Ständestaates, die Konfrontation der politischen Lager, letztendlich der Anschluss 1938 an das nationalsozialistische Deutsche Reich.

Am Anfang der Zweiten Republik steht die Konsensdemokratie.

Zunächst einmal kann man hier mit dem Begriff *Lernen* anfangen. Gelernt haben 1945 die politischen Eliten. Nach sieben schrecklichen Jahren, diese sieben Jahre zwischen März 1938 und April 1945 waren die schrecklichsten Jahre, die man sich vorstellen kann. Und zwar nicht nur für die Millionen Ermordeten oder für die politischen Opfer, die vielleicht in Mauthausen gerade noch überlebt haben, sondern auch für jene, die als Wehrmachtssoldaten z.B. in Stalingrad und dann in sowjetischer Kriegsgefangenschaft waren. Oder für jene, die Bombenopfer waren. Es waren sieben schreckliche Jahre. Und diese sieben schrecklichen Jahre haben dazu geführt, dass man von diesen in der Ersten Republik vorhandenen messianischen Entweder-Oder-Frontstellungen, entweder wir setzen uns durch oder es ist alles vorbei, wegging. Die politischen Eliten, z.B. Karl Renner oder Leopold Figl und Julius Raab, haben gelernt, dass das Überlebensinteresse der jeweils anderen Seite respektiert werden muss. Sie waren sich bewusst, dass sie nichts davon haben konnten, wenn sie die Vitalinteressen der anderen Seite verletzten. Und so kommt es logischerweise zu einer Großen Koalition, die, trotz der absoluten Mehrheit der ÖVP 1945, 21 Jahre lang hält und es kommt zur Sozialpartnerschaft. Das war noch nicht ein lernender gesellschaftlicher, die Zivilgesellschaft erfassender Prozess, denn die Eliten, die sozusagen konsensorientiert gemeinsam regiert haben, die Sozialpartnerschaft aufgebaut haben, haben ja in Wahlkämpfen immer noch so getan, als wären sie bittere Feinde. Wenn wir uns etwa an das technisch faszinierende Wahlplakat der ÖVP von 1949 erinnern: „Kauf nicht die Katz' im Sack" steht überlebensgroß vor dem Messegebäude in Wien. Abgebildet ist ein Sack, aus dem eine hellrote Katze herauskommt, auf der wiederum SPÖ steht. Und dieser folgt eine tiefrote, darauf steht KPÖ und die Aussage war „Kauf nicht die Katze im Sack", gemeint ist die SPÖ als Vorbote der kommunistischen Partei – deshalb sollte man ÖVP wählen. Aber gleichzeitig hat natürlich Bundeskanzler Leopold Figl mit Vizekanzler Adolf Schärf ununterbrochen Kompromisse gemacht und war auch willig, weiterhin Kompromisse zu machen. Aber zur Mobilisierung der Kernwählerschaft hat man noch die alten Feindbilder gebraucht, die man in der politischen Praxis auf dem elitären Level von Regierung und Sozialpartnerschaft längst hinter sich gelassen hat. Das ist eine Ambivalenz, die verständlich ist, die aber auch gewisse Gefahren beinhaltete.

Dieser von den politischen Eliten her logische Konsens geht über die Große Koalition hinaus.

Dabei ist erstens einmal auch der Generationenwandel mit zu denken. Die Zweite Republik hält mittlerweile mehr als dreimal, bald viermal solange als die Erste Republik. D.h., es hat einen massiven Generationenwandel gegeben und es wird zwar noch relativ viele junge Leute geben, denen das Datum 12. Februar 1934[16] etwas sagt, aber den meisten sagt es gar nichts mehr. Sie haben es zum Teil in der Schule gelernt, vielleicht bald wieder vergessen, aber die durch Ereignisse wie den Bürgerkrieg hervorgerufenen Traumata zwischen den beiden staatsgründenden Parteien ÖVP und SPÖ können nicht mehr mobilisieren. Da kann man wirklich sagen – und da ist ausnahmsweise Rudolf Burger zuzustimmen – das sind tatsächlich vergangene Ereignisse wie die Punischen Kriege oder der Dreißigjährige Krieg. Das ist sehr interessant für jene, die sich spezialisieren wollen, aber Emotionen gibt es dabei nicht mehr wirklich.

Vor allem in der Sozialdemokratie wurde das durch den 12. Februar 1934 begründete Grundtrauma lange weitertradiert. Die sieben Jahre Nationalsozialismus waren dann so viel schrecklicher als alles, was man sich bei ÖVP und SPÖ gegenseitig vorwerfen konnte. Das alles wird allein schon durch den Generationenwandel relativiert. Trotzdem ist der Grundkonsens weiter da, auch wenn der Begriff Konsensdemokratie nicht mehr jener von der Zeit unmittelbar nach 1945 war, nämlich primär die ganz konkrete Machtteilung. Konkrete Machtteilung bedeutete, wir verstaatlichen, aber die VOEST gehört der SPÖ, die Alpine-Montan gehört der ÖVP, die CA gehört der ÖVP, die Länderbank gehört der SPÖ: das ist vorbei. Und trotzdem kann man behaupten, dass die demokratische Republik Österreich nicht in Existenzgefahr ist. D.h., die Konsensdemokratie in diesem mechanischen Sinn der Machtteilung, die ungeheuer wichtig war für die Zeit nach 1945 (obwohl dann immer der Begriff Proporz so negativ besetzt wurde) ist retrospektiv eindeutig positiv zu beurteilen.

Dann kam eine self elimination by success: Im Lauf der Zeit war dieser Konsens offenbar nicht mehr notwendig, die Zweite Republik brauchte ihn nicht mehr. Auch im Zusammenhang mit Globalisierung und Privatisierung – die CA gibt es nicht mehr, die VOEST ist längst privat, das braucht es nicht mehr. Die Demokratie in Österreich lebt mit all ihren Fehlern und Schwächen, die britische

---

16 Unmittelbare Folgen des Bürgerkriegs von 1934 waren die Zerschlagung und das anschließende Verbot der Sozialdemokratischen Arbeiterpartei.

Demokratie hat Fehler und Schwächen genauso die Schweizer Demokratie oder die amerikanische: so what? Wir brauchen nicht mehr etwas ausverhandeln, wenn ihr das kriegt, dann kriegen wir das. Die Parteien haben auch nicht mehr die Macht dazu. Wenn man nach 50 Jahren sagen könnte, ich gehe jetzt zu meinem Parteifreund, der in der Personalabteilung der CA sitzt und sagt, Du ich brauche für meinen Sohn einen Job, wäre das unsinnig. Abgesehen davon gibt es die CA nicht mehr. Die Bank Austria wird sagen, das wird in Mailand entschieden, das ist vorbei. Deshalb – und das ist eben self eliminiation by success – braucht es nicht mehr die 1945 unbedingt notwendige Konsensdemokratie im Sinne des Aushandelns von konkreten Machtteilungsmechanismen.

Bundesregierung Klaus II am 19. April 1966 (ÖVP-Alleinregierung)

Die Konsensdemokratie hat sich aber nicht plötzlich überlebt bzw. überflüssig gemacht. In gewisser Weise hat die Zeit der Reifeprüfung 1966 begonnen. Damals wurde deutlich, dass die großkoalitionäre Zusammenarbeit nicht mehr unbedingt notwendig war. Wobei es ganz interessant ist, dass es den Begriff der Sozialpartnerschaft als Fortsetzung der Großen Koalition mit anderen Mitteln gab, das steht in den Memoiren bei Klaus, der sich regelmäßig mit Anton Benya getroffen hat. Er hat gesagt, o.k., die Sozialisten sind in der Opposition, wir regieren. Im Parlament stehen Opposition und Regierung einander gegenüber, aber für die Hintergrundgespräche, für das Abtasten, was der anderen Seite zumutbar ist und was nicht, habe ich den regelmäßigen Kontakt mit Anton Benya, dem ÖGB-Präsidenten. Und Ähnliches hat auch Kreisky nach 1970 erfahren, da hat er etwa zur Industriellenvereinigung einen sehr guten Draht gehabt. Die ÖVP war als Opposition im Parlament Gegner bei parlamentarischen Konflikten, also wenn man so will auf Konfliktkurs, aber im Hintergrund war der Draht da. Weniger zur ÖVP und mehr zu den Arbeitgeberverbänden. Genauso wie Klaus den Kontakt zum ÖGB behalten und vertieft hat.

Die drei klassischen politischen Lager sind nicht plötzlich verschwunden, sie sind langsam abgebröckelt. Es gibt da einige Indikatoren, einige gesellschaftliche Entwicklungen, z.B. die Kirchgangsfrequenz. Das ist insofern ein sehr interessanter Indikator, weil doch das, was Paul Zulehner den Milieukatholizismus nennt, weitgehend deckungsgleich war mit dem katholisch-konservativen Lager. Wenn man den Milieukatholizismus empirisch misst – etwa an der Gottesdienstbesuchsfrequenz an Sonntagen – so würde das die ÖVP nicht einmal zur 10-Prozent-Partei machen. Der gesellschaftliche Wandel ist da. Die tieferen Verwurzelungen der Lagerbildung haben sich nicht vollständig, aber weitgehend aufgelöst, sie sind erodiert. Stichwort: Bindung an die katholische Kirche im Sinne des aktiven bekennenden Verhaltens. Wir haben beim sozialistischen Lager eine annähernd ähnliche Entwicklung, z.B. bei der Statistik der Gewerkschaftsmitgliedschaft. Die Organisation der Gewerkschaften geht zurück, d.h., es gibt in der Gesellschaft weniger Einsicht, man muss irgendwie dazugehören. Oder weniger Sozialisierung, dass man von Anfang an dazugehört zu einem Milieu, zu einem Lager und damit auch zu einer Partei. Es nehmen auch die Wechselwähler zu, die Stammwähler nehmen ab, alles das ist eine gesellschaftliche Erosion. Die Parteien müssen entsprechend folgen. Daher sind auch oft genug Positionen der Parteien austauschbar. Je nachdem, ob man in Opposition oder Regierung ist, auch das ist Teil einer normalen Demokratie liberalen Zuschnitts.

Ein Beispiel für Flexibilität oder Austauschbarkeit politisch-ideologischer Positionen ist die Frage der allgemeinen Wehrpflicht bzw. eines Berufsheeres.

Plötzlich, im Herbst 2010, sagt der damalige Wiener Bürgermeister Michael Häupl, unsere Position – d.h. die der SPÖ – ist Berufsheer. Das war bis dahin undenkbar. Bis dahin hatte die SPÖ gesagt, im Februar 1934 hat ein Berufsheer auf uns geschossen. Die Wehrpflicht ist jedenfalls, wie der damalige Verteidigungsminister noch kurz zuvor betont hatte, „in Stein gemeißelt". Das wird plötzlich völlig uninteressant und aus taktischen Gründen forciert die SPÖ schon mit dem Hinweis auf einen in anderen europäischen Ländern vollzogenen Wandel ein Berufsheer. Ungefähr zu dieser Zeit haben Länder wie Frankreich und Schweden auch die allgemeine Wehrpflicht aufgehoben. Auch Frankreich, das klassische Land der allgemeinen Wehrpflicht. Also hat Österreich da versucht, bei europäischen Trends mitzumachen. Aber die SPÖ setzt sich drauf. Daher ist die ÖVP, die der Einführung eines Berufsheeres durchaus etwas abgewinnen konnte, dagegen. Aus dem einfachen Grund, weil sie der SPÖ den Erfolg nicht gönnt und das ist auch Normalität des parteipolitischen Wettbewerbs. Hier Grundsätze suchen zu wollen oder weltanschauliche Konsistenz wäre natürlich völlig verfehlt.

Die weltanschauliche Positionierung hat sich nicht nur massiv geändert, sie ist erodiert, zerbröckelt, wenngleich noch nicht völlig weg. Es gibt nach wie vor und immer noch jene Personen der älteren Generation in der Sozialdemokratie, die jedes Jahr an den 12. Februar 1934 als dramatischen Tag erinnern. Und es gibt noch immer CVer, die jährlich daran denken, auch wenn Sebastian Kurz kein CVer ist, weil wichtiger ist, dass er die Roten besiegt hat. Also es gibt natürlich Restbestände der politischen Lager, das hat nicht einfach aufgehört. Die Zugehörigkeit zu einem politischen Lager ist aber nicht mehr dominant, sie überschattet nicht mehr alles.

Dass die Konsensdemokratie der Zweiten Republik auch zu einer partiellen Amnesie gegenüber der Zeit der Diktatur des Ständestaates geführt hat, hatten SPÖ und ÖVP forciert. Charles A. Gulick's[17] „Austrias. From Habsburg to Hitler" war von Anfang an ein Buch, das in der SPÖ sicherlich als Beleg dafür geführt wurde, dass der Sozialdemokratie am 12. Februar massiv Unrecht geschehen ist. Das war schon ein SPÖ-Thema. Das ÖVP-Thema war der Mord an Engelbert Dollfuß, mit dem dann gleichsam alles gerechtfertigt wurde. Wobei der Begriff „Austrofaschismus" durchaus zu hinterfragen ist. „Austrofaschismus" ist sehr stark als Bekenntnis, als Indikator für politische Zuordnung genommen worden: In dem Sinne „Meinst Du, dass das Dollfuß-Schuschnigg-Regime austrofaschistisch war, ja oder nein?" und je nach Antwort wurden die Personen der einen oder der anderen politischen Richtung zugeordnet.

Das ist deshalb zu ungenau, weil der Faschismusbegriff so unscharf ist. Es sollte reichen, wenn es einen Konsens gibt und den gibt es jedenfalls bei denen, die sich ernsthaft mit der Zeit beschäftigt haben: das Dollfuß-Schuschnigg-Regime war eine Diktatur. Eine Diktatur, die darauf beruht hat, dass die Demokratie der Ersten Republik ausgeschalten wurde. Ob man das jetzt faschistisch nennt oder nicht ist irgendwo so wie bei Hermann Hesse das Glasperlenspiel. Da kann man endlos diskutieren.

Die gemeinsame Aufarbeitung dieser Zeit ist dann zunächst einmal eher ausgeblendet worden.

Gehen wir zum Beginn der Ära Kreisky: Kreisky, der ja mit so vielen Bällen gespielt hat, war ein faszinierender intellektueller Unterhaltungskünstler. Z.B. hat

---

17   Charles A. Gulick, 1896–1984 war u.a. Professor an der Berkeley University

er die Idee gehabt, jetzt regieren wir allein und ich tue alles, um die ÖVP fernzuhalten, aber ich werde mit der ÖVP – und damals sollte gerade von der Politische
Akademie eine Kommission zur Aufarbeitung der Diktatur des Ständestaates
eingesetzt werden – gemeinsam die Geschichte der Ersten Republik und ihr
Scheitern aufarbeiten. Da war Jedlicka dabei, neben ihm Rudolf Neck und von
der SPÖ war das Stadler. Bis dahin pflegte jedes Lager seine eigene Geschichts-
interpretation und kümmerte sich außer durch Polemik nicht so sehr darum, was
die Anderen sagten. Das dritte Lager blieb dabei weitgehend ausgeblendet.

Aber die beiden anderen haben sozusagen ihre Lagergeschichte geschrieben,
immer in der Wahrnehmung, das ist unsere Geschichte. Die lassen wir uns nicht
wegnehmen. Das beginnt dann in der Ära Kreisky aufzuweichen.

Beim Dritten Lager wäre es auch schwierig gewesen, die anderen beiden haben noch die eigene Rolle irgendwie legitimieren können. Das wäre beim Dritten
Lager nicht möglich gewesen.

Es gibt hier zwar Franz Dinghofer, der neben Karl Seitz und Jodok Fink (bzw.
kurz später Johann Hauser) einer der drei Präsidenten der provisorischen Nationalversammlung 1918–1919 war. Dinghofer war ein Deutschnationaler und er
wird gelegentlich gepflegt, weil der anders als die meisten anderen der Großdeutschen Volkspartei nicht in die NSDAP eingetreten ist. Aber da muss man
schon sehr suchen um einen zu finden. Und dann war eine Zeitlang Johann Schober. Steger betonte die Rolle Schobers – der ja im Dunstkreis der großdeutschen
Volkspartei war und rechtzeitig gestorben ist, daher nicht in Versuchung war, der
NSDAP beizutreten – und wollte damit herausstellen, dass das dritte Lager auch
jemanden hat.

Auch die ÖVP tut sich schwer mit diesem Reinwaschen der Vergangenheit, da
sie mit Leopold Kunschak einen Gründervater hatte, der auch nach 1945 ein un-
genierter Antisemit war. Kunschak war diesbezüglich nicht lernfähig. Kunschak
war immer schon ein Konsenspolitiker, kein Dollfuß-Anhänger und auch kein
Seipel-Anhänger. Aber nun waren Konsens und Antisemitismus durchaus ver-
einbar. Auch die ÖVP tut sich also schwer.

Daneben hat die SPÖ da ebenso ihre Probleme. Beide aber, ÖVP und SPÖ tun
sich leichter als die Deutschnationalen. Was auch immer man gegenüber Renner
oder Seipel sagen kann, Nazis waren sie nicht. Trotz der Versuchbarkeit Seipels,
antidemokratischen Tendenzen zu folgen, und trotz dieses bei Renner gleichsam
genetischen Opportunismus, der dann auch im Jahre 1938 zu einigen nicht leicht
zu rechtfertigenden Handlungen geführt hat.

Das war allerdings beim Dritten Lager, später bei der FPÖ einfach nicht möglich, denn mit ganz wenigen Ausnahmen waren alle Nationalsozialisten und

schon die Gründer des VdU waren fast durchwegs minderbelastete Nationalsozialisten. 1949 bei der Gründung des VdU durften die Schwerbelasteten noch gar nicht wählen. Also fast nur – nicht alle – minderbelastete Nationalsozialisten, dann 1955 mit der Gründung der FPÖ kamen Schwerbelastete. Wie der SS-General Anton Reinthaller.

Als WählerInnen waren die Minderbelasteten praktisch dreigeteilt – ein Drittel wählte ÖVP, ein anderes SPÖ und das dritte VdU. Wir können davon ausgehen, dass es nach jenen Daten, die 1945 vorhanden waren, gut 600.000 NSDAP-Mitglieder in Österreich gegeben hat. Wenn wir weiters davon ausgehen, dass die große Mehrheit, zumindest 90 Prozent der Minderbelasteten, 1949 wählen durften, war das für die anderen bereits existierenden Parteien ein großer Anreiz in den Wettlauf einzutreten und bei der ÖVP war die Taktik ganz klar: wir sind eine bürgerliche Partei, was immer das heißt, und der VdU nimmt der SPÖ Stimmen weg. Bei der SPÖ gab es genau aus dem gleichen Grund Unterstützung für die VdU-Gründung – der VdU nimmt der ÖVP Stimmen weg. Aber faktisch können wir sagen, dass ein gutes Drittel, vielleicht auch etwas mehr, den VdU gewählt hat und jeweils ein knappes Drittel ÖVP und SPÖ. Einige wenige übrigens auch KPÖ.

Die KPÖ war insgesamt eine interessante Partei für die österreichische politische Kultur. Die KPÖ war eine Partei, die lange Zeit mehr Mitglieder als Wähler gehabt hat. D.h., viele haben offensichtlich gedacht, die Zukunft gehört ohnehin der Sowjetunion, da lasse ich mich einschreiben.

Die politischen Parteien

Geändert hat sich im Verlauf der Zweiten Republik das österreichische Parteiensystem. Lange Zeit sprach man von einem Zweieinhalbparteiensystem. Es gab mit ÖVP und SPÖ zwei große und daneben mit VdU bzw. FPÖ eine, bis 1959 durch die KPÖ zwei kleinere Parteien.

Ein erster Indikator der Veränderung ist hier das Ansteigen der Volatilität, der Beweglichkeit. In den ersten zwanzig, dreißig Jahren der Zweiten Republik gab es vergleichsweise sehr hohe Stabilität, gleichsam nach wie vor das Muster „von der Wiege bis zur Bahre". Eine Person wählt immer dieselbe Partei. Das beginnt sich in den 1970er Jahren moderat, in den 1980er Jahren dramatisch zu ändern und wir haben seither Phänomene, dass Parteien rasch auftauchen (aber auch rasch wieder verschwinden). Wer wird in 10 Jahren noch von der Liste Stronach reden? Aber vor einigen Jahren, nach der Gründung 2012, haben manche Leute noch ernsthaft geglaubt, das kann die Partei des zukünftigen Bundeskanzlers sein. D.h., es gibt eine große Volatilität (wie in Österreich auch in anderen westeuropäischen, aber nicht nur westeuropäischen Demokratien, denken wir an die tschechische Republik), es gibt also generell eine große Volatilität, eine Beweglichkeit und zusätzlich ein Ansteigen der Nichtwähler. Österreich war immer Spitzenreiter in der Wahlbeteiligung, mittlerweile nähert es sich einem westeuropäischen Durchschnitt an. Woran liegt das? Weil die Parteien, die primär Weltanschauungsparteien waren, auf den gesellschaftlichen Wandel reagieren mussten. Nur ein Beispiel dafür wäre die oben angesprochene Kirchgangsfrequenz: Es ist für den Wahlsieg der ÖVP immer weniger wichtig, ob ein Pfarrer von der Kanzel sagt, wählt am kommenden Sonntag die ÖVP. Das hört auch insgesamt auf, weil die katholische Kirche sich zunehmend vorsichtiger verhält. Aber noch nach 1945 hat die katholische Jugend brav als Einrichtung der Kirche alle möglichen Arten von Wahlhilfe für die ÖVP geleistet, Zettel und Folder verteilt. Das ist alles weg, weil die katholische Jugend quantitativ nicht mehr so interessant ist.

Mitgespielt hat dabei auch die Annäherung zwischen Sozialdemokratie und katholischer Kirche. Hier wird immer wieder der Name Kreisky genannt, die ersten Versuche der Annäherung erfolgten aber schon durch das SPÖ-Parteiprogramm von 1958. Damals war der Parteivorsitzende Bruno Pittermann. Kreisky war zwar auch dabei, aber es war nicht so, dass er die treibende Kraft gewesen wäre – das wird ein bisschen mystifiziert. Bei diesem neuen Parteiprogramm 1958 haben der Parteivorsitzende Pittermann und Vizekanzler und Außenminister Kreisky an einem Strang gezogen, was bei diesen beiden sonst nicht so oft vorkam. Sie haben mit Benedikt Kautsky, dem damaligen Direktor der Otto-Möbes-Schule in Graz, einen Intellektuellen beauftragt, einen Entwurf zu machen, der dann diskutiert und durch die Feinarbeit abgeschlossen wurde.

Die SPÖ hat nach 1945 auch internationale Vorbilder gehabt und die beiden großen Vorbilder waren zunächst die britische Labour Party, Regierungspartei u.a. von 1945–1951, und die Schwedische Sozialdemokratie. Und in beiden Parteien gab es die strenge Abgrenzung zu christlichen Kirchen, wobei das in Großbritannien wieder was anderes heißt als in Schweden und in Österreich. Das war aber kein großes Thema. Da waren schon die Beispiele erfolgreicher westeuropäischer sozialdemokratischer Parteien. Die Botschaft sollte ungefähr lauten, ist es wirklich so wichtig da Kulturkampf zu führen? Aber hinzu kommt natürlich schon auch, dass die Katholische Kirche im Sinne von Bischofskirche zunächst höchst unflexibel war. Das ändert sich 1958 – das wichtige Jahr 1958 –, mit dem Tod Pius XII. Das war in einer gewissen Hinsicht wie der Tod Stalins 1953. Plötzlich sind die aufgestauten Elemente in der Kirche, die für mehr Flexibilität waren, frei gesetzt geworden. Genauso wie in der Sowjetunion durch den Tod Stalins die aufgestauten Flexibilisierungsinteressen frei gesetzt wurden, wovon Österreich damals sehr profitiert hat, weil der Staatsvertrag möglich wurde. Österreich profitiert auch vom Tod Pius XII., weil der neue Papst Johannes XXIII sagt, wir beenden diese eiserne unbewegliche Position des verstorbenen Papstes, mit Österreich solange nicht zu reden, solange es nicht das Konkordat von 1933 akzeptiert. Das war für die SPÖ unmöglich gewesen, weil das Konkordat nicht im Nationalrat ratifiziert worden war. Der neue Papst sagt, gut, reden wir. Dann kommt der Konkordatskompromiss und da hat die SPÖ mehr oder weniger parallel dazu Vorleistungen erbracht, indem man gesagt hat, zum demokratischen Sozialismus kann man auf unterschiedlichen Wegen kommen, aufgrund einer marxistischen Analyse, aber auch aufgrund religiöser Überzeugungen (auch in der Labour Party hat es übrigens immer einen starken Flügel religiöser Sozialisten gegeben). Und eine weitere Folge der kirchlichen Öffnung war, dass der schon als Erzbischof bestellte Franz König dann im Dezember 1958 Kardinal wurde. Er, der bis dahin nicht Kardinal werden durfte, weil unter Pius XII solange kein Österreicher Kardinal werden durfte, solange die Konkordatsfrage nicht gelöst war.

1960 kam dann das Zusatzkonkordat, das nach Auffassung der Kirche eben kein Konkordat ist, sondern eine Art Amendement, ein Zusatz, aber die politische Frage wurde gelöst: Die Kirche gibt in der Ehefrage nach, weil sie erkannt hat, dass es für die SPÖ nicht zumutbar ist, dass für alle Katholiken im Lande nur das katholische Eherecht gilt und die SPÖ (die Republik) gibt in der Schulfrage nach und akzeptiert auch die partielle öffentliche Finanzierung der katholischen Privatschulen. Das war der Kompromiss. Das war normale Politik zwischen Vatikan und Republik (SPÖ), denn die ÖVP hat sowieso keine eigenständige Position haben können, weil sie sich ja als gebunden an die Position des Vatikans gefühlt hat.

Die diesbezügliche Rolle des Duos Kreisky-König, was so oft kolportiert wird, ist also eine Vereinfachung. Wir dürfen nicht vergessen, dass mit Bruno Pittermann der SPÖ-Parteivorsitzende ein ziemlich hoher Funktionär in der evangelischen Kirche war. Aber natürlich, Kreisky, der nicht Mitglied einer Religionsgemeinschaft war, sondern Agnostiker, hat es einfach auch weitergeführt. Er hat den berühmten Ausspruch „Den Weg gemeinsam gehen" geprägt, aber in Weiterführung bereits begonnener Akzente, die in der internationalen Sozialdemokratie einfach auch da waren. Die SPÖ war ja keine Insel. Die Katholische Kirche war sozusagen vom Eis befreit, von diesem am eisigen Konkordat fixierten Pius XII., der überhaupt ein Phänomen sondergleichen war. Das haben sie halt gemacht, that's politics, man hat sich zusammengefunden: wenn wir so wollen Konsenspolitik im Vatikan.

Für das Parteiensystem ist jenes Jahr, in dem sich alles bündelt, das Jahr 1986. Bei der Nationalratswahl 1986 gab es große Zuwächse für die FPÖ, die gerade die Koalition mit der SPÖ gesprengt hat. Und zum ersten Mal seit dem Ausscheiden der KPÖ 1959 kommt mit den Grünen eine vierte Partei in den Nationalrat. Das ist neu gewesen: beide Großparteien verlieren, die logischen Verlierer waren natürlich die ÖVP und SPÖ. Entgegen den damaligen Erwartungen hat die ÖVP nicht die relative Mehrheit bekommen, was die Ära Vranitzky dann de facto eingeleitet hat. Und von da weg hat sich die Parteienkonzentration deutlich verändert. Wenn man hier die Stimmenanteile der beiden größten Parteien zusammenrechnet, das wäre ein Indikator, nimmt die Parteienkonzentration ständig ab, d.h., ÖVP und SPÖ zusammen verlieren ständig – mit Ausnahme von 2002 und von 2017. Wenn wir drei Parteien hineinbeziehen wird das Bild wieder anders, weil vor allem in den 1990er Jahren, aber auch nach 2000, also genaugenommen nach 2013, die FPÖ zu einer dritten Großpartei wird. Da nimmt die Konzentration von vornherein wieder zu, wenn man diese drei Parteien als Maßstab heranzieht. Die Verlierer dieser Entwicklung waren klar ÖVP und SPÖ, die Gewinner waren die Freiheitlichen, die sich neu positioniert haben von einer irgendwie ängstlich um Salonfähigkeit bemühten alten Nazipartei zu einer rechtspopulistischen Allerweltspartei, die nach der Methode des Jörg Haider ständig irgendwie bunte Sprüche hervorzaubert. Und es gibt eine vierte Partei, die Grü-

nen. Vor der Nationalratswahl 2017 schienen sich die Grünen weitgehend verankert und stabilisiert zu haben, und es ist ihnen durchaus zuzutrauen, demnächst
wieder im Nationalrat zu sitzen, weil sie ja so etwas wie ein grünes Milieu vertreten. Ihr Misserfolg 2017 war eine Summe von Zufallsfaktoren.

Mittlerweile schaffen immer wieder neue Parteien den Sprung über die 4-Pro-
zenthürde, das Liberale Forum in den 1990ern, später das BZÖ, die Neos und
auch ad hoc-Parteien. Viele verschwinden aber rasch wieder: Das BZÖ, wer
denkt heute noch daran? Das Team Stronach, wer denkt heute noch daran? Die
Liste Martin[18], wer denkt heute noch daran? In Tirol Vorwärts und und und.
D.h., es bröckelt überall. Natürlich ist es unter den Rahmenbedingungen einer
fast perfekten Verhältniswahl relativ leicht ins Parlament zu kommen. So dass es
nicht nur sozusagen sektiererische Wahnsinnige sind, wie die amerikanischen
Grünen mit Ralph Nader, die 2000 indirekt die Wahl von George W. Bush er-
zwungen haben, weil sie mit einem Prozent der Stimmen Al Gore die notwendigen Stimmen weggenommen haben.

Bei der fast perfekten Verhältniswahl sind die Hürden für Newcomer relativ
leicht zu nehmen. Und das wird weitergehen.[19] Der gegenwärtige Trend, der im
wesentlich ein (Sebastian) Kurz-Faktor ist, könnte eine nur kurze Renaissance
der Parteienkonzentration sein. Dafür, dass dieser Trend anhalten wird, spricht
wenig. Der Hauptrend ist zweifelslos und eindeutig jener der ganz deutlichen
Dekonzentration.

Der Prozentsatz der Wählerinnen und Wähler, die in den 1960er und 1970er
Jahren bereit gewesen wären, eine neue Partei zu wählen, war viel zu gering. Die
DFP[20], die Olah-Partei hätte es 1966 ja fast geschafft. Damals war noch das
Grundmandatsmodell, sie war nicht weit weg davon.

Eine Partei musste, wollte sie in den Nationalrat einziehen, bis zur Wahlrechtsreform 1992 ein Grundmandat erreichen. Bis 1970 in einem von 25 Wahlkreisen, nach 1971 in einem von 9 Wahlkreisen.

Die DFP war so gesehen vielleicht ein Vorbote: Aus einer Parteispaltung geht
eine Partei hervor, die unter den Bedingungen, die heute herrschen, vermutlich
erfolgreich gewesen wäre. Sie war 1966 noch nicht erfolgreich, es war aber ein
Wetterleuchten am Horizont. Olah hat dabei versucht überall zu wildern, auch

---

18 Die Liste von Hans Peter Martin erreichte bei den EU-Parlamentswahlen 2004 14% und 2009
    17,7%. Bei der Nationalratswahl 2006 allerdings nur 2,8%.
19 Um in den Nationalrat einziehen zu können benötigt eine Partei seit der Nationalratswahlre-
    form 1992 ein Grundmandat in einem der nunmehr 39 (von 1992–2008 43) Regionalwahlkreise
    oder 4% der bundesweit abgegebenen gültigen Stimmen.
20 Die DFP – Demokratische Fortschrittliche Partei von Franz Olah erreichte bei der National-
    ratswahl 1966 3,3%.

bei der ÖVP und auch bei der FPÖ hat er sich punktuell angebiedert. Deswegen hat die FPÖ heute eine gewisse Neigung, Franz Olah in gewisser Weise zu glorifizieren. Für Olah und die DFP aber war es damals noch nicht soweit.

Die KPÖ

Die Kommunistische Partei Österreichs war in der Ersten Republik eine der schwächsten kommunistischen Parteien in europäischen Demokratien. Die Hauptursache ist, dass die sozialdemokratische Arbeiterpartei ein Fastmonopol auf die Stimmen der politischen Linken gehabt hat. Ganz anders als damals schon in Frankreich, ganz anders auch als in der Weimarer Republik. Die KPÖ war einfach schwach, hat dann durch ihre Aktivität im Widerstand gegen das Dollfuß-Schuschnigg-Regime und gegen den Nationalsozialismus zwar Erwartungen gehabt, dass sie diesen Startnachteil aufholt, das ist aber nicht geglückt. Das Wahlergebnis vom November 1945 war sicherlich eine große Enttäuschung für die KPÖ.[21] Und sie hat sich nie wieder davon erholt, noch dazu und im Wesentlichen auch, weil sie ja aus guten Gründen als Partei der Sowjetunion identifiziert wurde. Und in der eurokommunistischen Phase der 1960er bis 1980er Jahre war das auch nicht mehr möglich, da war es schon zu spät. Wobei es heute die klassische eurokommunistische Partei Italiens praktisch auch nicht mehr gibt. Also, die Zeit der kommunistischen Parteien war einfach abgelaufen, sowohl die der nicht reformierten, als auch die der eurokommunistisch reformierten Varianten – ihre Zeit ist in Europa vorbei. Möglicherweise nicht in Indien; in der russischen Föderation spielt die kommunistische Partei die Rolle der Opposition gegen Putin, aber auch das ist nicht gerade eine erfüllende Funktion.

Andere kommunistische Parteien in Europa, Beispiel Italien, waren zumindest eine Zeitlang erfolgreich.[22] Die KPÖ nicht. Das ist weniger auf das Verhältnis zur UdSSR zurückzuführen als auf die Tatsache, dass rückblickend gesehen schon im November 1945 im Kern der Kalte Krieg angelegt, damals aber noch nicht als solcher erkennbar war. Im November 1945 war die Kommunistische Partei Österreichs natürlich primär identifiziert oder auch und wesentlich identifiziert mit der Roten Armee, die ja in weiten Teilen Österreich präsent war. In Verbindung mit Vorurteilen, bei denen noch manches von der nationalsozialistischen Propaganda

---

21 Die KPÖ kommt bei der Nationalratswahl 1945 auf 5,4% und 4 Mandate
22 Die PCI – Partito Comunista Italiana – hatte in den 1970er und 1980er Jahren teilweise mehr als 30%; Höhepunkt war 1976 mit 34,4%.

nachgewirkt haben mag – Stichwort „asiatische Horden" – aber auch in Verbindung mit dem realen Verhalten von Soldaten der Roten Armee, das war sozusagen ein Hindernis, über das die von Anfang an kleine KPÖ nicht hinwegspringen konnte. Das war in Italien anders. Erstens gab es in Italien keinen sowjetischen Druck, zweitens war die KP Italiens vor der Mussolini-Diktatur schon stärker. Antonio Gramsci z.B. als Parteivorsitzender. Ähnlich in Frankreich, zwar nicht in der Volksfront, es gab dort aber eine Art Duldungsabkommen. Die Kommunistische Partei Deutschlands hat schon in der Weimarer Republik mitgespielt und war dort häufig die drittstärkste Partei. Es war interessant, dass es später in Westdeutschland, bei den ersten Bundestagswahlen eine KPD gegeben hat. In Westdeutschland, wo es keine sowjetischen Truppen gegeben hat, die man hätte erleben können, schneidet die KPD deutlich schwächer ab als die Kommunisten in der Weimarer Republik.[23] Die DDR kann man schwer für Vergleiche heranziehen aber es ist schon erstaunlich, wie die KPD in Westdeutschland unter den an der Weimarer Republik gemessenen Erfahrungen zurückbleibt.

In Österreich war die UdSSR zwar bis 1955 präsent, aber auch später hat die KPÖ sich nicht distanziert, z.B. weder 1956 noch 1968. 1968 nur oberflächlich und man hat die Distanzierung bald wieder zurückgenommen. Aber damals war es für die KPÖ schon zu spät. Bei anderen kommunistischen Parteien, z.B. bei der Kommunistischen Partei Dänemarks, gab es eine Parteispaltung. Die führende Partei blieb sowjetloyal, aber eine wichtige Gruppe spaltete sich ab. Übrigens hat es auch 1956 minimale Abspaltungen von der KPÖ gegeben, in der Steiermark z.B., wobei allerdings bei einer so kleinen Partei wie der KPÖ Abspaltungen ja schon fast nicht mehr über der Aufmerksamkeitsschwelle liegen. 1968 war der letzte Versuch, da ist dann ein Teil der wichtigsten mit der KPÖ identifizierten Personen ausgeschlossen worden oder ausgetreten: Ernst Fischer, aber auch Franz Malik oder Teddy Prager. Dann war es im Wesentlichen vorbei, ganz interessant, warum sie trotzdem in Graz Jahrzehnte später eine Renaissance erleben. Das zeigt, dass man zumindest lokal die negative Punze KPÖ nicht unbedingt als tödliches Merkmal sehen muss.

In Graz war zwar eher die Person Ernest Kaltenegger primäres Motiv, die KPÖ zu wählen, aber die KPÖ hat da offenkundig nicht entscheidend gestört. Auch das ist interessant. Die seit langem andauernde Erfolglosigkeit liegt auch an dem Namen KPÖ. Also warum sollte eine traditionell links von der SPÖ stehende Grup-

---

23 Bei der ersten Bundestagswahl 1949 erreicht die KPD 5,7%; im November 1932 waren es 19,6% und im März 1933 immerhin noch 12,3% gewesen.

pierung die, gerade wenn die SPÖ regiert, sicherlich viel Möglichkeiten hat, von links Opposition zu machen, viele Themen vorfindet, warum soll die sich kommunistisch nennen? Nicht umsonst heißt die Nachfolgepartei der SED in Deutschland Linke. Also der Name KPÖ ist auf die Dauer schon einigermaßen vergiftet.

Die KPÖ dümpelt dahin, ziemlich konstant bei einem Prozent +/-. Und wie das häufig bei solchen Kleinparteien ist, ist sie in sektiererische Kämpfe verstrickt, auch in der Frage des Vermögens. Ein interessanter Fall, denn die KPÖ war ja 1955 eine Partei mit einem Parteiapparat, der einer Großpartei entsprochen hätte, mit einem Parteihauptquartier, eine Art Wolkenkratzer im vormals sowjetisch besetzten Wiener 20. Bezirk, mit Tageszeitungen. Und mit Unternehmungen, die die Partei betrieben hat. Die – primär solange es die Sowjetunion gegeben hat – ständig abgesahnt haben, weil, wenn man z.b. ein Ölgeschäft mit der Sowjetunion machen wollte, wurde das mit der Firma abgewickelt. Die Turmöl war ein solches Beispiel. Da haben alle gewusst, dass die Turmöl zwar offiziell einem Herrn Sowieso gehört, aber praktisch war das nur ein Treuhandkonstrukt, in Wirklichkeit war es die KPÖ. Also der KPÖ sind ständig Gelder zugeflossen, die für eine 1–2 Prozent-Partei erstaunlich waren. Die KPÖ war eine reiche Partei. Bis zum Ende der Sowjetunion, bis zum Ende der DDR und dann gab es Gerichtsverfahren und die KPÖ hat auch alles Mögliche wieder verloren, die Treuhandschaftskonstrukte sind aufgebrochen, also jetzt ist die KPÖ nicht einmal mehr reich.

Es gibt sie zwar noch. Es hat in den frühen 1990er Jahren eine Gruppe in der KPÖ gegeben die in gewisser Weise verspätet Eurokommunismus machen wollte. Das konnte aber mit der Bezeichnung Kommunismus nicht mehr gelingen. Als dann die erst am 27. Parteitag 1990 gewählten beiden Parteivorsitzenden, Walter Silbermayr und Susanne Sohn, mit ihren Forderungen nicht durchgedrungen sind, sind sie noch unmittelbar vor dem für Juni 1991 angesetzten 28. Parteitag der KPÖ im März 1991 aus der Partei ausgetreten. Das ist mehr als der Innsbrucker Parteitag der FPÖ von 1986 gewesen. Es war schon zu spät, auch diese späten Versuche einer Öffnung der KPÖ zur liberalen Demokratie waren nicht möglich, haben zu nichts geführt.

Die ÖVP

1945 hat sich die ÖVP aufgrund ihrer christlich-sozialen Tradition sozusagen sehr ständisch verstanden. Daher sind auch die Bünde erklärbar, die ja 1945 noch teilweise der gesellschaftlichen Realität entsprochen haben. Bauernbund, Wirtschaftsbund (der Bund für Arbeitgeber und Gewerbetreibende) und Arbeitnehmerbund ÖAAB. Das war die Tradition, die von Vogelsang herkommt, die den päpstlichen Enzykliken entspricht, die nicht zuletzt auch für das Dollfuß-Schuschnigg-Regime als Vision eine Rolle gespielt hat. Insofern spiegelt es die Tradition des alten katholisch-konservativen Lagers wider. Neu war, dass die ÖVP das hohe C gestrichen hat. Das ist schon interessant, dass die ÖVP einen neuen Aufbruch signalisieren wollte. Wir dürfen nicht vergessen, dass die Leute dieselben waren. Julius Raab war Heimwehrführer, Minister unter Schuschnigg. Sie wollten zeigen, wir sind doch etwas Neues. Ein Aspekt war übrigens, und das ist jetzt bei diesen ganzen Gedenk- und Bedenkdokumenten 2018 wieder hervorgekommen, die Tatsache, dass Schuschnigg nicht zurückkommen durfte. Die ÖVP hat es ihm untersagt. Leopold Figl hat geschrieben „Lieber Freund, bitte komm' nicht zurück". Wer hätte den Schuschnigg hindern sollen zurückzukommen? Natürlich hätte man dann einen Prozess angeordnet. Die SPÖ hat aber erkannt, dass es für die ÖVP nicht zumutbar war, einen Prozess mit Schuschnigg anzustrengen. Die ÖVP hat erkannt, es ist der SPÖ nicht zumutbar, auf sowas zu verzichten. Daher hat sie dringend gebeten, Schuschnigg bitte geh' nach Amerika. Und bleib dort.

Man hat gelernt zu antizipieren, wie der politische Kontrahent reagieren würde: Es ist der SPÖ nicht zumutbar, einen Schuschnigg hierzuhaben, auch wenn er nur Privatmann ist, und nicht zu sagen, wie steht es zum Beispiel mit den Verbrechen als Justizminister im Februar 1934. Die Frage der Zumutbarkeit ist ein gutes Beispiel dafür, dass die Leute, die im Schuschnigg-Regime selbst aktiv waren, Julius Raab mehr als Leopold Figl, aber auch er, es respektiert haben, dass man das der SPÖ nicht zumuten kann. Schuschnigg stört. Und Schuschnigg hat es auch kapiert. Vielleicht auch zähneknirschend, aber er hat es akzeptiert. Und dann ist natürlich das hohe C weg. Es ist ganz interessant, dass in Deutschland die CDU neugegründet wird als eine sich *christlich* nennende Partei, also als christlich war ja gemeint, das Katholisch-Protestantische zu überspringen. In Österreich war das Christlich-Soziale aus Sicht der Gründer der ÖVP zu sehr belastet. Die Bischöfe sind gar nicht gefragt worden. Die Bischöfe haben schon 1933 am Ende der demokratischen Republik erklärt, dass katholische Priester nicht in die Politik, nicht in die Parteipolitik gehen sollen. Also nachdem Ignaz Seipel dort war. Und Innitzer nicht mehr Minister war. Das war eigentlich schon die ÖVP-Entscheidung.

Der Name Österreichische Volkspartei war übrigens schon besetzt, aber das wurde kaum wahrgenommen: Irene Harand hat bereits in den 30er Jahren eine Österreichische Volkspartei gegründet. Irene Harand war aber vergessen, sie hätte die Vertreter der nun neuen ÖVP auch nur gestört. Sie hätte daran erinnert, was man in den 30er hätte sehen können und nicht sehen hat wollen. Aber der Name Österreichische Volkspartei wurde gewählt und fast zur gleichen Zeit gründen diejenigen, die aus der bayerischen Volkspartei, aus dem katholischen Zentrum gekommen sind, in den westlichen Besatzungszonen Deutschlands eine Christlich-Demokratische Union. Eine Christlich-Soziale Union. Das hohe C, das bei der ÖVP out war, kommt in Deutschland, ist dort plötzlich in.

Es ist also in Deutschland völlig anders gelaufen ist, weil das C geheißen hat: hören wir doch mit dem katholisch-protestantisch auf. Christlich ist das gemeinsame Band. In Österreich bitte nicht, sonst fangen wir an zu diskutieren, wie republikanisch, wie demokratisch die Christlich-Soziale Partei in den Jahren 1933/34 war. Wir wollen was Neues signalisieren. Was vielleicht nicht so neu war.

Kurt Skalnik hat einmal versucht, die Geschichte der ersten Jahrzehnte der ÖVP zu periodisieren. Er spricht zunächst von der französischen Periode. Die ÖVP, die auch wie die SPÖ in Westeuropa nach Allianzenvorbildern gesucht hat, war sehr orientiert am französischen MRP[24], einer Partei der volksrepublikanische Bewegung, die in der vierten Republik eine entscheidende Rolle gespielt hat. Und damals hat Figl gesagt „Wir sind die österreichische Labour Party". Er wollte es der SPÖ wegnehmen, sich als österreichische Labour Party zu sehen. Damit will er sagen, wir sind eigentlich eine sich von der links positionierenden SPÖ zu differenzierende MRP. Der Slogan sollte sein, wir sind die österreichische Labour Party, wir sind überhaupt nicht für eine freie Marktwirtschaft. Wir sind für die gemischte Wirtschaft. Wir sind nicht für den schrankenlosen Kapitalismus. Eine irgedwie relativ linke Positionierung nach französischem Vorbild wird dann in den 1950er Jahren ersetzt durch die deutsche Periode. Damals wird Ludwig Erhard mit der sozialen Marktwirtschaft – Betonung auf Marktwirtschaft – zunehmend zum Vorbild. Von der französischen zur deutschen Periode. Nach dem MRP wird die CDU/CSU zum Vorbild, zum Modell genommen. Ganz interessant dass die Democrazia Cristiana in Italien da eigentlich die erfolgreichste christdemokratische Partei war.

Diese Periodisierung, traditionell links, rechts oder eher Mitte mit deutlichen Linkselementen in der französische Periode, dann Mitte rechts – Vorbild CDU/CSU – verliert sich später.

Man sieht die Konturen langsam verschwinden, weil hier die bündische Struktur zwar weiter existiert, aber da kommt langsam die gesellschaftliche Wirklichkeit

---

24 Mouvement Républicaine Populaire; gegründet 1944; Auflösung in den 1960er Jahren.

abhanden. Die Bauern, die wirklich am Beginn noch 15 Prozent der Bevölkerung, vermutlich 25 Prozent der ÖVP-Wählerschaft gestellt haben, werden zunehmend zu einem 3 Prozent-Phänomen. Und der ÖAAB hat immer schon drunter gelitten, dass sein Profil sehr unscharf war, was beim *Arbeiter- und Angestelltenbund*[25] wenig verwunderlich ist, wenn die *Beamten* das Sagen haben. Und der Wirtschaftsbund, also die bündische Struktur hat inhaltlich wenig Gewicht gehabt, war aber in Bezug auf die Personalrekrutierung eine entscheidende Größe. Auch das wird in allen drei Bünden dadurch relativiert, dass der Einfluss des CV eine große Rolle spielt. Also im Bauernbund vielleicht am wenigsten, aber im ÖAAB und im Wirtschaftsbund hatte der Cartellverband seine alte Rolle, die der christlich-sozialen Partei, einfach wieder aufgenommen bzw. aufnehmen können.

Die Bünde spielten selbstverständlich immer eine wichtige Rolle. Und da musste man immer auch innerparteilich Kompromisse machen, z.B. als 1975 der Bauernbündler Schleinzer mitten im Wahlkampf tödlich verunglückt ist, wurde der ÖAABler Taus Parteiobmann. Taus war eigentlich ein Banker, ein leitender Manager eine Bank, und er hat ganz bewusst Erhard Busek zum Generalsekretär gemacht, wobei Erhard Busek bündisch nicht zuzuordnen war. Erhard Busek war Mitglied bei allen drei Bünden. Was ihm Herwig Van Staa übrigens in Tirol nachgemacht hat – um dann erst recht gegen die ÖVP zu kandidieren. Das zeigt ja auch die unglaubliche Flexibilität, die er eingegangen ist. Also, ja immer Gleichgewicht, gerade wenn es um die Mandate im Nationalrat ging, es hat ja lange Zeit bündische Arbeitsgemeinschaften innerhalb der ÖVP-Fraktion gegeben. Bauernbund, ÖAAB, Wirtschaft, also eigene Fraktionen in der Fraktion. Und bei Ministerlisten sowieso. Da musste klar sein, dass, wenn die ÖVP regiert, in der Regierung ist, alle drei Bünde bedient werden müssen. Und wenn ein Bund zu stark scheint, rebellieren die anderen. Aber es war der Bauernbündler Figl, übrigens auch ein CVer, dann der Wirtschaftsbündler Raab, ein CVer, dann der ÖAABler Gorbach, auch ein CVer, dann der Wirtschaftsbündler Withalm, war auch ein CVer, dann der Bauernbündler Schleinzer, erster Nicht-CVer, Bundesparteiobmann der ÖVP, dann kommt schon wieder der CVer Taus. Dann der CVer Mock. Und ab Mock beginnt der Einfluss des CV zu bröckeln.

Nach Mock ist Riegler gekommen, der war nicht CVer. Nach Riegler ist Busek gekommen, kein CVer, nach Busek ist Schüssel gekommen, kein CVer. Auch

---

25   ÖAAB – ursprünglich Österreichischer Arbeiter und Angestelltenbund; mittlerweile Österreichischer Arbeitnehmerinnen- und Arbeitnehmerbund

nicht Molterer. Pröll war wieder CVer, ebenso Spindelegger und Mitterlehner. Kurz wiederum ist kein CVer. Das verliert auch an Bedeutung. Also gab es diese Klammer, die ÖVP, die eine relativ klare Struktur gehabt hat, die man durch Klammern zusammengehalten hat, etwa durch Aufteilungen von Parlamentssitzen, Regierungsämtern, ausgedrückt in diesen Arbeitsgemeinschaften als Fraktion und aber auch durch den CV.

Inhaltlich kann man die ÖVP nach dem Verweis auf das französische bzw. deutsche Modell nicht mehr im Sinne eines Modells festmachen. Peter Diem hat einmal versucht, eine schwedische Phase einzuführen bzw. zu ergänzen, als die schwedischen Konservativen sich in *Moderate Sammlungspartei* umbenannt haben. Damals hat Diem als Mann des linken Flügels der ÖVP gedacht, das ist jetzt die nächste nach der deutschen Phase. Die Schwedisch-Konservativen waren kurz einmal in der Regierung, aber so erfolgreich waren die nicht. Es kommt immer auf den Erfolg an. Die französische Phase ist auch deswegen zu Ende gegangen, weil die MRP aufgehört hatte zu existieren. Also diese Periodisierung anhand von erkennbaren Musterparteien, Vorbildparteien, die gibt es nicht mehr. Sicherlich spielt es eine Rolle, ob die ÖVP regiert hat, aber immerhin war die ÖVP von 1970 bis 1987 17 Jahre lang in Opposition. Eine lange Durststrecke für eine der beiden staatsgründenden Parteien. Da hat es sicherlich Versuche gegeben, aber das waren in den 1970er Jahren so, heute würden wir sagen, kulturkämpferische Themen wie Abtreibung zum Beispiel. Da hat die ÖVP schon, interessanterweise wie die Amtskirche, Hinhaltewiderstand gezeigt, aber sich dann in das Unvermeidliche ergeben. Von der ÖVP hören wir schon lange nicht mehr, dass sie die Strafbarkeit des Schwangerschaftsabbruchs einführen wollte. Das ist die Partei, die versuchte, sich in Verbindung mit ihren katholischen Verwurzelungen noch gegen den Zeitgeist zu stellen, aber nicht zu stark, damit sie nicht vom Zeitgeist völlig überrollt wurde.

Mit 1970 beginnt für die ÖVP eine 30jährige Zeit ohne Kanzlerschaft. Dass sie sich schließlich regenerieren konnte, war ja der Geniestreich von Schüssel. Sie hat sich regeneriert aus ihrer schwersten Niederlage heraus. 1999 war das katastrophalste Wahlergebnis, Schüssel hat also das bis dahin schlimmste Wahlergebnis in der Geschichte der ÖVP eingefahren. Unter 30%, konkret 26,91%, mit einer geringeren Stimmenzahl als die Freiheitliche Partei, damit der dritte Platz. Von dort springt er ins Kanzleramt und drei Jahre später ist die ÖVP die Nummer 1. Das war ein Geniestreich auf Kosten der Freiheitlichen Partei. Also das war – insofern mag man Schlussfolgerungen für den Aufstieg von Sebastian Kurz ziehen – Folgendes: Wenn es der ÖVP wirklich schlecht geht, greift sie nach den erstbesten Mitteln, um wieder den Kanzler stellen zu können, auch indem sie sich gleichsam mit Tod und Teufel verbündet. Und bei Schüssel ist es gut gegangen. 1999 stand die ÖVP kurz vor dem Abgrund und auch als Kurz angetreten ist war die ÖVP nach allen Umfragen nur mehr drittstärkste Partei. Das hängt natürlich mit der von allen Parteien betriebenen Mystifizierung des Kanzleramtes zusammen. Der Kanzler wird wichtiger eingeschätzt als er in der realen Politik ist. Aber auch die Einschätzung schafft eine Realität. Und daher ist Kurz momentan völlig ungefährdet, weil er der ÖVP wieder den Kanzler gebracht hat. Nach dem Motto: Deshalb verzeihen wir ihm, dass er nicht CVer ist zum Beispiel. Verzeihen wir ihm, dass er Studienabbrecher ist. Verzeihen wir ihm, dass er mit einer Frau, mit der er nicht verheiratet ist, zusammen lebt zum Beispiel. Alles wird ihm verziehen. Kanzler ist er. Die Länder, den Einfluss der Länder, den Einfluss der Bünde bei der Kandidatenaufstellung zurückzudrehen, der ÖVP war es das eben wert, so lange er das Kanzleramt erobert. Und wenn er nicht mehr verspricht, wenn die Realität nicht mehr so ist, dass er das Kanzleramt garantiert, wird es in der ÖVP, in den Bünden und in den Ländern rumoren. Diese sind ja nicht tot. Die sind nur momentan in einer Schockstarre oder eher so ruhig gestellt. Und die Landtagswahlen 2018 haben eigentlich gezeigt, dass die Landeshauptleute nach wie vor jeden Grund haben, selbstbewusst zu sein. Alle Landeshauptleute gewannen bei den Landtagswahlen 2018 kräftig dazu. Auch Kaiser von der SPÖ in Kärnten.

Anthony Downs hat gesagt, Parteien wollen nicht Wahlen gewinnen, um Grundsätze zu verwirklichen, sie geben sich Grundsätze um damit Wahlen zu gewinnen. Die ÖVP hat nicht genau beobachtet, was, welche Puzzleteile von Grundsätzen, welche programmatischen Aussagen helfen könnten, Wahlen zu gewinnen. Als sie gemerkt hat, dass eine unbedingte Gegnerschaft z.B. gegen die Fristenlösung nichts bringt, hat sie sich flexibel gezeigt. Sie war zwar vorsichtig, damit sie sich nicht ganz mit den konservativen Bischöfen überwirft, sie ist aber in dieser Frage zurückgewichen. Zurückgewichen – zwar hat sie im Nationalrat dagegen gestimmt, aber sie hätte ja auch unter Schüssel die Chance gehabt, die Wiedereinführung der Strafbarkeit des Schwangerschaftsabbruchs durzusetzen. Sie hat es aber nicht mehr aufs Programm gesetzt. Die Niederlage war akzeptiert und das Thema weg.

Wobei bis zur Zeit von Schüssel damals schon zu viel Zeit verstrichen war. Das kennen wir überall in westlichen Demokratien. Ein Thema verläuft sich. Genauso der Widerstand gegen die Straflosigkeit der Homosexualität bis hin zur Akzeptanz gleichgeschlechtlicher Partnerschaften. Angela Merkel hat eine schöne Aussage gemacht: „Ich bin dagegen, für mich ist die Ehe eine Verbindung von Mann und Frau, aber wenn es die Mehrheit will ..." Das ist eine Merkel-Position, die eigentlich auch auf die ÖVP passt. Generell passen könnte: Privat habe ich meine Grundsätze, aber o.k.. Und das entspricht in einer gewissen Hinsicht auch einem säkularen Staat. Die eigenen Grundsätze soll man doch nicht auf Teufel komm' raus der Gesellschaft aufzwingen wollen. Die ÖVP ist in dem Sinn gereift mit der Gesellschaft.

Dazu ein Beispiel: bei einem Abendessen – es war der 80. Geburtstag von Raoul Kneucker – erzählte der frühere Unterrichtsminister Rudolf Scholten sinngemäß folgendes: „Ich war damals als Unterrichtsminister zufällig auch für die Kultusangelegenheiten zuständig. Der Groer-Skandal[26] ist aufgebrochen und wir haben im Ministerrat diskutiert, was tun wir, wenn der Vatikan den Krenn zu seinem Nachfolger macht. Und der katholische Busek hat gemeint, wir müssen was dagegen tun und es gibt ja eine Bestimmung, ich glaube im Konkordat, dass bei jeder Bischofsernennung der Vatikan die Bundesregierung verständigen muss. Die theoretisch sagen kann: Nein. Was ja absurd ist irgendwie, aber so ist es. Und da bin ich – Scholten als Nichtkatholik, weil ich für das Kultusamt zuständig war in meinem Ministerium –, geschickt worden, zum Nuntius zu gehen. Und ihm zu sagen, wenn der Vatikan den Krenn nominiert, wird die Bundesregierung Einspruch erheben." Das ist von der ÖVP ausgegangen. Weil die ÖVP eine Sensibilität gehabt hat. Busek meinte, das ist unglaublich, wenn die nach diesem Wahnsinn Groer noch den Wahnsinn Krenn draufsetzen, das geht nicht. Und Scholten, dem an sich die katholische Kirche ziemlich egal ist, wurde geschickt, als zuständiger Minister. Er hat ganz lustig erzählt, wie er in ein fremdes Milieu kommt, ein mit gebrochenem Deutsch sprechender italienischer Nuntius, der immer fragt: „Was wollen sie eigentlich?" Dann hat er nach langem Herumreden diplomatisch versucht zu sagen, was ihm als säkularem Politiker zuwider ist. Wie soll die Bundesregierung Einfluss nehmen auf die Bischofsernennung? Weil sie sogar gehofft hat, wenn die den Krenn ernennen, dann könnte sich das positiv auf die SP auswirken? Die ÖVP hat gelitten unter diesem unglaublichen

---

26 Im März 1995 wurde Kardinal Groer von mehreren Männern vorgeworfen, sie als Minderjährige sexuell missbraucht zu haben. Groer zog sich unmittelbar darauf vom Vorsitz in der Bischofskonferenz zurück und reichte sein Rücktrittsgesuch beim Vatikan ein, dem im Herbst 1995 stattgegeben wurde. Das Ergebnis einer kircheninternen Untersuchung wurde an den Vatikan geschickt, aber nicht veröffentlicht. Mehrere Bischöfe aber hielten öffentlich fest, „dass die Vorwürfe gegen Groer ‚im Wesentlichen' zutreffen." http://religion.orf.at/stories/2576509/, 24.03.2013. Bis zu seinem Tod im Jahr 2003 äußerte sich Groer nicht zu den gegen ihn erhobenen Vorwürfen.

Glaubwürdigkeitsverlust der katholischen Kirche. Weil es eine Kernklientel von ihr betroffen hat und das konnte sie nicht brauchen, dass irgendwelche Weltfremden mit ihren Verbindungen die österreichische Gesellschaft durcheinander bringen.

Die SPÖ

Die SPÖ hat sich 1945 auch neu konstituiert, als Sozialistische Partei Österreichs (Sozialdemokratische Partei und revolutionäre Sozialisten). Das ist die SPÖ, die auch faktisch die Geschichte gebrochen wahrgenommen hat. Die Sozialdemokratische Partei war die Exilführung und die revolutionären Sozialisten waren der innere Widerstand, der aber 1938 als organisierter Widerstand wieder aufgehört hat, weil die Repression zu stark war. Die revolutionären Sozialisten waren von 1934–1938 ein Phänomen. Und das alles hat der Großvater Renner zugedeckt und es gibt auch hier Widersprüche, die es schon vorher gegeben hat: Der linke und der rechte Flügel waren schon in der Ersten Republik nicht leicht zusammenzuhalten. Und da kommt jetzt eine Frage, die die SPÖ sehr glücklich, sehr schnell beendet hat, nämlich der Fall Scharf. Erwin Scharf ist mit dem österreichischen Bataillon[27], mit der jugoslawischen Befreiungsarmee gekommen und hat sich als Sprecher etablierter revolutionärer Sozialisten gesehen, bei denen er in den 1930er Jahren aktiv gewesen war. Und von Anfang an haben diejenigen in der SPÖ den Ton angegeben, vor allem Schärf und Helmer, die den Verdacht gehabt haben, er ist eigentlich ein kommunistischer Agent (zu Recht haben sie den Verdacht gehabt). Scharf wollte von Anfang an eine Einheitsfront aus Sozialisten und Kommunisten zusammenbringen. Aber in der SPÖ – nicht wie in Ungarn oder in der DDR von den Kommunisten, von der KPÖ aus, sondern innerhalb der SPÖ. Eine Rolle spielte das Zentralsekretariat. Die SPÖ hatte zwei Zentralsekretäre, eine Art bündische Doppelstruktur. Der eine, jener von der alten Partei, war Karl Waldbrunner (Zentralsekretär 1946–1956), und der andere, jener von den revolutionären Sozialisten, war Erwin Scharf (Zentralsekretär 1945–1948). Als Zentralsekretär der SPÖ hat er eine Einigungspolitik vertreten, die den meisten anderen sehr verdächtig vorgekommen ist. Sie haben das rasch abgeblockt, das kommt nicht in Frage, wir sind eine sozialistische Partei, wir wollen keinen kalten Krieg. Das war schon Ende 1945, Anfang 1946. Dann hat Scharf schließlich mit der SPÖ

---

27 Mehrere österreichische Bataillone kämpften – v.a. seit Herbst 1944 – auf Seite der jugoslawischen Armee gegen das NS-Regime.

gebrochen, hat zunächst als Kommunist und Linkssozialist 1949 ein Wahlbündnis mit der KPÖ gebildet. Scharf war offiziell Leiter der Linkssozialisten. Auf der Liste der KPÖ. Wenige Jahre später ist er offiziell der KPÖ beigetreten. Das war ein – Agent klingt vielleicht zu geheimdienstlerisch –, es war halt eine kommunistische Agenda. Deshalb hat sich auch die SPÖ klar gegen die KPÖ positioniert. Mit dieser deutlichen Trennung ist die SPÖ gut gefahren.

Dann gab es die Frage des Austromarxismus und da waren natürlich die, die den Ton angegeben haben – also Schärf und Helmer, auch Renner, der noch immer, wenn auch als Bundespräsident, Einfluss genommen hat – vom rechten Flügel. Das heißt, mit Distanz zum Austromarxismus. Renner konnte natürlich alles wunderbar marxistisch begründen, die Trennschärfe war bei ihm aber verloren gegangen. Er war – wie bereits gesagt – ein brillanter theoretischer Opportunist. Und Schärf war ein eher harter Machtpolitiker und Helmer war zudem auch ein Antisemit. Hans Rauscher schreibt gelegentlich, dass Schärf und Helmer Antisemiten waren. Schärf war aber sicher keiner. Renner auch nicht. Aber Helmer? Von ihm gibt es Äußerungen, die heute, kämen sie von Burschenschaftern, wahrscheinlich zu Recht zu Protestrufen führen würden. Also es waren alles Rechte, die sich gesagt haben, mit dem Austromarxismus, mit dem Linzer Programm von 1926 offiziell brechen, das bringt nichts. Lassen wir die Zeiten heranreifen. Und dann sind die Verstaatlichungen der Jahre 1946 bis 1947 gekommen. Die haben zwar überhaupt nichts Gesellschaftspolitisches besagt, sondern sind nur gemacht wurden, um Industrie und Banken einem möglichen sowjetischen Zugriff zu entziehen. Die einzige Partei, die gegen die Verstaatlichung war, war die KPÖ. Die Verstaatlichung, die von ÖVP und SPÖ gegen den Wunsch der KPÖ durchgezogen wurde, fand gegen den Willen der KPÖ statt. Warum? Weil die KPÖ für die sowjetischen Interessen war.

Dann hat es schon so etwas wie den Konsens gegeben in diesen Jahren der Doppelautorität. Wir – so die Position der SPÖ – müssen mit der ÖVP gemeinsame Sache machen. Alles andere bringt uns nichts, wir würden auch bei Wahlen bestraft werden, wenn wir hier jetzt sozusagen diese Gemeinsamkeit offen in Frage stellen. Das ändert sich dann 1955, als diese Notwendigkeit wegfällt und Karl-Heinz Naßmacher[28] beschreibt diesen Weg als einen „vom National Government zur permanenten Koalition". National Government als eine Art durch äußere Umstände bedingte Regierung wie in Großbritannien die Koalition in Kriegszeiten. Wenn die äußeren Umstände wegfallen, fällt damit eigentlich auch

---

28   Karl Heinz Naßmacher (1968): „Das österreichische Regierungssystem. Große Koalition oder alternierende Regierung?", Heidelberg: Springer Verlag

die Ursache für die Große Koalition weg. Trotzdem gibt es eine Weiterführung, daher spricht Naßmacher nicht nur vom National Government, sondern auch von einer permanenten Koalition. Und das hat die SPÖ dann schon vor Herausforderungen gestellt: Wie kann man das vor dem Hintergrund dieses nach wie vor vorhandenen austromarxistischen Traditionsgebäudes begründen? Deswegen hat man ein neues Parteiprogramm gemacht, das den Austromarxismus nicht offiziell, aber de facto beendet hat. Übrigens gibt sich die SPD ein Jahr später das Godesberger Programm, das doch wesentlich deutlicher als jenes der SPÖ eine Absage an den Marxismus ist, nämlich eine explizite Absage. Bei der SPÖ war das nur implizit. D.h., eine Entwicklung hin zu einer durchaus normalen westeuropäischen sozialdemokratischen Partei, bei der die spezifischen österreichischen Akzente wie im Linzer Programm, die man als austromarxistisch bezeichnen kann – auch das ist eine eher willkürliche Begrifflichkeit –, nicht offiziell für überholt erklärt werden, aber de facto.

Und dann war immer wieder die Frage, welche Strategie verfolgen wir angesichts der Tatsache, der jedenfalls ab 1955 klaren Befindlichkeit, dass es links von der ÖVP wahrscheinlich keine Mehrheit gibt. Nur in der Ära Kreisky wurde dieser Befund für kurze Zeit unterbrochen. D.h., was macht die SPÖ, wenn es weder eine linke Mehrheit in der Gesellschaft, noch eine solche im Parlament gibt? Und daraus ergibt sich die Frage, wie geht man mit der ab 1959 einzigen dritten Partei, mit der FPÖ um? Und daran zerbricht die SPÖ beinahe. Es wurde viel zu wenig beachtet, wie sehr – als Vorbote der Olah-Krise, die ganz gut behandelt ist –, die Krise des Jahres 1963 im Zusammenhang mit der Habsburg-Abstimmung die SPÖ fast gespalten hat. Eine Gruppe der Partei, angeführt von Franz Olah und Bruno Kreisky, sagt: „Wir wollen uns nicht für immer an die ÖVP fesseln. Wir wollen nicht gezwungen werden, dauernd, nur weil wir keine Alternative haben, die Wünsche der ÖVP zu erfüllen. Versuchen wir doch einmal mehr Flexibilität." Und dafür war die Habsburg-Abstimmung ideal. Weil da konnten auch die Linken der SPÖ bei der Antihabsburgstimmung mitmachen und ebenso die FPÖ unter Friedrich Peter, der das sehr gut erkannt hat. Faktisch hat es ein parlamentarisches ad hoc-Bündnis mit der FPÖ gegeben, für das die SPÖ Versprechungen gemacht hat, die sie teilweise einhalten konnte, nämlich die Übernahme von Wilfried Gredler, damals Gruppenobmann der FPÖ, in den diplomatischen Dienst (seine ersten Ausbildungsschritte hatte er im deutschen Reichsaußenministerium gemacht) . Gredler wurde österreichischer Vertreter beim Europarat in Straßburg, später Botschafter in Bonn, am Schluss Botschafter in Peking und war damit einer der ersten österreichische Botschafter in der Volksrepublik China. Und dann hat die SPÖ ein neues Wahlrecht versprochen, ein für Kleinparteien günstigeres, das also nur der FPÖ nützen konnte. Aber damals ist der Widerstand in der SPÖ zu groß geworden, Widerstand vor allem von Bruno Pittermann gegen Franz Olah. Der Kurs Olah-Kreisky hat sich nicht durchsetzen können. D.h., Bruno Kreisky konnte als Außenminister das Versprechen gegenüber Gredler halten, konnte aber in der Partei nicht die Wahlrechtsreform durchdrücken, sodass da etwas unerfüllt blieb. Das erklärt auch, warum Kreisky der letzte Parteivorstand war, der noch drei Jahre später Franz Olah verteidigt hat. Die Achse Kreisky-Olah war ganz interessant. Kreisky war zunächst geschwächt dadurch, dass er das, was mit ihm und Olah verbunden war, nicht durchdrücken konnte und Olah gerät dann bald außer Kontrolle. Kreisky hält ruhig und hält sich bereit für seine Stunde, die dann nach 1970 gekommen ist, macht dann das, was er im Jahr 1963 innerparteilich nicht durchsetzen hatte können, nämlich ein Bündnis mit der FPÖ, mit dem Versprechen, ein für die FPÖ günstiges Wahlrecht durchzusetzen. Mit 13-jähriger Verspätung kommt es 1983 dann auch zur Regierungsallianz, die eben Kreisky damals schon vorausgedacht hat.

Der Wechsel von Pittermann zu Kreisky kam 1967. Und dieser Wechsel war für Pittermann persönlich bitter. Inhaltlich eher nicht. Pittermann war weder dieser Dogmatiker, als der er später hingestellt wurde, noch war Kreisky jener, der irgendwie so große neue Themen brachte. Pittermann war 1962 und 1966 der Wahlverlierer. Pittermann konnte nicht die erhofften Erfolge bringen. 1959 hatte er mit der SPÖ noch die relative Stimmenmehrheit gegenüber der ÖVP geschafft, aber die ÖVP hatte mehr Mandate bekommen. 1959 hatte die SPÖ – mit Kreisky – zwar das Außenministerium geleitet, aber 1962 gab es eine Niederlage und 1966 schon wieder. Die SPÖ war eine normale Partei, und in einer normalen Partei ist man nach zwei Niederlagen weg. Pittermann war politisch erledigt und alles andere, was da inhaltlich hineingeheimnist wurde, ist eher Übertreibung. Kreisky hat noch 1966, nach der Niederlage gegen Pittermann, argumentiert, wir müssen das ÖVP-Angebot trotz der absoluten Mehrheit mit uns eine Koalition machen zu wollen, annehmen. Das war aber ein Scheinangebot. Die ÖVP wollte den schwarzen Peter der SPÖ zuschieben. Pittermann sagt, das machen wir nicht. Kreisky sagt, das machen wir trotzdem. Kreisky unterliegt bei dieser Weichenstellung. Aber dann hat sich Kreisky sehr geschickt aufgebaut. Es gab AZ[29]-Interviews mit Franz Kreuzer, ein neues Image usw. Nachdem der Wahlverlierer Pittermann politisch erledigt war, stellte sich die Frage nach einem Nach-

---

29 AZ –Arbeiterzeitung; gegründet 1889, bis zur Einstellung 1991 Parteizeitung der österreichischen Sozialdemokratie

folger, und in dieser Situation hat der Anti-Kreisky-Flügel niemanden besseren gehabt als den Hans Czettel. Der ist mittlerweile zurecht vergessen. Der ist nur bekannt durch sein verstrahltes Gesicht, als er 1966 verkünde musste, dass die ÖVP die absolute Mandatsmehrheit hat. Kreisky hat das Duell souverän gewonnen, aber gegen den Widerstand von Benya und gegen den Widerstand der Mehrheit in der Wiener SPÖ. Aber in der SPÖ hat Kreisky den späteren Wiener Bürgermeister (1970–1973) Felix Slavik auf seiner Seite gehabt. Das war sehr wichtig. Und in den meisten anderen Bundesländern gab es sozusagen eine öffentliche SPÖ-Meinung „It's time for a change in der Partei". Der neue Mann, obwohl er nicht mehr so neu war, war Bruno Kreisky. Dann hat sich Kreisky natürlich wunderbar präsentiert und dargestellt, was die SPÖ-Führer seither interessanterweise nicht wirklich von ihm abgekupfert haben. Ein Stück Weges gemeinsam gehen, mit Bischöfen treffen und alles Mögliche. Tolle PR. Eine SPÖ neu. Aber immer im Hintergrund die FPÖ-Vereinbarungen von 1963, die dann 1970 umgesetzt wurden. Für 1971 war für den Fall, dass die SPÖ nicht die Absolute schaffen sollte, bereits eine Koalition mit Friedrich Peter und der FPÖ eingeplant gewesen. Es hat eine Art informelle Vereinbarung gegeben. Offenkundig wollten Kreisky und Olah damals schon den Bruch der Großen Koalition unter fliegendem Wechsel zur SPÖ-FPÖ-Allianz. Und das haben damals – neben anderen – Broda und Pittermann verhindert. Es mag auch sein, dass denen die FPÖ nicht so ganz geheuer war. Wobei das bei Broda ja, aber bei Pittermann einfach auch deswegen nachvollziehbar war, weil er gewusst hat, das wäre sein politisches Aus. Pittermann hat auch um sein Verbleiben an der Parteispitze gekämpft. Broda war immer ein Olah-Gegner und auch ein Kreisky-Gegner. Diese persönlichen Dinge ziehen sich schon in der SPÖ durch. Die Fast-Feindschaft Kreisky-Broda, die nur mühsam übertünchte Gegnerschaft Firnberg-Kreisky. Kreisky hat eigentlich in der alten Parteiformation wenige Freunde gehabt. Außer Olah und Olah war dann weg. Olah war später noch im Wiener Gemeinderat (1969–1970), das Mandat wurde ihm aber wegen einer strafrechtlichen Verurteilung aberkannt. Olah war dann 1970–1971 im Gefängnis.

Und da gibt es auch die Geschichte, die zwar nicht belegt, aber sehr glaubhaft ist. Laut der damals geltenden Verfassungsordnung vertrat der Bundeskanzler bei dessen Abwesenheit den Bundespräsidenten. Das ist inzwischen geändert – diese Aufgabe übernimmt jetzt der/die NationalratspräsidentIn. Und der damalige Bundespräsident Jonas war ein Olah-Gegner – Jonas war von der „alten" SPÖ und dieser Olah mit seiner windigen Durchtriebenheit war ihm nicht sympathisch. Und Olah hat ein Gnadengesuch gestellt, Nachsicht von dem Rechtsbruch usw. damit er die Pension nicht verliert. Olah wäre ohne seine Politikerpension dagestanden. Olah hat daher dieses Gnadengesuch gestellt, in erster Linie, damit er die Pension kriegen kann. Jonas hat daraufhin gesagt, ich kann das nicht unterschreiben (ich fahre aber demnächst auf Staatsbesuch nach Italien, habe nichts dagegen, wenn Du, Bruno, über den Ballhausplatz gehst und das unterschreibst). So ist es passiert. Das ist menschlich sehr verständlich und das kann man durchaus amüsant, aber durchaus auch gut finden. Das macht Jonas sympathisch, macht Kreisky sympathisch und Olah wollte man wirklich nicht ins Armenhaus stecken. Was immer man sonst vorbringen kann: Man hat Olah in vielem Unrecht getan, aber nicht in allem. Vor allem der letztliche Grund, warum er verurteilt wurde, war an den Haaren herbeigezogen.

Es hat diesen schwarzen Fonds gegeben. Den Restitutionsfonds. 1945 wurde der ÖGB gegründet als neuer überparteilicher Gewerkschaftsbund. Es hat aber die Vermögen der alten Gewerkschaften gegeben, der freien Gewerkschaften, die mehr oder weniger in die ständestaatliche Einheitsgewerkschaft übergegangen sind und dann von der deutschen Arbeitsfront geschluckt wurden. Aber auch genauso die Vermögen der christlichen Gewerkschaften. Und 1945 hat man sich so quasi konsensdemokratisch geeinigt, da gibt es einen Fonds, aus dem die Fraktion sozialistischer Gewerkschafter, im Kleinen aber auch die Fraktion christlicher Gewerkschafter, gespeist wurde. Die waren die Fraktionen im ÖGB; der ÖGB war als Nachfolgegewerkschaft der Richtungsgewerkschaft der Ersten Republik anerkannt worden. Die Gelder dieses Fonds wurden nun ziemlich undurchsichtig verwaltet. Und Olah hat die Kronen Zeitung offenbar gegründet, indem er die undurchsichtig verwalteten Mittel der Fraktion, des Restitutionsfonds für die Fraktion sozialistischer Gewerkschafter verwendet hat. Später ist auch ein Bautenminister Sekanina über ähnliche Dinge gestolpert. Also das ist halt so, es war üblich, aber nicht ganz legal. Und wir erinnern uns noch an ÖGB Präsident Verzetnitsch[30].

Olah hat dann wirklich unglaubliche Dinge gemacht, hat populistisch viel um sich geschlagen. Aber er hat sich – nicht ganz unverständlich – als Opfer gesehen. Olah hat einen Machtkampf in der SPÖ verloren und ist deswegen ins Gefängnis gekommen. Das ist eine Sicht, die einseitig, aber nicht ganz falsch ist. Jedenfalls ist diese Sichtweise verständlicher.

1970 wird Kreisky schließlich Bundeskanzler, es kommt zu einer Minderheits-

---

30 Im Zuge des Bawag-Skandals (u.a. Hochrisikogeschäfte mit enormen finanziellen Verlusten) wurde 2006 bekannt, dass Verzetnitsch – von 1987–2006 ÖGB Präsident – ohne die zuständigen Gremien zu informieren, Gelder aus dem Streikfonds des ÖGB zur Sicherstellung verpfändet hatte. Dies war Anlass für Verzetnitschs Rücktritt und die nachfolgende fristlose Entlassung aus dem ÖGB.

regierung. Josef Klaus hätte die Option gehabt, als Kanzlerkandidat der ÖVP, der zweitstärksten Partei, der FPÖ was anzubieten. Das wurde kurz besprochen und später hat Peter Marboe, der damals im Kabinett Klaus war, erzählt, dass er und einige andere (unter anderem Heinrich Neisser), gesagt haben, das machen wir nicht. Es ist nicht anzunehmen, dass Klaus wirklich in Versuchung war, es wurde aber allgemein diskutiert. Und dann nach der ungeschriebenen Regel, dass der Kanzlerkandidat der mandatsstärksten Partei den Regierungsbildungsauftrag bekommt, hat Kreisky schon am Wahlabend Friedrich Peter angerufen. Bedingung war, ein Jahr lang Tolerierung der Minderheitsregierung, d.h., einem möglichen Misstrauensantrag der ÖVP nicht zuzustimmen. Dann sollte ein Wahlrecht nach FPÖ-Interessen und ein Jahr Budgetbeschluss kommen. Heikle Dinge, die der Regierung das Überleben ermöglichten, auch ohne explizit eine Mehrheit zu haben. Die FPÖ hat das zugesagt, hat das Wahlrecht bekommen, nur hatte Peter (und vielleicht auch Kreisky) nicht erwartet, dass die SPÖ ein Jahr später die Absolute erreichen würde. Die vereinbarte Koalition SPÖ-FPÖ musste also noch warten – bzw. aufgeschoben werden bis 1983.

Die Ära Kreisky wird oft mit den Begriffen Modernisierung und Internationalisierung charakterisiert. Der von Blecha kreierte Slogan „Lasst Kreisky und sein Team arbeiten" war meisterlich. Die substanziellen Reformen waren aber eher Firnberg- und Broda-Reformen. Universitätsreform Firnberg, Strafrechtsreform Broda. In beiden Fällen hat Kreisky gezögert, ob er das unterstützen soll. Bei der Strafrechtsreform wollte er sein gutes Verhältnis mit der Bischofskonferenz nicht aufs Spiel setzen. Die Bischöfe waren dann, wie man heute rückblickend weiß, aber ohnehin zahnlose Tiger. Aber das hat man nicht von vorherein gewusst. Und bei der Universitätsreform hat es massive Interventionen von Professorenseite gegeben. Es zerstöre z.B. den Wissenschaftsstandort Österreich, wenn da Sekretäre bestimmen, wer Rektor wird. Dabei war die Firnberg-Reform ein umfassender Erfolg und Fortschritt. Das war der Durchbruch. Und die Broda'schen Reformen waren eigentlich ziemlich im internationalen Trend. Die Bischöfe haben Proteste der Aktion Leben selbstverständlich unterstützt, Kardinal König ist noch mitmarschiert, aber bei der Nationalratswahl 1975 ist die SPÖ nicht bestraft worden. Die Botschaft war, wir können die Strafrechtsreform durchziehen und gewinnen trotzdem Wahlen (oder vielleicht gerade deswegen).

Modernisierung und Internationalisierung begannen zweifellos schon mit der Ära Kreisky, mit der damaligen Weltoffenheit, auch wenn vieles heiße Luft war, die Geschichten vom Marshallplan für die Dritte Welt und das bejubelte Trio Kreisky, Palme und Brandt und so und die Welt hört wieder auf uns. Aber es hat Weltoffenheit signalisiert.

Wofür sind diese drei eigentlich gestanden? Für die Anerkennung der PLO. Wofür noch? Brandt war wichtig für die Nahostpolitik, das war die deutsche Politik. Brandt ist auch zu Österreich gestanden, ganz eindeutig, Brandt war ein erfolgreicher linker Antikommunist. Die Ostpolitik war eine wichtige Voraussetzung, Vorbereitung – nicht für die deutsche Einigung, das war Gorbatschow – aber für die Aushöhlung des Kommunismus. Dann noch die Schlussakte von Helsinki, alles das. Ja, aber was sonst? Also das waren die Sympathiewerte für Kreisky, Brandt und Palme. Es ist aber nicht so klar, was so besonders dran war, außer eben Deutsch. Deutschland, Brandt hat unter der misstrauischen Beobachtung des Henry Kissinger und der Amerikaner plötzlich eine deutsche Ostpolitik gemacht. Er ist nach Warschau gefahren und vorher schon nach Erfurt in die damalige DDR. Das war schon was. Was bleibt von Kreisky? Von Kreisky bleibt der Arafat. Und das ist sicherlich auch nicht unwichtig.

Die gesellschaftliche Liberalisierung: War das nicht die Ära Firnberg, die Ära Broda?

Ich habe noch in Erinnerung, wie das war: Ich bin im Frühsommer, im Frühling 1975, nach den Berufungsverhandlungen für meine Professur in Innsbruck nach Wien gefahren und da habe ich mit der Frau Ministerin verhandelt. Das war damals noch üblich, wäre heute völlig undenkbar; damals war alles noch sehr zentralistisch. Firnberg wollte mit allen reden, wir haben uns rasch geeinigt, wunderbar. Am nächsten Tag kriege ich in meiner Wiener Wohnung einen Anruf von Frau Pompl. Margarethe Pompl war die berühmte Dame im Vorzimmer von Hertha Firnberg. Ohne die nichts gegangen ist, hat man behauptet. Die Frau Minister würde – damals noch Frau Minister nicht Ministerin – würde sie gerne, können sie noch vorbeikommen. Ich sage, ja gerne, komme vorbei. Firnberg war immer eine sehr altmodische, sehr höfliche Dame: „Herr Professor“, sagt sie, „ich wollte das gestern bewusst nicht anschneiden, damit das nicht vermengt wird mit unserem Berufungsgespräch. Aber sehen sie, was halten sie von der Universitätsreform, was halten sie von dem UOG-Entwurf?“ Da sage ich, Frau Minister, grundsätzlich halte ich das für einen aus meiner Sicht sehr positiven Schritt in Richtung Öffnung der Universität. Darauf Firnberg: „Sehen Sie, der Herr Bundeskanzler ist sehr skeptisch. Der wird immer beeinflusst von irgendwelchen konservativen Professoren, die sagen, dass verstößt gegen das Grundrecht der Freiheit der Wissenschaft und die machen ihn nachdenklich, der zögert so. Können Sie nicht dem Herrn Bundeskanzler etwas schreiben?“ Sage ich, Frau Minister, o.k.,

wenn das so ist, dass ich grundsätzlich den Grundgedanken der Mitbe-
stimmung im Sinne des UOG für positiv halte, schreibe ich das. „Danke
Herr Professor." Also sie hat nicht nur mit mir geredet. Sie hat viele andere
benutzt als Lobbyisten bei Kreisky.

Also es ist in der Ära Kreisky passiert, aber die Handschrift war nicht die von
Kreisky. Und ähnlich war es bei der Fristenlösung. Kreisky hat immer die Sorge
gehabt, dass die Fristenlösung sein Verhältnis zur Katholischen Kirche trüben
könnte. Kreisky hat gedacht, die Katholische Kirche hat mehr Zähne als sie dann
tatsächlich noch gehabt hat. Also, die Ära Kreisky dreht sich selbstverständlich
um die Person Kreisky, aber da wird ein bisschen sehr viel mystifiziert. Die Ära
Kreisky hat natürlich eine große Öffnung gebracht, das war selbstverständlich
nicht wenig. Wenn zu dieser Zeit z.B. in Frankreich noch die Todesstrafe be-
stand, die erst am Beginn der Präsidentschaft Mitterrand abgeschafft wurde.[31]
Oder die Todesstrafe in Großbritannien, die erst unter der Regierung Wilson in
den späten 1960er abgeschafft wurde.[32] Es war ein genereller Trend zur Liberalisierung in Europa der von gemäßigten Linksparteien vorangetrieben wurde, zö-
gerlich akzeptiert gegen zunächst hinhaltenden Widerstand von konservativen
Parteien. Da war Österreich auch im Trend. Und daher war die Ära Kreisky sehr
wichtig, aber Kreisky war ja auch ein Zampano. Sein Spitzname in der Partei war
Zampano. Zampano ist der große Zauberer im Zirkus. Der immer, wenn es darauf ankommt, noch ein Kaninchen aus dem Hut zaubert. In den frühen 1970er
hat Rupert Gmoser bei einer Diskussion gesagt, was wird der Zampano dazu sagen? Auf die Frage, wer ist der Zampano? kam die Antwort: Der Bruno. Leicht
bewundernd, aber nicht ganz unkritisch.

In Hinblick auf den gesellschaftlichen Wandel der 1970er Jahre, muss man
selbstverständlich auf das Jahr 1968 blicken, das in Österreich zwar nicht die
Rolle wie in Frankreich oder Westdeutschland oder in den USA gespielt hat, von
der Tschechoslowakei ganz zu schweigen. Aber 1968 hat auch für Österreich eine
Rolle gespielt. Das Jahr 1968 war Ausdruck eines gesellschaftlichen Wandels entlang der Linie Generationenbildung. Die Initiative ging nicht von den jungen Ar-
beitern aus, initiativ waren primär die Studierenden. Und das hat z.B. auch ange-
zeigt, dass der Faktor Kirche massiv zurückging. Denn alles, was für die 1968er

---

31 Die letzte Hinrichtung (mit der Guillotine) in Frankreich wurde 1977 exekutiert; 1981 wurde
   die Todesstrafe abgeschafft.
32 Die letzte Hinrichtung in Großbritannien fand 1964 statt, 1965 wurde die Todesstrafe für Mord
   ausgesetzt, 1998 formell abgeschafft.

bedeutend war, war sicherlich ein ziemlich offener Verstoß gegen die traditionellen Verhaltensmuster und Wertvorstellungen, die von der Katholischen Kirche gekommen sind. Und auf diese Beweglichkeit hat sich Kreisky ganz geschickt draufgesetzt, obwohl von ihm ja auch überliefert ist, dass über dem Pariser Mai die schwarze Fahne der Anarchie wehe und nicht die rote Fahne der Arbeiterbewegung. Er hatte dabei nicht ganz unrecht. Irgendwie ist ihm 1968 unheimlich gewesen. Und das zu Recht: In Paris folgte auf den Mai 1968 der größte Wahlsieg De Gaulles. Der Pariser Mai hat ja zu einer Niederlage der Linken geführt. Die Kommunistische Partei ist dezimiert worden. De Gaulle war der Triumphator.[33]

De Gaulle hat mit der Angst der Bürger vor der Anarchie gesiegt. Und das hat Kreisky gemeint: die Anarchie schafft nur Angst und in einer Demokratie nützt das nur der Rechten. Da hat er recht gehabt. Zum Glück der gemäßigten demokratischen Rechten.

Kreisky war Kanzler in einer Einparteienregierung, war vermutlich weniger umstrittener Vorsitzender der Wahlsiegerpartei und hatte dadurch eine andere Autorität als ein Kanzler in einer Koalition. Der Koalitionspartner darf den Kanzler nicht zu mächtig werden lassen. Jeder Kanzler in einer Koalition ist reduziert. Durch seinen Partner, nicht durch die Opposition. Und daher hat Kreiskys Kanzlerschaft 1983 geendet. Er war Kanzler einer Einparteienregierung, konnte sich auf absolute Mehrheiten stützen, die mit ihm und seinem Appeal identifiziert wurden. Deswegen konnte und wollte Kreisky 1983 nicht mehr Kanzler bleiben. Primär ist er wegen seiner Gesundheit abgetreten. Er war ja viel kränker, wie man heute weiß, als er das damals zugeben durfte und konnte; er musste ständig zur Dialyse. Aber es gab schon auch seine Unlust, sich da auf eine Koalition einzulassen. Er wollte das nicht einmal mit seinem Wunschpartner, der Freiheitlichen Partei. Er hat genug gehabt. Aber die Größe hat er nicht gehabt, seinen Nachfolger dann in Ruhe zu lassen. Sinowatz hat er sehr schäbig behandelt. Sinowatz war fast in einer no winning situation. Kreisky hat Sinowatz erfunden und dann hat er ihn nichts werden lassen, z.B. beim Fall Androsch. Sinowatz hat 1983 dann auch die Ministerliste übernommen bzw. übernehmen müssen, die ihm Kreisky vorgeschrieben hat und erst 1984 hat er sich von Kreisky emanzipiert, hat Salcher, der Kreiskys Aufpasser, dessen langer Arm ins Finanzministerium war, durch Vranitzky ersetzt, der damals noch – wie falsch die Spekulationen sein können – als Androsch-Mann wahrgenommen wurde. Und auch Lanc, der ein Außenminister war, den Kreisky von Mallorca aus immer gelobt hat, wurde dann

---

33 Bei der vorgezogenen Parlamentswahl im Juni 1968 in Frankreich gewannen die Gaullisten 46,4% und 360 (von 486) Mandate; im Vergleich zur Wahl von 1967 ein Plus von knapp 8% bzw. 118 Mandaten.

von Sinowatz durch den Nicht-Kreisky-Mann Gratz als Außenminister abgelöst und als Nachfolger von Gratz wurde der Nicht-Kreisky-Mann Zilk zum Bürgermeister von Wien gemacht. Da hat Sinowatz einmal auf den innerparteilichen Tisch gehauen. Und daraufhin hat Kreisky seinen Ehrenvorsitz zurückgelegt. Wobei dafür der eigentliche und letzte Anlass war, dass bei der Großen Koalition 1986 das Außenministerium an die ÖVP gegangen ist.

Bei Kreisky war ein spannendes Ereignis Zwentendorf. Man baut ein Atomkraftwerk, nimmt es nicht in Betrieb, es steht das 1:1-Modell. Kreisky setzt in dieser Angelegenheit relativ viel auf eine Karte.

Das ist ein weiteres Beispiel dafür wie Parteien bei Bedarf ihre Positionen ändern. Die ÖVP hat mit Zwentendorf begonnen, die Regierung Klaus hat bereits die Weichen gestellt für die Atomenergie. Die Vereinigung Österreichischer Industrieller war massiv für Zwentendorf. Die ÖVP hat dann aus Gründen der Oppositionsopportunität gesagt, wir stimmen im Nationalrat dagegen, obwohl alles von der ÖVP begonnen worden war. Schweden war damals als Vorbild sehr wichtig und in Schweden hatte gerade die Sozialdemokratie mit einem Wahlkampf, der primär ein Wahlkampf für oder gegen die Atomenergie war, verloren.[34] Eine Allianz aus konservativen Liberalen und Bauernpartei in Schweden hatte als Antiatomkoalition der Sozialdemokratie deutlich zugesetzt. Und Kreisky hat gesagt, das passiert mir nicht. Entweder stimmt die ÖVP mit oder ich mache auf Volksabstimmung, ich mache keinen Wahlkampf als Atompartei. Nicht aus Überzeugung, sondern aufgrund der schwedischen Erfahrung. Aus dem gleichen Grund war die ÖVP entgegen der Vorgeschichte gegen die Inbetriebnahme von Zwentendorf. Und Kreisky hat verloren. Was er dann aber macht, ist meisterhaft. Er stellt seinen Rücktritt in Aussicht und wird von der Partei postwendend gebeten, das bitte nicht zu tun. Na gut, so Kreisky, dann machen wir ein Atomsperrgesetz; wenn, dann machen wir es gründlich. So hat er für alle Zeiten Österreich zur atomfreien Zone erklärt. Er hat 1979 den größten Wahlerfolg der Geschichte eingefahren. Meisterhaft. Ähnlich meisterhaft wie Schüssel im Jahre 2000 bzw. 2002.

Unter Vranitzky positioniert sich die SPÖ dann als Befürworterin eines EU-Beitritts.

Das war Endpunkt einer langen Debatte. Erstens war Österreich nicht bei

---

34 Bei der Reichstagswahl 1970 blieb die Sozialdemokratische Partei zwar mit Abstand stärkste Partei (45,3 %), verlor aber knapp 5 % und damit die absolute Mehrheit. Die Zentrumsdemokraten konnten mit ihrem atomkraftkritischen Wahlkampf knapp 4 % dazugewinnen.

den Gründungsstaaten der EGKS, hat daher auch nicht mit den Gründungsstaaten die Römischen Verträge unterzeichnet und dann als die Erweiterung diskutiert wurde, war Österreich schon bei der EFTA, bei der weicheren Version europäischer Integration, die sich vor allem unter der Führung Großbritanniens entwickelt hat. Und die österreichische Argumentation war, wir haben zwar die größten wirtschaftlichen Verflechtungen mit der EG, vor allem mit Deutschland und Italien, aber aus neutralitätspolitischen – nicht neutralitätsrechtlichen – Gründen, dürften wir zwar, wollen wir aber nicht, der EG beitreten, weil das der Sowjetunion nicht gefallen würde. Wir geben zwar der Sowjetunion kein Vetorecht, aber wir finden, das hat wenig Sinn im Sinne der alten Julius-Raab-Äußerung „Es macht keinen Sinn, den russischen Bären in den Schwanz zu zwicken". Und daher war Österreich nicht dabei, sondern bei der EFTA. Dazu gibt es die ideologische Äußerung von Pittermann: „Die EWG ist doch ein Kapitalistenverein". Eigentlich völlig unsinnig, die SPÖ hat damit dieses Vorurteil der Positionierung als Pro-EFTA-Partei. Und die ÖVP hat dann gesagt, Kreisky ist nur für die EFTA, weil er so schwedisch ist. Also das war alles Humbug. In Wirklichkeit war es die begründete Wahrnehmung, Österreich soll das Gleichgewicht in Europa nur ja nicht stören. Und die anderen Neutralen haben sich genauso verhalten. Nicht Irland, aber Irland war überhaupt anders neutral, weil sie die Briten ärgern wollten, weil das sehr gut in ein Gesamtkonzept gepasst hat, aber die westlichen Demokratien, die aus geopolitischen und historischen Gründen sich als neutral definierten. Die Schweiz, Schweden, Finnland und Österreich. Und das war im Widerspruch zum ökonomischen Interesse. Das wurde zunächst durch den EFTA-Beitritt abgemildert, ein de facto-Beitritt aller EFTA-Staaten zur Zollgemeinschaft mit der EWG, damals schon der EG, war nicht vorgesehen.

Dann aber hat die Ära Gorbatschow begonnen. Es war klar, dass die Sowjetunion nicht mehr jene Sowjetunion sein werde, die sie einmal war. Und damit fällt dieses Argument, den russischen Bär nicht am Schwanz zu zwicken, weg. Daher wird das ökonomische Interesse plötzlich tonangebend, wird nicht mehr durch ein politisches Gegeninteresse gebremst. Und neben der SPÖ war da die ÖVP (und die Industriellenvereinigung) und in dieser Situation hat der als Parteivorsitzender eigentlich gescheiterte Alois Mock sein großes Weltthema erkannt. Mock geht damit in die Geschichte ein. Die ÖVP hat den Beitritt vorher bereits angestrebt und die SPÖ hatte noch immer ihr Bild des Kapitalistenvereins. Dann kommt Vranitzky, der eigentlich die Wende in der sozialdemokratischen Partei zum ganz großen Erfolg der Konsensdemokratie, zum Eintritt in die EG, durchgesetzt hat. Gestützt natürlich darauf, dass er 1986 wider Erwarten der

SPÖ das Kanzleramt gerettet hat und durch die Affäre Waldheim. Vranitzky wurde weltweit plötzlich als das positive Gesicht des sonst hässlichen Österreich wahrgenommen. Geholfen hat auch, dass Vranitzky sozusagen der personifizierte Nicht-Nazi war, der aus einer Arbeiterfamilie stammte. Also da kam wirklich Strategie und Taktik und authentische Überzeugung zusammen.

Kurz vorher war 1985 die Affäre Reder.[35] Der verurteilte Kriegsverbrecher Walter Reder kommt zurück, wird vom damaligen Verteidigungsminister Frischenschlager als „letzter Kriegsgefangener" begrüßt und bereits zu dieser Zeit gab es eine massive Regierungskrise. Das Problem war, dass die damalige Regierung die Affäre Walter Reder als Fall unterschätzt hat. Im Ministerrat oder in einem Vorgespräch wurde besprochen, dass Reder begnadigt werde. Für die Begnadigung Reders hatten sich u.a. Bruno Kreisky, Kardinal König und viele andere eingesetzt. Es hat eine Reder-Lobby gegeben und niemand hat gedacht, dass man sich dem entziehen könne. Eigentlich ist es unglaublich, was da passiert ist: sich für diesen wegen Mordes von einem italienischen Zivilgericht zu lebenslänglicher Haft verurteilten Reder so einzusetzen. Aber das war Tradition. Da heißt es zunächst, o.k., jetzt wird der letzte österreichische „Kriegsgefangene" heimgeschickt – das war ein strafrechtlich verurteilter Krimineller. Die SPÖ hat das massiv unterschätzt und im Ministerrat soll damals – laut Aussage Frischenschlager – Gratz als Außenminister zu Frischenschlager gesagt haben, geh' mach Du das. Daher wurde Frischenschlager dann zu Unrecht als der einzig Verantwortliche gesehen. Aber Frischenschlager hat auch den Fehler gemacht, das Ganze zu unterschätzen und als Verteidigungsminister einen SS-Offizier, der wegen Massenmordes verurteilt ist, wie einen verlorenen Sohn willkommen zu heißen. Das war schon ein Vorbote für 1986. 10 Jahre früher wäre das kein Thema ge-

---

35 SS-Sturmbannführer Walter Reder war mitverantwortlich für das Massaker von Marzabotto, bei dem Ende September/Anfang Oktober 1944 etwa 800 Zivilisten ermordet worden waren. 1951 wurde Reder dafür zu lebenslanger Haft verurteilt und in Gaeta inhaftiert. Zu seiner Freilassung im Jahr 1985 und der Rückkehr nach Österreich sagt der damalige Verteidigungsminister Frischenschlager: „Am 22. Jänner 1985 ruft in der Früh Außenminister Gratz an: ‚Der Reder kommt aus der Haft in Italien; das Furchtbarste für die italienisch-österreichischen Beziehungen wäre, wenn etwa der Kameradschaftsbund jetzt eine Massenveranstaltung inszeniert.' Wir sollten Reder daher möglichst inkognito ins Land bringen, und dafür wäre das Verteidigungsministerium kompetent. Ich war einverstanden, aber skeptisch, wie das mit der Geheimhaltung funktionieren könnte. Ein zufälliger Zeuge des Telefonats, ein hoher Fliegeroffizier des Bundesheeres, beriet mich und meinte: ‚Na ja, mit dem Auto geht das schlecht. Wenn der von der Grenze abgeholt wird, das bekommen zu viele Leute mit. Aber es gibt ja die Möglichkeit eines Ministerfluges, bei dem die Insassen nicht bekannt gegeben werden müssen.' Ich weiß, das klingt aus heutiger Sicht unverständlich, aber so haben wir gedacht: Wir übernehmen ihn und bringen ihn unbemerkt ins Heeresspital Baden. Und ich hab geglaubt: Wenn das nur mit Ministerflug geht, dann mach ich das halt."; https://www.gedenkdienst.at/index.php?id=530

wesen. Ein Jahr später kommt Waldheim, das heißt, die gesellschaftliche Sensibilität hatte sich mittlerweile geändert.

Bei Reder hatten Lacina und Vranitzky im Ministerrat der damals noch rot-blauten Regierung Skepsis angemeldet, während Gratz sich deutlich anders verhalten hatte. Das passt zur Beliebigkeit der Politik: Damals gab es auch einen Auftritt von Josef Cap[36], der ja 1983 durch eine Vorzugsstimmenwahl in den Nationalrat gekommen ist. Cap tritt auf und begründet mit einer frechen antifaschistischen Rede, wie man Frischenschlager darin verteidigen kann, dass er Reder willkommen geheißen hat. Cap ist ein Zyniker. Der hat sich gedacht, das schaffe ich auch noch.

Am Beginn der Ära Vranitzky stand ein Geniestreich von Vranitzky. Dieser war 1984 von Sinowatz als Finanzminister geholt worden. 1986 wird er von Sinowatz gedrängt, das Kanzleramt zu übernehmen, noch im Bündnis mit der FPÖ. Sinowatz macht das, weil die Bundespräsidentschaftswahl verloren gegangen ist. Zum ersten Mal verliert die SPÖ eine Bundespräsidentschaftswahl.[37] In allen Umfrageergebnissen ist nach dem Wahlsieg von Waldheim die Mock-ÖVP deutlich die Nummer 1. Was macht Vranitzky? Er kündigt die Koalition mit der Freiheitlichen Partei auf, spitzt das zu auf ein Duell Mock oder ich und gewinnt – gegen alle Erwartungen – die relative Mehrheit. Das war zwar nicht das Ende des Alois Mock in der ÖVP – Mock durfte dann durchaus anerkennend erfolgreich Europapolitik machen –, aber damals war schon klar, dass ein ÖVP-Obmann, der nicht Kanzler wird, der nicht glaubhaft machen kann, dass er das schafft, innerparteilich erledigt ist. Diese Fixierung auf das Kanzleramt ist bei der ÖVP unglaublich stark ausgeprägt.

In der Ära Vranitzky beginnen auch die Privatisierungen. Mit Finanzminister Lacina. Beide mit ganz unterschiedlicher Herkunft: Lacina war eigentlich ein Kreisky-Mann, war Kabinettschef von Kreisky, während Vranitzky (wie gesagt, zu Unrecht) als Androsch-Mann wahrgenommen wurde. Die beiden haben das sehr gut gemacht. Beide beginnen mit der Einsicht, dass das, was nach 1945 gut war, in den späten 1980ern nicht notwendigerweise auch gut sein muss. Die Verstaatlichung ist überholt – Mitte der 1980er Jahre beginnt ja auch der VOEST-Skandal.[38] Lacina war sehr empört darüber, dass die VOEST, das Direkto-

---

36 Bei der Nationalratswahl 1983 erhielt Josef Cap mehr als 62.000 Vorzugsstimmen.

37 Bei der Stichwahl der Bundespräsidentschaftswahl setzte ich Kurt Waldheim mit 53,9% gegen seinen Kontrahenten Kurt Steyrer (46,1%) durch.

38 1985 wurde bekannt, dass die VOEST-Tochterfirma Intertrading durch Spekulationsgeschäfte Verluste in Höhe von ca. € 450 Millionen verursacht hatte. In weiterer Folge musste der damalige Vorstand der VOEST zurücktreten.

rium der verstaatlichten VOEST, den Finanzminister einfach anlügt. Dazu brauche man nicht eine Verstaatlichung oder das ständige Nachschieben und Geld hineinwerfen in ein Fass ohne Boden. Vranitzky und Lacina beginnen also die Privatisierung und die Pro-EU-Linie der SPÖ. Letzteres mehr Vranitzky. Lacina war sehr strikt bei der Privatisierung. Bevor er später Finanzminister wurde, war er in der Regierung Sinowatz als Verkehrsminister u.a. für die Verstaatlichte Industrie zuständig gewesen.

Beitritt Österreichs zur Europäischen Union. Die österreichische Bundesregierung stößt auf das Ergebnis der EU-Volksabstimmung an.

Die große Leistung der Großen Koalition nach 1987 war dann die Vorbereitung des EU-Beitritts. Ungefähr so, wie das Viererteam Raab, Schärf, Figl und Kreisky nach Moskau geflogen ist, ist das Team Vranitzky, Busek, Mock und Ederer gemeinsam aufgetreten. Da hat kein Blatt dazwischen gepasst. Da konnte man nicht die einen gegen die anderen ausspielen. Legendär war das Bussi Ederer-Mock nach der erfolgreichen Volksabstimmung 1994. Busek hat damals aber sehr geschadet, dass er im Zelt der SPÖ die Internationale sang.

Der Rücktritt Vranitzkys 1997 war rückblickend nicht so sehr überraschend, denn er hat das offenbar wirklich vorgehabt. 10 Jahre Bundeskanzler. Und wahrscheinlich hat er geahnt, dass seine Glückssträhne demnächst abreißen könnte. Deshalb die Amtsübergabe an Viktor Klima, der dann bei der Wahl 1999 zwar noch die relative Mehrheit gewinnen konnte, aber von Schüssel, vom eindeutigen Wahlverlierer, ausgetrickst wurde. Der Zweite und Dritte zusammen bildeten auch eine Mehrheit, vor allem, weil Haider so klug war zu sagen, ich kann nicht Kanzler werden, mach Du es, Wolfgang.

Damit beginnt für die SPÖ der Gang in die Opposition. Das war zunächst einmal ein gewisser Schock nach 30 Jahren Kanzlerschaft. Es war sicherlich zumindest schwer. Und natürlich spielt hier eine Rolle und das wird jetzt, bei der Neuauflage der ÖVP-FPÖ Koalition ab 2017 vermutlich auch eine Rolle spielen, dass Gewerkschaft und Arbeiterkammer nun plötzlich eine besondere Bedeutung bekommen. Selbstverständlich sind diese beiden nicht identisch mit der SPÖ, aber durch die fraktionellen Mehrheitsverhältnisse gibt es eine gewisse strategische Absprache mit der SPÖ und in der Zeit nach 2000 waren die großen von ÖGB und Arbeiterkammer organisierten Streiks und Massendemonstrationen ein wichtiger Faktor. Ob diese soziale Unzufriedenheit wirklich eine reale Folge der Regierungspolitik war oder nicht, kann man lang diskutieren. Jedenfalls aber haben die Arbeiterkammer und der ÖGB das organisiert, was auch die SPÖ als Oppositionspartei nutzen musste, nämlich die soziale Unzufriedenheit und diese soziale Unzufriedenheit noch stärker zu artikulieren, wenn man so will zu instrumentalisieren. Das könnte die nächsten Jahre durchaus auch bestimmen.

Dann kommt eine Phase mit Gusenbauer bzw. Faymann. Faymann wird im Rückblick ein bisschen Unrecht getan. Es spielte eine Rolle, dass Gusenbauer immer den Intellektuellen gegeben hat, der er sicherlich auch war bzw. ist. Einer, der Spanisch spricht und so, international auftritt und schon als junger Sozialist auf der Weltbühne zuhause war und der hat 2006 die Wahl gewonnen: Gestützt auf die relative Mehrheit konnte der Kanzleranspruch der SPÖ nicht mehr wirklich verhindert werden.

Allerdings schien der Gewinn der relativen Mehrheit 2006 Gusenbauer selbst ein bisschen überrascht zu haben. Allgemein war damals die Annahme, Schüssel werde zwar leicht verlieren, aber die relative Mehrheit behalten; damit könnte er FPÖ und SPÖ gegeneinander ausspielen. Oder vielleicht doch das anders zu machen, was ihm manche als großen Fehler vorhalten, nämlich dass er 2003 nicht eine Koalition mit den Grünen eingegangen ist. Ob es ein Fehler war, ist objektiv schwer zu sagen. Aber Schüssel, so die Annahme vor der Wahl 2006, werde das Gesetz des Handelns haben. Und Gusenbauer hat daraus das Beste gemacht. Warum er dann nur eine so kurze Zeit Bundeskanzler war, hatte schon sehr stark persönliche Gründe. Er war einigermaßen beratungsresistent, zu sehr von sich eingenommen und wurde dann zwar nicht das Opfer eines Meisterstreichs, aber eines geschickten Schachzuges des Verkehrsministers Faymann, der in der Kronenzeitungs-Frage dem Gusenbauer offenbar gesagt hat „Du kannst Deine Kanzlerschaft nur retten, wenn Du Dich beim Dichand auch anstellst". Dann hat er an Dichand diesen unerträglichen Brief geschrieben, einen absoluten Kniefall.[39] Gemein, peinlich. Ungefähr so, als ob Hans Dichand als oberste Verfassungsautorität Österreichs agiere. Und da hat Gusenbauer sein Ansehen und auch das Kanzleramt verloren. Faymann hat gewonnen.

Gusenbauer war 1 ½ Jahre Kanzler, Faymann immerhin acht Jahre. Das sagt ja auch etwas. Man soll Faymann nicht unterschätzen. Man soll den intellektuellen, sehr spannenden Gusenbauer aber auch nicht überschätzen, obwohl er fließend Spanisch spricht und über die italienischen Rotweine einen Vortrag halten kann.

Als Oppositionsführer hat Gusenbauer es nicht leicht gehabt. Aber als Bundeskanzler passierte einer seiner ersten Fehler bei der Frage, wer Staatsoperndirektor werden soll. Gusenbauer erklärt, der und der wird Staatsoperndirektor und die Unterrichtsministerin Schmied korrigiert ihn umgehend und sagt, ich bin zuständig. Und ich bestimme jemand anderen. Als Kanzler verliert man mit dieser Vorgangsweise Autorität. Der Fehler war, das ohne Rücksprache mit der zuständigen Ministerin festlegen zu wollen; dazu kam die Verwunderung, warum plötzlich der Bundeskanzler den Staatsoperndirektor allein bestimmen sollte. Das war ein Beispiel dafür, wie man die Realität wegen seiner Selbstüberschätzung verkennen kann. Das war schon ein erster schwerer Autoritätsverlust. Die Frau Schmied hat sich nicht um den Herrn Gusenbauer gekümmert.

Die Ära Faymann wiederum ist letztendlich am parteiinternen Widerstand gescheitert – da war die berühmte 1. Mai-Veranstaltung 2016. Faymann hat das Problem gehabt, dass er im Herbst 2015 sichtbar Merkel gemacht hat, Stichwort

---

39 Im Frühjahr 2008 mobilisieren FPÖ und Kronen Zeitung gegen die Ratifizierung des Reformvertrags von Lissabon durch den Nationalrat und fordern eine Volksabstimmung. In Folge dessen verfassen Gusenbauer und Faymann einen offenen Brief an Hans Dichand, 2010 verstorben und damals Herausgeber der Kronen Zeitung. In diesem Brief heißt es wörtlich: „Sehr geehrter Herr Herausgeber! ... Die SPÖ wird sich in der Bundesregierung für eine bessere Informationsarbeit einsetzen, die die Vor- und Nachteile der Mitgliedschaft in der EU objektiv und nachvollziehbar darstellt. Auf der Basis einer kontinuierlichen Information und einer offenen Diskussion sind wir der Meinung, dass zukünftige Vertragsänderungen, die die österreichischen Interessen berühren, durch eine Volksabstimmung in Österreich entschieden werden sollen. Sollte also ein geänderter Reformvertrag neuerlich von Österreich ratifiziert werden müssen, so wollen wir den Koalitionspartner von dieser Vorgangsweise überzeugen. Dies gilt auch für einen möglichen Beitritt der Türkei, der unserer Ansicht nach die derzeitigen Strukturen der EU überfordern würde. Wir wollen an einem Europa arbeiten, das sich an den Bedürfnissen und Wünschen der Menschen auf diesem Kontinent orientiert, und damit das Vertrauen in dieses große Einigungswerk wiederherstellen.", zit. nach Der Standard, 01.07.2008; https://derstandard.at/3393035/Der-SPOe-Brief-an-Dichand-im-Wortlaut-

Willkommenskultur, und im Winter 2015/16 faktisch CSU machen wollte. Und das war der Bruch. Das hat zumindest die innerparteiliche Glaubwürdigkeit gekostet und dazu kam, dass Faymann für manche – vor allem in der Wiener SPÖ – zu sehr der Mann des Herrn Dichand war, der Mann, der mit der Kronen Zeitung kooperiert, der Mann des Boulevards und damit sozusagen ein intellektuelles Leichtgewicht. Nur weil er kein akademisches Studium hat. Und diesen Rollenwechsel hat er politisch nicht überlebt.

Faymanns Nachfolger Kern hat sich sehr penibel auf den Wechsel vorbereitet. Er war schon 2000 im Büro des SPÖ-Klubobmannes Kostelka, der bei den letztlich gescheiterten Regierungsverhandlungen 1999/2000 eine wichtige Rolle gespielt hat. Kern hat damals sehr viele Erfahrungen gemacht. Und es ist daher sehr naiv gewesen, ihm vorzuwerfen, er verstehe nichts von Politik. Kern hat schon damals viel verstanden, vor allem viel mitbekommen. Genauso wie man gesagt hat, Vranitzky der Banker – das ist Unsinn. Vranitzky war jahrelang im Büro des Vizekanzlers und hat dort seine politischen Erfahrungen gesammelt. Bei Kurz wirkt das ein bisschen anders. Kurz hat nie diese Erfahrung gesammelt wie Kern und Vranitzky sie gesammelt haben, sondern der ist 2010 gleich als junger ÖVP-Obmann mit einem völlig verhunzten Wahlkampf in Wien eingestiegen und wurde dann plötzlich Integrationsstaatssekretär, weil er offenbar persönlich sympathisch gewirkt hat, trotz seines verlorenen Wiener Wahlkampfes. Er hatte die Wahl verloren, aber er war sichtbar und diese Sichtbarkeit hat Spindelegger offenbar nützen wollen: nach dem Motto „wir als ÖVP, wir sind so alt, behäbig und versandelt und da ist ein junger Mann, der kann gut auftreten. Ein Wunschschwiegersohn. Und wenn wir schon den Herrn Grasser nicht mehr haben können, nehmen wir doch den Herrn Kurz". Das zwischenzeitlich neue Gesicht der ÖVP, Reinhold Mitterlehner, wurde durch den Aufstieg von Christian Kern in den Hintergrund gedrängt. Kern war ein neuer Bundeskanzler, unverbraucht, kann gut reden, schaut vielleicht nicht so schön aus wie der Herr Kurz, ist aber doch immerhin ein neues Gesicht und plötzlich hat Mitterlehner den Reiz des Neuen verloren gehabt. Und dann ist Kurz gekommen, der den Wechsel sicherlich ebenso sehr gut vorbereitet hat, unterstützt von einigen Akteuren in der ÖVP. Aber Kurz hat das sehr erfolgreich gemacht. Insofern ist in der Politik die eigene Karriere auch etwas, woran man Fähigkeit messen kann. Nach Kern ist eher gesucht worden. Die Frage war, wen die SPÖ nach Faymann nehmen wollte. Kern hat sich weniger selbst in den Vordergrund gedrängt, er wurde eher gesucht. Bei Kurz war es anders. Und Kurz war damit erstaunlich erfolgreich. Die Frage ist, wie lange das hält.

Die FPÖ

Es gibt ja beim Beginn der FPÖ diese Aussage von Herbert Kraus, dem Vorsitzenden des VdU, der kein Ehemaliger, damit aber auch schon im VdU die Ausnahme war. Kraus hat gesagt, nachdem der VdU nach internen Spannungen zerbröselt ist, dass nun die FPÖ von den wirklichen Nazis übernommen wird. Das hat ein VdU-Obmann von der neu gegründeten FPÖ gesagt. Immerhin ist dann mit Anton Reinthaller ein ehemaliger SS-General erster Parteiobmann der FPÖ geworden. Und die FPÖ ist im Vergleich zum VdU auch geschrumpft. Die Partei hat 1956 einen großen Teil des Stimmenanteils des VdU verloren. Das war damals beim großartigen Wahltriumpf des Julius Raab.[40] Raab hat als Staatsvertragskanzler offenkundig viele vom VdU gewonnen, die nicht gewusst haben, was machen wir nun, wofür steht der VdU überhaupt, den gibt es nicht mehr, jetzt heißt er FPÖ und da sind neue Gesichter. Die ÖVP war überhaupt Nutznießer des Zerbröselns des VdU, aber die FPÖ hat immerhin den Einzug geschafft. Mit Leuten, die entweder prominente Nazis waren wie Anton Reinthaller oder schon im VdU aktiv waren wie Gredler. Gredler war immer so das vorzeigbare Aushängeschild der FPÖ. Mondial, ein Produkt der Diplomatie, auch wenn er die, wie bereits erwähnt, im Ministerium des Herrn Ribbentrop gelernt hat, und die FPÖ konnte daher auf vielen Klavieren spielen.

Neben dem prominent vertretenen Deutschnationalismus hatte die FPÖ in den 1970er Jahren zaghaft versucht sich ein liberaleres Image zu geben. Dabei ist interessant und mitzudenken, dass der Begriff liberal in Österreich ja von den Historikern, die sich damit systematisch beschäftigen, für die Wiener Politik vor Lueger reserviert war. Das war die liberale Ära: Wirtschaftswachstum, Gründerzeit, Investment. Man könnte sagen Globalisierung. Britische Konzerne bauen aus, treten in Wien auf. Lueger kommt und kommunalisiert das alles. Die wirtschaftliche Liberalisierung hat auch, aus der damaligen Sicht, einen starken Globalisierungsaspekt gehabt. Das war liberal, ökonomisch liberal. Österreich war in gewisser Hinsicht ab 1867 auch politisch liberal, als ein Rechtsstaat mit Grundrechten, mit Religionsfreiheit.[41] Ab 1867 hat das alte Österreich, das Kaiserreich einen gewaltigen Schritt in Richtung dessen gemacht, was wir heute li-

---

40 Bei der Nationalratswahl 1956 erreichte die ÖVP 46% und 82 (von damals 165) Mandate, die FPÖ landete bei 6,5% und 6 Mandaten. Im Vergleich dazu hatte der VdU bei der NRW 1953 noch 10,9% und 14 Mandate gewonnen.

41 1867 wurde die Dezemberverfassung beschlossen – darin fand sich u.a. das Staatsgrundgesetz über die allgemeinen Rechte der Staatsbürger. Daneben wurde bereits im März 1867 der österreichisch-ungarische Ausgleich beschlossen.

berale Demokratie nennen. Einen wichtigen Schritt, den es aber nicht ganz hinbekommen hat. Und das ist dann unterbunden worden durch den Aufstieg Karl Luegers und der stärker werdenden sozialdemokratischen Arbeiterpartei. Das bedeutet also, dass der Liberalismus da war, aber durch die Ausweitung des Wahlrechtes hin zum allgemeinen und gleichen Männerwahlrecht hat die Massenbasis gefehlt. Sodass liberal so eine Punze war, die man meistens auf irgendjemand draufgepickt hat, den man nicht wollte. Liberal wurde eher negativ gesehen. Liberal war damals auch sehr stark jüdisch etikettiert und es ist ganz interessant, dass sich dann in der Ersten Republik alle Parteien vehement von dem distanzieren, was man Wirtschaftsliberalismus nennen kann. Die liberale österreichische Schule der Nationalökonomie hat in keinem anderen Land weniger Ansehen erfahren als in Österreich. Liberal hat nicht zu einer stabilen Parteigründung geführt, es hat kein liberales Lager gegeben. Es gab Einzelkämpfer im kulturellen Bereich, im wirtschaftlichen Bereich und weil viele dieser Einzelkämpfer Juden waren, wurde diese Form des Liberalismus sehr stark mit jüdisch identifiziert. Der massive Antisemitismus, der in Österreich vorgegeben war, wurde ja nicht erst mit der Ersten Republik geschaffen und hat auch nicht erst in der Ersten Republik eine Rolle gespielt hat. Der VdU liberal? Die FPÖ liberal? Das ist eine Frage, wie man liberal definiert, und es gibt in Österreich die Aussage, liberal ist, wer kein Linker ist und trotzdem sonntags nicht in die Kirche geht. Aber nach dieser Zuschreibung wäre Adolf Hitler auch liberal. Es hat keine Tradition gegeben, es hat keine strategische Zuschreibung, keine stabile politische Zuschreibung gegeben, was unter liberal wirklich zu verstehen ist. Das hat sich erst mit dem Liberalen Forum geändert.[42] Und jetzt mit den Neos. Und es ist eine spannende Frage, ob die sich stabilisieren können – als Kombination von wirtschafts- und kulturliberal.

Es gab also zögerliche Versuche der FPÖ sich in Richtung FDP zu positionieren bzw. weiterzuentwickeln. Das wurde von Friedrich Peter wohlwollend in die Wege geleitet und von Steger massiv weiter betrieben. Das wäre ein Weg gewesen, aber dem sind dann die so eindeutig nicht liberalen Wurzeln der FPÖ im Wege gestanden. Ist ganz interessant, dass Steger heute mit der Strache-FPÖ wieder sehr gut ist. Steger hat sich nicht zurückentwickelt, er sah vielmehr sein Lebenswerk von Jörg Haider zerstört und sieht jetzt in Strache offenbar seinen späten Rächer. Weil Strache hat Haider eigentlich überwunden.

---

42 Das Liberale Forum (LiF) entstand durch eine Abspaltung von fünf Nationalratsabgeordneten aus der FPÖ im Februar 1993 und konnte sowohl bei der Nationalratswahl 1994 als auch bei jener von 1995 in den Nationalrat einziehen. 1999 scheiterte das LiF mit 3,65% an der 4% Hürde. Ein weiterer Versuch, diese Hürde zu überspringen scheiterte 2008 (2,1%).

Die FPÖ ist immer die fünf-Prozent-Partei geblieben, bis Jörg Haider gekommen ist. Wahrscheinlich wäre Jörg Haider als Erfolgspolitiker so nicht möglich gewesen, wenn nicht die FPÖ 1983 Regierungspartei geworden wäre. Denn damit konnte er die Graswurzeln der FPÖ mobilisieren, die mit dem offensichtlichen Mainstreaming, „wir sind doch eine liberale Partei" des Herrn Steger nicht einverstanden waren. Er mobilisierte den harten Kern der Postnazipartei, war aber auch durch sein wirkliches Umsichschlagen erfolgreich, was eine Regierungspartei nicht so gut kann. Also hat Haider eigentlich von Kärnten aus Oppositionspolitik betrieben. Sein Kurs war gar nicht so sehr, dass er die Altnazis für sich instrumentalisieren musste, die hatte er ohnehin auf seiner Seite. Wie man gesehen hat, hat er diese für sich benutzt. Seine Überzeugung war, was nützt es uns, wenn wir als fünf-Prozent-Partei ab und zu in der Regierung sein dürfen, wir haben doch ein größeres Potential. Und recht hat er gehabt. Aus der Liberalen Internationale mussten sie wieder verschwinden, weil die internationale Wahrnehmung war, dass da ein neuer Hitler aus Österreich kommt.[43] Aber er hat mit seinen Themen vieles abgedeckt. Haider passte nicht in das Bild des traditionellen Rechtsextremen. Er hat den Rechtsextremen ab und zu gegeben: Montag von 11.00 bis 12.00 und Freitag von 17.00 bis 18.00 Uhr. Mittwoch von 21.00 bis 23.00 Uhr war er in der Disco. Am Sonntag hat er einen Aufsatz geschrieben „Österreich: Die Dritte Republik". Und so hat er jedem etwas geboten; er war ein Unterhaltungsmensch, eigentlich der Prototyp des erfolgreichen Populisten. Man konnte ihn schwer festmachen. Allerdings hat er schon einige Fehler gemacht wie diesen Sager von der Vollbeschäftigungspolitik im Dritten Reich.[44] Fehler hat er auch gemacht, weil er nämlich ein arroganter Kerl gewesen ist, er war von sich sosehr eingenommen, was ihm ja die ganz großen Erfolge gebracht hat. Er hat genug Erfolge gehabt. Und die FPÖ ist daher zum Prototyp dessen geworden, was heute in Europa eine rechtspopulistische Partei ist, eigentlich von einer elitären Partei der Provinzadvokaten zu einer populistischen Allerweltspartei, die vor allem im urbanen Feld und in der Arbeiterschaft punktet. Eigentlich hat er die FPÖ zur neuen, zur größten Arbeiterpartei Österreichs gemacht.

Am Beginn der Strache-Ära steht dann der Showdown mit Jörg Haider. Die FPÖ hatte sich gegenüber Schüssel als pragmatisch und anpassungsfähig ge-

---

43   Die Liberale Internationale hatte 1993 – nach dem Volksbegehren „Österreich zuerst", („Ausländervolksbegehren") – vor, die FPÖ auszuschließen. Die FPÖ trat aber wenige Tage vorher freiwillig aus der Liberalen Internationale aus.

44   Haiders Aussage in Richtung SPÖ und ÖVP „Im Dritten Reich haben sie ordentliche Beschäftigungspolitik gemacht, was nicht einmal Ihre Regierung in Wien zusammenbringt" führte 1991 zu seiner Absetzung als Kärntner Landeshauptmann

zeigt, einige FPÖ-Leute – wie Hubert Gorbach – durften Vizekanzler, andere MinisterInnen sein. Aber dazu hat Haider im Jahr 2002 in Knittelfeld nein gesagt – und 2005 hat Haider zur Regierungsbeteiligung ja gesagt und daraufhin Strache nein. Weil Strache offenbar schon die Mehrheit in der FPÖ hinter sich gehabt hat, hat Haider die Gründung des BZÖ betrieben.[45] Einziger Grundgedanke war, wir wollen weiter regieren. Möglicherweise auch, weil er eine Niederlage vermeiden wollte. Wesentlicher aber war die Strategie: Strache ist 2005 bereit, wie Haider 2002, die Regierungsbeteiligung kaputt zu machen. In dem Sinne war Strache 2005 der Radikalere, der Extremere. Man sieht auch, wie Steger das egal ist. Ihm, Steger, ging es darum, dass Jörg Haider eine aufs Dach kriegt. Ein Zeichen persönlicher Ranküne.

Zweimal – 1987 und 2002 – endet die FPÖ-Regierungsbeteiligung vor Ablauf der Legislaturperiode. Vor allem 2000 bis 2002 mit einem ganz deutlichen, massiven Einbruch bei der Wählerschaft.[46] Das war wirklich frappant, dass die FPÖ innerhalb von zwei Jahren etwa 60 Prozent ihrer WählerInnen verloren hat. Gigantisch, weil die FPÖ den Spagat zwischen dem unvermeidlichen Pragmatismus als Regierungspartei – in Verbindung auch mit Effizienzmerkmalen, nämlich gute MinisterInnen, die nicht depperte Fehler machen – und dem Bewahren der Grassroots nicht geschafft hat. Das hat die FPÖ nicht geschafft. Und Haider hat Riess-Passer kaputt gemacht.

Er hat ja von Kärnten aus torpediert bzw. sich in Knittelfeld zur Verfügung gestellt, er war der große Name, nicht Riess-Passer, nicht zu vergessen auch Grasser und Westenthaler und Verteidigungsminister Scheibner, die sind gegangen. Die hat Haider kaputt gemacht. Und mit ihnen ist auch die Partei hinuntergerasselt und dann ist von Haider wieder ein neuer Versuch mit einer neuen Partei unternommen worden. Er konnte die Etikette FPÖ nicht mehr sichern. Warum Haider dann akzeptiert hat, dass Hubert Gorbach und andere sozusagen weiter Juniorpartner einer ÖVP-geführten Regierung sind, was er im Jahre 2002 nicht akzeptieren konnte, ist eine Frage, die schwer zu beantworten ist. Haider hat eigentlich 2002 die Regierungsbeteiligung der FPÖ kaputt gemacht und 2005, um die Regierungsbeteiligung der FPÖ zu sichern, eine neue Partei gegründet.

---

45 Das BZÖ (Bündnis Zukunft Österreich) konnte 2006 mit 4,1% und 2008 mit 10,7% in den Nationalrat einziehen. 2013 scheiterte ein neuerlicher Versuch mit 3,5% an der 4% Hürde.

46 Bei der Nationalratswahl 2010 erreicht die FPÖ 10%, im Vergleich dazu stehen 26,9% bei der NRW 1999.

In Kärnten war der damalige Landeshauptmann Haider 1991 durch ein Misstrauensvotum gestürzt worden, nach ein paar Jahren ist er aber – als Landeshauptmann – wiedergekommen. Es ist nicht ganz nachvollziehbar, was konkret die Motivenlage des Jörg Haider 2002 bzw. 2005 war, weil nicht immer so leicht rational nachzuvollziehen ist, was er wirklich wollte. Das ist auch hier so. Haider hat offenkundig gewollt, dass die FPÖ in der Regierung bleibt und nicht durch den Herrn Strache kaputt gemacht wird, der jetzt von Wien aus das Spiel machen wollte, das Haider eigentlich von Kärnten aus gemacht hat. Haider hat damit strategisch die Seiten gewechselt. Und dafür war ihm wert, dass er die FPÖ spaltet. Das ist auch eine Facette der Parteiengeschichte, auch der Beliebigkeit. Daher ist es immer falsch gewesen, anzunehmen, dass Haider einzig eine klare rechtsextreme Strategie verfolgt hat. Es gab gewissermaßen am Donnerstag von 8.00–10.00 Signale an Rechtsextreme – z.B. in Krumpendorf.[47] Aber am Sonntag gab es den Kirchgang bei Bischof Kapellari. Also das sind alles unterschiedliche Facetten von Haider, den man nicht intellektuell ernst nehmen darf, obwohl er sicherlich ein spannender Mensch war. Aber im Sinne von intellektueller Konsistenz war da Null. Außer bei der Verteidigung.

Haider war aber auch ein Produkt der Zeit, die 20 Jahre davor noch nicht reif dafür war. Haider hätte in den 1950er, 1960er oder 1970er Jahren die FPÖ aus ihrem 5-Prozent-Ghetto nicht herausgebracht. Er hat sie in den 1980er Jahren herausgebracht, als von den anderen Parteien schon wesentlich mehr zu gewinnen war, weil die Stammwähler zurückgegangen sind und vor allem die Gesellschaft eine andere war. Ein Beispiel: Die Privatisierung in der Ära Vranitzky geschah nicht zufällig, sondern war auch eine Folge der Globalisierung. Man kann einfach nicht mehr einen Stahlkonzern wettbewerbsfähig halten durch ständige Zuschüsse aus dem Budget. Und wettbewerbsfähig muss er sein, sonst kann man gleich zusperren. Oder man kann gleich sagen, Stahl produziert man in Zukunft sowieso in Brasilien, in Südkorea und in China. Um dann von Donald Trump durch Strafzölle bestraft zu werden. Also das war (und ist) der globale Wandel. Österreich war auch damals keine Insel und sicherlich ist da einiges Lernen notwendig gewesen. In der Nachkriegszeit hat sich Österreich oft auch patriotisch gerechtfertigt und da kommt auch die Neutralitätsdebatte hinein, dass man Österreich als Insel der Seligen sehen sollte. Die Welt um uns herum macht Probleme, wir sind der stabile Punkt in der Mitte. Dazu kam ab den 1950er Jahren

---

47 In einer Versammlung von ehemaligen Angehörigen der Waffen-SS lobte Haider 1995 deren Charakter und Gesinnung.

natürlich auch der Kalte Krieg. Österreich war in einer geopolitisch besonderen Situation, die Globalisierung war ökonomisch bei weitem weniger fortgeschritten als sie heute ist. Damals waren die alten Muster noch relativ überzeugend, noch. Und das hat natürlich dann aufgehört. Österreich konnte nicht mehr so tun, als wäre es eine Insel.

Die Grünen und die anderen

Es steht wohl außer Zweifel, dass die Grünen ohne Peter Pilz auch 2017 in den Nationalrat gekommen wären. Dazu kommt natürlich noch die Spätanstrengung des Christian Kern: „Wir sind das Bollwerk gegen Schwarz-Blau." Schwarz-Blau ist trotzdem gekommen, die Grünen waren weg.

Auch bei den Grünen ist besonders wichtig zu sehen, dass Österreich keine Insel ist. In den 1970er Jahren entstehen überall in Westeuropa soziale Bewegungen, die sich mit Ökologiethemen zentral beschäftigen, z.B. schon 1968 der Club of Rome. Es entstehen langsam aus den Bewegungen Parteien – so auch in Österreich. Österreich ist völlig im europäischen Trend, mit spezifisch österreichischen Themen wie Zwentendorf und Hainburg, aber ähnliche Themen hat es auch anderswo gegeben, in Deutschland der Kampf gegen Mittelstreckenraketen, da war mehr das Friedensbewegungsthema, nicht so sehr das Ökologiethema zentral. Das war einfach im Trend. Und da passt als beste Erklärung die Postmaterialismuskonzeption von Inglehart, der von einem gewisser Sättigungseffekt in den wohlhabenden Gesellschaften spricht, von einer eher im Wohlstand lebenden jungen Generation mit höherer Bildung, deren VertreterInnen nicht mehr ängstlich bestrebt sind, den eigenen Wohlstand auszubauen und zu erhalten. Durch die Sicherung, die subjektiv wahrgenommene Sicherung des eigenen Wohlstandes werden sie frei für nicht materielle Themen wie z.B. Psychologie, Menschenrechte, Frieden usw. Das können die traditionellen Parteien nicht so ohne weiteres einbinden. Deshalb entstehen die grünen Parteien. Und so auch in Österreich. Österreich hat sich ganz normal entwickelt wie ein wohlhabender westlicher Industriestaat. Und die Grünen sind natürlich zunächst für die SPÖ eine Bedrohung, dann aber auch unabhängig von dem Bedrohungsaspekt ein möglicher Koalitionspartner. Aber die Grünen haben es auch geschafft, dass sie für die ÖVP ebenso ein möglicher Koalitionspartner sind. Die Grünen erfüllen eigentlich vielmehr als das die FPÖ lange Zeit konnte, diesen Faktor, den man früher der FDP in Deutschland zugeschrieben hat, nämlich dass die FDP zwar nie eine größere Partei werden wird, aber immer mitentscheiden kann, wer regiert. Die Grünen sind nahe dran, könnten dort wieder hinkommen, aber es hat nie diese Tabuisierung gegeben wie bei der FPÖ. Die Ära Vranitzky war geprägt von einem „nie mit der FPÖ". Daher war die FPÖ nicht in der Lage, die Rolle des Züngleins an der Waage zu spielen. Vielleicht kann sie das wieder, Stichwort Burgenland.[48] Aber die Grünen könnten das sein, sie sind ja in Wien mit der SPÖ, in Salzburg, Tirol und Vorarlberg mit der ÖVP in einer Koalition.

Die Grünen wurden immer ein bisschen an den deutschen Grünen gemessen. In Deutschland hat es lange Zeit die Auseinandersetzung zwischen Realos und Fundis gegeben. In Österreich war da weniger zu merken, abgesehen von der Anfangsphase, den beiden Listen ALÖ und VGÖ.[49]

Was vor allem in Österreich gefehlt hat war diese ganze NATO-Debatte. Diese ganze Opposition gegen die NATO-Nachrüstung, das hat sich Österreich als Nicht-NATO-Mitglied erspart. Das hat in Deutschland eine ganz große Rolle gespielt. Bis dann auch deutlich geworden ist, dass der Erzgrüne Joschka Fischer plötzlich Außenminister wurde und als Außenminister die NATO-Schläge gegen Serbien befürwortet hat.[50] Also diese Spannungen sind den Grünen in Österreich erspart geblieben, aber gerade am Beispiel Joschka Fischer kann man sehen, dass im Zweifel auch die Fundis Realos werden. Wenn es darauf ankommt. Fischer hat begriffen, dass man in der Demokratie nicht Grundsätze wie päpstliche Dogmen verkünden, sondern Wahlen gewinnen muss. Manche wollen eher die Fahne des reinen Glaubens hochhalten, auch wenn ihnen niemand folgt.

Ein deutscher Diplomat hat einmal erzählt, dass Joschka Fischer der erste Außenminister war, der begonnen hat, die Verflechtungen des deutschen Außenamtes mit der Ära Ribbentrop offiziell zu thematisieren. Das war bis dahin tabu. Weil viele Botschafter der Bundesrepublik nach 1949 waren ja noch in der Ära Ribbentrop sozialisiert worden. Wie Wilhelm Grewe, der dann Botschafter in Washington war. Das durfte man damals nicht kritisieren, weil sie ja auch die DDR kritisiert hatten. Fischer hat mit dieser Aufarbeitung begonnen, eine Kommission eingesetzt und dann wurden auch Anerkennungen für die ausgesprochen, die im Widerstand waren.

---

48 Im Burgenland gibt es seit der Landtagswahl von 2015 eine SPÖ-FPÖ Koalition.
49 Bei der Nationalratswahl 1983 scheitern sowohl ALÖ (Alternative Liste Österreichs; 1,4%) als auch VGÖ (Vereinte Grüne Österreichs; 2%) am Einzug in den Nationalrat.
50 Nach gescheiterten Verhandlungen auf Schloss Rambouillet (Frankreich) zwischen Belgrad und der Führung der Kosovo-Albaner beginnt am 24. März 1999 die mehrere Monate dauernde NATO-Operation *Allied Force* gegen Serbien, damals Teil der Bundesrepublik Jugoslawien.

In Österreich haben es die Grünen nach dem ersten Einzug in den Nationalrat geschafft, sich dort und in anderen Parlamenten zu etablieren, sukzessive sind sie in alle Landtage eingezogen. So gesehen ist es zumindest als Fallback wichtig, dass die Grünen 2018 in Niederösterreich, Tirol und Salzburg den Wiedereinzug in den Landtag geschafft haben, anders als in Kärnten. In Innsbruck wurde 2018 mit Georg Willi sogar ein Grüner Bürgermeister einer Landeshauptstadt. Das hat den Schock vom Oktober 2017 auf Bundesebene gemildert. Das heißt, die Grünen sind nicht einfach tot. Für sie ist die Landesebene auch ein Auffangnetz und insofern ist es wichtig, dass es 2018 auch die Neos in drei von vier Ländern geschafft haben, typischerweise beide nicht in Kärnten. Und die Neos sind natürlich in einer heftigen Konkurrenzsituation mit den Grünen, allein schon von der Demographie der Wählerschaft her als eher jüngere, eher mehr weibliche, sehr pro-europäische, eher besser gebildete WählerInnen. Aber auch in Bezug auf die Themen. Beide sind die am stärksten pro-europäischen Parteien, wobei sich die Grünen das auch erst aneignen mussten. Insgesamt nehmen die Grünen den Neos was weg und die Neos nehmen den Grünen was weg. Und die SPÖ will beiden was wegnehmen. Also das ist das Problem der Allianzen der Jahre 2016 und 2017. Bei der Bundespräsidentschaftswahl 2016 hat ein grüner Kandidat gewonnen, weil es ihm möglich war, die Anti-FPÖ-Stimmen im Lande zu mobilisieren. Weil nicht verhindern werden konnte, dass ein FPÖ-Kandidat in die Stichwahl kommt, haben die meisten Sozialdemokraten, die Grünen, die Neos und Teile der ÖVP für Van der Bellen gestimmt. 2017 ist aber manifest geworden, dass es eine Mehrheit rechts von der SPÖ gibt. Und es sind diese beiden Mehrheiten, die miteinander in Spannung liegen. Beide sind da. Und Kurz hat das verstanden, das gleichsam überbrückt. Kurz war offenkundig wählbar für ÖVP-nahe Van der Bellen-Wähler und Kurz war auch wählbar für die, die primär antisozialistisch sind. Und das erklärt seinen Wahlsieg, der seiner war, nicht jener der ÖVP. Die FPÖ hat durch Kurz auch verloren. Also die Neos haben das Problem mit dieser 4-Prozent-Hürde. Da kann ein kleiner Rutscher, wie man bei den Grünen gesehen hat, schon dazu führen, hinauszufliegen. Aber immerhin ist das Liberale Forum so später wiedergekommen in der Form der Neos. Wichtige Leute des Liberalen Forums wie etwa Friedhelm Frischenschlager haben deutliche Geburtshilfe bei den Neos geleistet.

Die Bezeichnung liberal ist nicht mehr drinnen, aber die Personen sind da, Heide Schmidt, Friedhelm Frischenschlager, da ist auch Haselsteiner wieder bei den Neos, der schon beim Liberalen Form Hilfe geleistet hat. Sind eigentlich schon dieselben Leute, die diese Marktnische versuchen zu füllen, wirtschaftsliberal und kulturliberal mit stark pro-EU-europäischen Akzenten.

Generell wird es für Parteien, die es nicht schaffen, sich in mehr als einer Ebene zu etablieren, schwierig, politisch zu überleben. Das Team Stronach hat es zwar kurz in Landesregierungen geschafft, aber der Hype um diese Partei ist spätestens mit den Live-Fernsehauftritten des Herrn Stronach weg gewesen und er hat offensichtlich auch die Freude, den Spaß verloren. Politik hat ihm keinen Spaß mehr gemacht und er war auch entlarvt. Er ist ein Mensch, der glaubt, von Politik etwas zu verstehen, aber es war erkennbar nicht so. Also Hypes kann man erzeugen, aber sie können sehr schnell auch wieder weg sein.

Parlament und Parlamentarismus

Der Parlamentarismus ist sicherlich der Gewinner der Entwicklung in der Zweiten Republik. Von einem Hobbyparlament, von Freizeitparlamentariern, die dafür aber ganz gut bezahlt worden sind zu einem Profiparlamentarismus, der sich auch in einer massiv gestärkten Infrastruktur äußert, gestärkt auch in Form eines Mitarbeiterstabs, der gerade auch – Dank der Nationalratspräsidentschaft von Heinz Fischer[51] – sich nicht nur mehr über die Fraktionen, sondern auch über einzelne Abgeordnete manifestiert, damit auch die mögliche Unabhängigkeit einzelner Abgeordneter verstärkt. Ob sie es real nützen wird man sehen, langfristig wahrscheinlich schon. Das Parlament war lange Zeit also eine ziemlich fade Angelegenheit, berechenbar mit Reden, von denen alle wissen, dass sie nichts bewirken, die nicht einmal zum aus-dem-Fenster-hinaus-reden geeignet waren. Ein Parlament eigentlich eher zum Einschlafen, oppositionell chronisch schwach. Ein Parlament lebt von der Opposition, die Regierung braucht eigentlich kein Parlament. Die Opposition ist die Dynamik des Parlaments, denn die Opposition lebt durch das und im Parlament. Und dann hat auch lange Zeit die Opposition im Wesentlichen kurz nur aus der kleinen KPÖ und später aus der insgesamt auch kleinen FPÖ bestanden, da war nicht viel los.

Das ändert sich 1966, als zum ersten Mal eine große Opposition entsteht und das geht immerhin bis 1986, also 20 Jahre, so. Damals ist schon deutlich geworden, dass die Abgeordneten Bemühungen eingehen, den Abgeordneten – also sich selbst – mehr Ressourcen zu geben. Da kommen sicherlich auch dann schon bald IT-Instrumente dazu, bis dahin haben die Abgeordneten in die Parlamentsbibliothek gehen müssen, Bibliothekare bitte müssen, dass diese für sie etwas raussuchen, oder ihnen die Möglichkeit geben, etwas zu suchen. Mit zunehmenden Ressourcen wird das Parlament interessanter, spannender. Zweifellos bleibt es zwar noch immer sehr berechenbar, aber es taucht verstärkt die Frage der Minderheitenrechte auf. Das ist natürlich ein Widerspruch und ein Spannungsverhältnis im Parlament: Die Mehrheit bestimmt, wer regiert und die Opposition ist in der Minderheit um zu kontrollieren. Gleichzeitig aber werden der Opposition entscheidende Kontrollrechte nicht zugestanden. Dass das entscheidende Kontrollinstrument, das Misstrauensvotum, Mehrheitsrecht bleiben muss, versteht sich von selbst, aber alle anderen Rechte könnten vom Grundgedanken eines parlamentarischen Systems unter bestimmten Auflagen (Min-

---

51 Heinz Fischer war von 1990–2002 Nationalratspräsident.

destgröße oder gedeckelt) für parlamentarische Minderheiten geöffnet werden. Z.B. dass von einer Fraktion pro Jahr nur ein Untersuchungsausschuss eingesetzt werden darf. Und das ist passiert, die Minderheitenrechte sind gestärkt worden. Das wichtigste Kontrollinstrument, der Untersuchungsausschuss, kann mittlerweile, seit 2014, von einem Viertel der Abgeordneten einberufen werden. Und damit ist das Parlament gestärkt, weil die Opposition damit gestärkt worden ist. Die Stärkung des Parlamentarismus hängt also untrennbar mit der Stärkung der Opposition im Parlament zusammen. Einmal wurde das Parlament durch die Wähler gestärkt – in den Jahren von 1966 bis 1986 bildeten plötzlich 45% und mehr der Abgeordneten die Opposition. Und gerade jetzt erleben wir wieder eine Opposition von knapp 40% der Abgeordneten.

Zum zweiten wurde der Parlamentarismus gestärkt durch das langsame, zögerliche Lernen. Etwa durch Stärkung der Minderheitenrechte. Dass der Untersuchungsausschuss zum Minderheitenrecht wurde, war eine ganz wichtige Sache. Dazu kommt noch, dass früher, in den ersten Jahrzehnten der Zweiten Republik, die Arbeitsbedingungen für die Abgeordneten im Parlament wenig einladend waren. Es gab ein Postfach, nicht einmal einen Schreibtisch. Den Schreibtisch hat eine Fraktion gehabt, die räumliche Ausstattung hat meistens aus zwei oder drei Zimmern bestanden, da sind zwei, drei Klubsekretäre gesessen, die meistens in Bezug auf die eigene politische Karriere sehr ambitioniert, aber noch nicht sehr weit waren und sie wurden von zwei, drei Sekretärinnen, die fleißig getippt haben, unterstützt. Da musste man als Abgeordneter hingehen und schauen, dass man an der Infrastruktur mitnaschen darf. Und wenn man nicht so wichtig war, hat der Klubsekretär gar nicht hingehört, wenn der Abgeordnete etwas von ihm wollte. Das hat sich ab dem Zeitpunkt geändert, ab dem Abgeordnete selbst Personal einstellen konnten.[52] Dafür gibt es nun Geld, die Abgeordneten können auf diese Mitarbeiter setzen. Das Parlament ist finanziell viel besser ausgestattet, man hat zwar noch immer viel zu wenig, aber gemessen an dem was früher war – Personal, Budget, Budget über das die einzelnen Abgeordneten verfügen können – ist das alles ein großer Fortschritt. Insofern sind das Parlament und der Parlamentarismus Gewinner der Entwicklung der Zweiten Republik.

Wenn jemand gewinnt, geht das oft auch auf Kosten anderer. Und dieser Gewinn des Parlamentarismus war möglich auf Kosten dessen, was man in Amerika deep state nennt, nämlich die informell ablaufenden Prozesse. Denn das Parlament ist seinem Wesen nach letztlich öffentlich, auch wenn bei weitem nicht al-

---

52   Das Bundesgesetz über die Beschäftigung parlamentarischer Mitarbeiter (Parlamentsmitarbeitergesetz) trat mit 15.06.1992 in Kraft; BGBl. Nr. 288/1992

les was im Parlament passiert, in der Öffentlichkeit passiert. Letztlich landet aber alles immer im Plenum. Auch nicht öffentliche Ausschüsse müssen ihr Ergebnis plenar vorbringen. Und plenar wird dann diskutiert. Meistens entlang der Linie Opposition gegen Regierung, d.h., der nicht-öffentliche Bereich verliert an Bedeutung. Nach wie vor werden hinter verschlossenen Türen Kompromisse ausgehandelt, aber die Öffentlichkeit ist direkter bei diesem Prozess dabei. Ein Nachteil dieser Entwicklung ist, dass Kompromisse schwieriger zu finden sind, denn die Kompromissfähigkeit hinter verschlossenen Türen ist immer eher gegeben als bei offenen Türen.

Durch das Zurückdrängen des deep state werden die informellen Möglichkeiten geringer, gleichzeitig entsteht größere Transparenz. In gewisser Weise ist das ein Gewinn für das Parlament, weil es spannender wird; man schläft nicht mehr ein. Hier spielt die Live-Übertragung in ORF III weniger eine Rolle, aber auch das ist nicht schlecht, wenngleich die Einschaltquoten nicht sehr berauschend sind. Aber generell es ist ein Fortschritt. Lange war das unmöglich, undenkbar. Es wurde lange debattiert und erst als das Britische Unterhaus plötzlich Übertragungen eingeführt hat, kam Bewegung in die Diskussionen (wobei die Debatten im Britischen Unterhaus wesentlich anders ablaufen).

Die Öffentlichkeit hat sich langsam, Schritt für Schritt, vorgearbeitet gegen den Widerstand, der da war und immer noch da ist.

Wenn sich früher Benya mit Sallinger hinter verschlossenen Türen einig war, dann war das ausgemacht. Wenn jetzt die Nachfolger von Benya und Sallinger hinter verschlossenen Türen einig sind, weiß man nicht, ob am nächsten Tag nicht eine kleinere Oppositionspartei eine Anfrage an den Sozialminister stellt und damit die Partei des Benya und des Sallinger mithineinzieht. Es ist also nicht mehr so einfach, undifferenziert dahinter zu stehen. Man kann das auch eine populistische Versuchung nennen. Wenn man aber Öffentlichkeit haben will – und Öffentlichkeit gehört zum Parlament und Parlament gehört zur Demokratie – ist das natürlich ein Preis, den zu bezahlen man bereit sein muss. Dass Parteien in Versuchung kommen können, ihre ursprüngliche Position zu verleugnen kommt nicht so selten vor – wie bei Zwentendorf, als die ÖVP auf einmal in Versuchung kommt, ihr eigenes Produkt Zwentendorf zu verleugnen. Das wäre ohne Parlament gar nicht so vorstellbar gewesen.

Nach wie vor gibt es die Fraktionsdisziplin der Abgeordneten, die Bezeichnung Klubzwang ist ein völlig falscher Begriff dafür. Fraktionsdisziplin ist der richtige Begriff und der ist ein bisschen mythologisiert. Er ist erklärbar und verständlich, dass ja nach dem österreichischen Wahlsystem, das insgesamt eine Kombination von Verhältnis- und Listenwahl ist, Personen in den Nationalrat kommen, die grundsätzlich deswegen dort sitzen, weil die Partei wollte, dass sie dort sitzen und weil Wähler eine Partei gewählt haben. Das mit Personalisierungen verschiebt sich leicht, aber nicht wirklich. Die Vorzugstimmenkampagne des Herrn Cap 1983 war einmal eine Ausnahme. Insofern ist das ja verständlich, aber letztlich liegt es nach wie vor an einzelnen Abgeordneten, ob sie die Parteilinie akzeptieren. Niemand hindert sie daran, gegen die Parteilinie zu stimmen. Freilich wissen sie damit, dass sie ihre politischen Überlebenschancen, noch einmal an wählbarer Stelle kandidiert zu werden, reduzieren. Aber den Mut muss man erwarten können, das ist vergleichsweise harmlos zu jenem Mut, den Oppositionelle in totalitären Systemen aufweisen müssen. Also die Fraktionsdisziplin ist solange entscheidend, solange die Abgeordneten sich dem freiwillig unterwerfen, freiwillig. Insofern ist Zwang natürlich falsch. Es ist eine Disziplin, deren Gründe man nachvollziehen kann, deren Gründe verständlich sind, aber es ist kein starrer Bestimmungsfaktor.

Angeblich soll bei der Parlamentsneugestaltung endlich abgeschafft werden, dass Stimmen nicht wirklich gezählt werden. Es wird in Österreich bei Abstimmungen tatsächlich nicht gezählt. Der Präsident oder die Präsidentin sagt, ich bitte jene, die zustimmen, sich zu erheben. Dann stehen ein paar auf, und man sagt, das ist die Mehrheit. Das wird gar nicht präzise festgehalten. Und solange niemand widerspricht ist das auch in Ordnung. Aber Politologen wollen gerne wissen, wer ist rausgangen, wer hat sich nicht erhoben, obwohl die eigene Partei sich erhoben hat und so weiter. Das wird gar nicht festgehalten. Jetzt soll angeblich im neuen Parlamentsgebäude eine elektronische Abstimmung kommen. Das wird äußerst hilfreich sein. Wenn man im Protokoll nachschlägt, steht dort, Präsident Benya sagt, das ist die Mehrheit. Und alle akzeptieren das. So steht's drinnen, aus, Ende. Und wahrscheinlich war es auch immer die Mehrheit, daran ist auch nicht zu zweifeln. Aber es wäre doch spannend gewesen zu wissen, wer die Dissidenten waren, wer den Raum verlassen hat, wer sitzen geblieben ist. Das kann man aber bisher nicht feststellen.

Auch ob alle von einer Oppositionspartei dagegen gestimmt haben, wird nur durch Beobachtung rückgeschlossen. Das ist natürlich ein Zeichen für eine Unterentwicklung des Parlamentarismus.

Insgesamt kann und wird das Parlament nicht ein möglicherweise stärkerer Gegenspieler der Regierung werden. Das ist für manche Wunschdenken. Aber ein parlamentarisches System geht nicht von der Trennung zwischen Parlament und Regierung, sondern von der Trennung zwischen Regierung und Opposition aus. Das mächtigste Parlament ist der US-Kongress, weil der von der Regierung wirklich unabhängig ist. Wenn aber in einem parlamentarischen System das Parlament der Regierung widerspricht, stürzt sie die Regierung. Wenn das Parlament der Regierung nicht widerspricht, verfolgt sie den Weg der Regierung. Der Gesetzgeber im parlamentarischen System Großbritanniens ist der Premierminister. Das Parlament ist nicht Gegenspieler der Regierung, sondern Kontrollor der Regierung. Deswegen braucht es ein Minderheitenrecht, eine starke Opposition. Das Parlament lebt über die Oppositionen, durch die Oppositionen. Und wenn die Opposition die Mehrheit erlangt, dann wird sie zur Regierung. In der letzten Zeit der Monarchie ernannte der Kaiser die Regierung, die dem Parlament gegenüber unabhängig war. In dieser (und nur in dieser) Hinsicht waren die Abgeordneten des Reichstags also Mitglieder eines mächtigeren Parlaments als es der Österreichische Nationalrat heute ist.

Die österreichische Sozialpartnerschaft

Die Sozialpartnerschaft in Österreich hat zwei ideengeschichtliche Wurzeln, die eine – und die historisch wichtigere – ist die aus der katholischen Soziallehre entstandene. Das hat sich dann schon als eine quasi-Sozialpartnerschaft in der Struktur des autoritären Ständestaates gezeigt, freilich völlig unentwickelt und unfertig. Das bedeutet, dass es eine nicht demokratische Interpretation des Grundgedankens des Korporatismus gibt, also der Gliederung der Gesellschaft in sogenannte Stände, entsprechend der Berufe der Menschen. Das ist dann 1945 zusammengekommen mit der zweiten Traditionsschiene, der zweiten Wurzel, die eher aus dem pragmatischen Sozialismus der Sozialdemokratie kommt und auch aus der Situation der Ersten Republik, als die Arbeiterkammern am Beginn der Republik bewusst als ein Gegenpfeiler – oder ergänzender Pfeiler – zu den bereits vorhandenen Handels- oder jetzt Wirtschaftskammern gegründet wurden. Das war in der Ersten Republik eine Art Versprechen; ist dann in der Zweiten Republik aber durch das Hinzutreten der spezifischen Situation des Jahres 1945 und der Jahre danach entscheidend geworden für die Entwicklung der österreichischen Demokratie. Nämlich, dass sich die klar strukturierten Verbände (neu) strukturiert haben bzw. (neu) gegründet wurden. Das sind auf der einen Seite der Österreichische Gewerkschaftsbund als eine auf Mitgliederbasis freiwillig organisierte gewerkschaftliche Organisation, die ja 1945 neu gegründet wurde als bewusst überparteilich gestaltete Vereinigung und die schon am Beginn der Ersten Republik gegründeten Kammern für Arbeiter und Angestellte, kurz Arbeiterkammern. Auf der anderen Seite die historisch auf das 19. Jahrhundert zurückgehenden Handelskammern, die sich aber auch in der Zweiten Republik neu organisiert haben. In Form einer Bundeswirtschaftskammer, die hat es früher nicht gegeben, sondern Kammern auf Länderebene. Daneben die Präsidentenkonferenz der Landwirtschaftskammern. Dazu kommt die Vereinigung Österreichischer Industrieller als Äquivalent zum ÖGB als nicht öffentlich-rechtlicher, sondern privatrechtlich organisierter Verband. Die haben es übernommen vorzuentscheiden und de facto zu entscheiden, entscheidende Fragen der Wirtschafts- und Sozialpolitik zu besprechen und zu klären. Man kann sagen, dass 1945 von Anfang an die Entscheidungskompetenz für Sozial- und Wirtschaftspolitik aus den Verfassungsorganen der Republik ausgelagert wurde. Man hatte sozusagen die Entscheidungen durch die Sozialpartnerschaft formal vorformulieren lassen, de facto wurden sie meistens dann von Parlament und Regierung übernommen.

Das ist von Anfang an erleichtert und unterstützt geworden und in dem einen

Bereich Gewerkschaft und Arbeiterkammern ist festzustellen, dass trotz Überparteilichkeit die sozialistische oder später sozialdemokratische Fraktion eindeutig eine demokratisch legitime Mehrheit hat. Und dass auf der anderen Seite bei der Wirtschaftskammer und indirekt auch der Industriellenvereinigung – die kennt zwar keine Fraktionen, aber de facto schon so etwas Ähnliches –, die Österreichische Volkspartei bzw. der Wirtschaftsbund der Österreichischen Volkspartei dominiert. Genauso dominant war die ÖVP – in Gestalt des Bauernbundes – bei den Landwirtschaftskammern. Das heißt also, die Sozialpartnerschaft der Zweiten Republik beginnt als eine Fortsetzung der Großen Koalition mit anderen Mitteln. Und das wird sich dann zunehmend institutionalisieren in Form bestimmter Kommissionen, vor allem der Paritätischen Kommission für Lohn- und Preisfragen. Die Preis- und Lohnpolitik wurde – immer vor dem Hintergrund, dass das ja in einem bestimmten Spannungsverhältnis zu einer grundsätzlich freien Marktwirtschaft steht – von der Koalitionsregierung, die zunächst in ihrer ersten Phase 21 Jahre bestanden hat, ausgelagert zur Sozialpartnerschaft, zu diesem sozialpartnerschaftlichen Netzwerk und da ist die Paritätische Kommission für Lohn- und Preisfragen nur eine, aber vermutlich die zentrale Einheit gewesen von Verbänden der Arbeitnehmerseite und Verbänden der Arbeitgeberseite. Das war sehr wohl mitentscheidend dafür, dass in Österreich das entsteht, was man den sozialen Frieden nennt. Es gibt sehr wenig offen ausgetragene Konflikte in Form von Streiks und Aussperrungen. Natürlich ist die Sozialpartnerschaft selbst auf einem Konflikt aufgebaut, auf dem Gegensatz zwischen Arbeit und Kapital, dem Gegensatz zwischen denen, die an höheren Einkommen und denen, die an höheren Profiten interessiert sind, aber die Sozialpartnerschaft hat diese Konflikte sozusagen am grünen Tisch ausgetragen und das ist der Grund, warum in Österreich trotz uneingeschränkter Streikfreiheit diese Arbeitskonflikte – eben Streiks auf der einen Seite, Aussperrungen auf der anderen Seite – kaum statistisch wahrnehmbar stattfinden.

Diese Sozialpartnerschaft wird dann besonders wichtig, als die Große Koalition zum ersten Mal auseinander geht, nämlich 1966. Damals hat es ja Annahmen gegeben, Befürchtungen gegeben, Erwartungen gegeben, dass das unter der Großen Koalition repräsentierte Konsensklima, das so anders war als das Konfliktklima in der Ersten Republik, dass das zerbrechen könnte. Es ist nicht zerbrochen, auch weil sowohl die damals alleinregierende ÖVP, als auch die opponierende Sozialistische Partei an der Sozialpartnerschaft festgehalten haben, wobei die Versuchung einen möglichen eigenen Vorteil auszunützen, natürlich bei der Partei, die aufgrund einer parlamentarischen Mehrheit allein regiert, immer größer ist. Die ÖVP ist aber dieser Versuchung ebenso wenig nachgekommen wie nach 1970 die dann 13 Jahre allein regierende Sozialistische Partei. Die Sozialpartnerschaft ist sogar wichtiger geworden in diesen insgesamt 17 Jahren von Alleinregierungen oder 20 Jahren von nicht Großer Koalition, weil hier die Kommunikationskanäle, die sonst im Dunstkreis der Regierung wichtig sind, etwa Regierungsvorberatungen oder andere informelle Besprechungsszenarien im Vorfeld des Ministerrates, jetzt nicht mehr da waren. Also die Sozialpartnerschaft hat somit in vielem die Kommunikationsstruktur der Großen Koalition ersetzt. Und da gibt es in den Memoiren von Josef Klaus, dem ersten Kanzler einer Alleinregierung, die Bemerkung, wie er es verstanden hat, mit dem damaligen ÖGB-Präsidenten Benya regelmäßig wichtige Dinge abzustimmen. D.h., die Sozialpartnerschaft hat es überstanden, dass sie unter den geänderten Rahmenbedingungen nach dem Ende der Großen Koalition hier weiter ernst genommen wurde und de facto sogar noch wichtiger geworden ist.

Das große Problem in der Sozialpartnerschaft ist dann die Globalisierung bzw. Europäisierung und die abnehmende Bindefähigkeit der großen Parteien und damit auch der in den Sozialpartnern hegemonialen Fraktionen geworden. Es kommen Parteien auf – und das ist im Wesentlichen dann in den 1980er Jahren bemerkbar – die zwar nicht aus dem Parlamentarismus ausgeschlossen sind, aber sich aus der Sozialpartnerschaft de facto ausgeschlossen fühlen. Das ist die zwar schon traditionelle, aber dann in den 1980er Jahren stärker werdende Freiheitliche Partei und das sind dann auch neue Parteien wie die Grünen oder das Liberale Forum und dessen Nachfolgerin, die Neos. Sie alle fühlen sich hier sozusagen ausgeschlossen und sie haben daher nachvollziehbar eine gewisse aggressive Grundhaltung zur Sozialpartnerschaft. Da kommen dann Debatten auf, ob das nicht eine illegitime Nebenregierung wäre usw. Aber der erste Grund ist sicherlich, dass die österreichische Wirtschaft und die österreichische Gesellschaft zunehmend erfasst werden von der Entwicklung die wir Globalisierung nennen, was sich dann auch auswirkt in Österreichs Beitritt zunächst zur Freihandelszone mit der damaligen EG und dann im Beitritt zur Europäischen Union.[53] Es kommt somit ein Aspekt dazu, der dem grundsätzlichen Inseldenken der Sozialpartnerschaft widerspricht. Wenn der ÖGB-Präsident den Wirtschaftskammerpräsidenten trifft, dann können sie Entscheidung im Namen derer treffen, für die sie sprechen. Wenn aber plötzlich immer mehr Unternehmer da sind, die eigentlich von Mailand oder Berlin oder New York oder London aus gesteuert werden und wenn auch im Zuge der Freiheiten des Binnenmarktes zunehmend Arbeitnehmer kommen, die in Österreich eigentlich nur provisorisch einen Wohnsitz haben, nicht Staatsbürger sind, das alles nur

---

53   Das Freihandelsabkommen zwischen Österreich und der EWG trat am 01.01.1973 in Kraft

als provisorische Tätigkeit wahrnehmen, dann wird es schwieriger. Es zerbröckelt damit die Voraussetzung, die am Beginn der Sozialpartnerschaft bestanden hat, nämlich dass sich Österreich sehr stark abschotten kann, abgeschottet ist und damit wird eine grundsätzliche Voraussetzung der Sozialpartnerschaft zwar noch nicht zerstört, aber sie wird gleichsam immer schwächer.

Nicht erst Hainburg sondern bereits Zwentendorf war so ein Zeichen für abnehmenden Einfluss der Sozialpartnerschaft. Plötzlich können sich die Sozialpartner nicht mehr so durchsetzen wie sie das vorher gewohnt waren und gemacht haben.

Zwentendorf wurde noch grundsätzlich geplant von der Regierung Klaus, von der ÖVP-Alleinregierung. Es wurde dann weiter gebaut unter der Regierung Kreisky, der SPÖ-Alleinregierung und dann passiert etwas, was sehr typisch ist für den Kulturwandel, den politischen Kulturwandel in Österreich. Die Österreichische Volkspartei ist 1978 in Opposition zur alleinregierenden Sozialistischen Partei und nimmt wahr, dass hier in allen Industriegesellschaften eine wachsende Skepsis gegenüber der Kernenergie besteht bzw. entsteht. Da spielt das schwedische Wahlergebnis eine Rolle, wo nach Jahrzehnten sozialdemokratischer Regierung plötzlich die Sozialdemokratie wegen ihrer Position in der Kernenergie in der Opposition landet. Deshalb agiert die ÖVP nun plötzlich als parlamentarische Opposition und nicht als eine Partei, die über Wirtschaftsbund und Industriellenvereinigung von Anfang an in eine Pro-Zwentendorf-Strategie eingebunden war und diese mitgetragen hat. Daran erkennt man, dass ein parlamentarisches Opportunitätsdenken die Oberhand über das bis dahin so wichtige sozialpartnerschaftliche Gemeinschaftsdenken gewinnt. Und Kreisky antwortet darauf, o.k., ich werde nicht wie die Schweden allein übrig bleiben als Atompartei, ich mache eine Volksabstimmung, ich lagere das aus. Kreisky nimmt an, dass er diese Volksabstimmung gewinnt, dass eine Mehrheit für die Inbetriebnahme von Zwentendorf stimmt. Er verliert aber und das ist schon ein erstes Zeichen dafür, dass die Bedeutung der Sozialpartner abnimmt. Das hat dann erst recht weitergewirkt in Richtung Hainburg 1984, als in einer gewissen analogen Situation die Sozialistische Partei als hegemoniale Partei im Bündnis mit der Freiheitlichen Partei ein Projekt umsetzen will, das sozialpartnerschaftlich voll abgestimmt war. Es geht um den Bau eines Staudammes unterhalb von Wien, in der Nähe von Hainburg und die SPÖ-FPÖ Koalition geht zunächst davon aus, wir haben die Industrie an Bord, es geht um Arbeitsplätze, es geht um Energiegewinnung, alles das fördert das Wirtschaftswachstum und es war immer das Interesse sozialpartnerschaftlicher Strukturen, Wirtschaftswachstum zu fördern, weil man dann etwas zu vertei-

Umweltschützer besetzen die Hainburger Au um die Rodung des Auwaldes zum Bau des Kraftwerks zu verhindern, 19.12.1984.

len hat, aber nicht umverteilen muss. Und die Regierung Sinowatz geht auch davon aus, in Übereinstimmung mit dem Koalitionspartner Freiheitliche Partei. Dann aber entsteht etwas, was eigentlich gar nicht aus der ÖVP kommt: Jetzt kommt schon das, was wir Zivilgesellschaft nennen hinein bzw. eine soziale Bewegung, die sich bereits als neue Partei zu formen beginnt, die Grünen, die Ökologiebewegung, die durch die Technik des Dramatisierens gleichsam eine neue Verkaufstechnik entwickeln: Wir machen uns bewusst zu Opfern, wir schauen, dass wir uns von der Polizei prügeln lassen, aber immer, dass die Fernsehkamera dabei ist. Also diese Dramatisierung führt dazu, dass die Regierung, die zunächst noch gedacht hat, wir sind sozialpartnerschaftlich völlig abgesichert, erkennt, wenn man das durchziehen will, riskieren wir, dass überall Bilder von prügelnden Polizisten, die auf unbewaffnete junge Leute einschlagen, durch die Welt geistern werden. Dazu kam auch noch, dass schon bei Wahlergebnissen und bei demographischen Befunden klar wird, das wird vor allem der Sozialdemokratie schaden bei den nächsten Wahlen. Die SPÖ tritt den Rückzug an und verzichtet auf den Bau von Hainburg, sie opfert gleichsam die sozialpartnerschaftliche Logik der Wettbewerbslogik eines Mehrparteiensystems im Parlamentarismus. Um bei den Wahlen besser abzuschneiden als befürchtet, opfert sie den bereits erreichten sozialpartnerschaftlichen Konsens. Das ist ein weiteres Zeichen dafür, dass die Bedeutung der Sozialpartnerschaft zurückgeht. In beiden Fällen – 1978 Zwentendorf, 1984 Hainburg – haben Parteien an der Sozialpartnerschaft vorbei agiert. Und von da weg ist die Sozialpartnerschaft zwar nicht tot, aber sie wird in erster Linie auf ihre Kernkompetenz reduziert, z.B. auf die Lohnpolitik, im Sinne von Kollektivverträgen. Weiterführende wirtschafts- und sozialpolitische Weichen- stellungen werden nicht mehr, wie früher üblich, mit der Sozialpartnerschaft ab- gesprochen, weil man merkt, man kann sich nicht mehr so darauf verlassen.

Die FPÖ kam dann 2000 in die Regierung, sie hatte aber bereits 1986 einen deutlich erkennbaren Strategiewechsel vollzogen. Bis dahin war die Freiheitliche Partei – seit 1970 etwa oder schon einige Jahre vorher – primär daran interessiert, salonfähig zu werden, d.h., bündnisfähig mit einer der beiden Großparteien. So- zusagen eine Großpartei gegen die andere ausspielen, aber immer offen sein für ein Regierungsbündnis, das war die Strategie der Freiheitlichen Partei, daher auch die zunächst erfolgreichen Versuche, sich im europäischen Kontext als libe- rale Partei zu positionieren. Mit dieser Strategie hat die FPÖ Erfolg und keinen Erfolg gehabt. Erfolg, dass sie ab 1983 in der Regierung war, nachdem sie schon 1970 durch ein informelles Bündnis mit der Sozialdemokratie de facto Quasiregie- rungspartei war durch Duldung der Minderheitsregierung Kreisky I. 1983 dann als Koalitionspartner. Aber diese Strategie wird bei Wahlen nicht belohnt. Die FPÖ bleibt eine 5-Prozent-Partei. Und da kommt dann in der Freiheitlichen Partei eine Opposition auf, was haben wir davon, dass einige Funktionäre von uns sich Minis- ter nennen dürfen, wenn wir nicht hier stärker auch das Zivilgesellschaftliche nüt- zen durch einen von der Fundamentalopposition geprägten Weg – auch unter Nutzung der in der liberalen Phase zurückgestellten deutschnationalen bis post- nationalsozialistischen Wurzeln der FPÖ. Die FPÖ unternimmt einen Führungs- wechsel, ein Strategiewechsel setzt nun ein im Sinne eines „wir wollen nicht mehr umarmt werden von SPÖ und/oder ÖVP, wir wollen stärker werden auf Kosten von SPÖ und ÖVP" und das führt dazu, dass sie hier dann ab 1990 massiv zu wach- sen beginnt und im Jahr 2000 fast schon Schiedsrichter spielen kann in der Frage wer regiert. Und als Ergebnis des Strategiewechsels kann die FPÖ als Regierungs- partei, in dem Fall dann mit der ÖVP, nicht nur drei Minister stellen, sondern die halbe Bundesregierung. Sie wird nunmehr als dritte Großpartei akzeptiert, aber eben nicht im Sinne der Peter-Steger-Strategie – uns geht es darum, dass wir sa- lonfähig sind –, sondern im Sinne der Haider-Strategie – auf Teufel komm raus Opposition machen – und das geht auf.

Das hat dann auch Folgen für die Sozialpartnerschaft. Die FPÖ ist nicht in dem Sinne in der Sozialpartnerschaft verankert und die ÖVP wird immer vorsichtiger, weil ja etwa ein Zurückdrängen der Kammerstrukturen nicht gerade vom Wirtschaftsbund und vom Bauernbund goutiert wird. Von der FPÖ getrieben, beginnt die Debatte über die Pflichtmitgliedschaft in den Kammern, aber das belebt die Arbeitnehmerverbände. Es kommt zu großen, für Österreich, zu großen Streiks, es kommt zu einer Mobilisierung von ÖGB und Arbeiterkammern, das ist jetzt zwar nicht eine Mobilisierung der Sozialpartnerschaft, aber eines Teils der Sozialpartnerschaft. Es sind nämlich die Arbeitnehmerverbände, die sich durch diese Strategie gefährdet fühlen und hier wird deutlicher, was die Alternative zur Sozialpartnerschaft wäre: Gleichsam bis ans logische Ende gedacht, französische oder italienische Verhältnisse mit einer hohen Streikwahrscheinlichkeit, wo sozusagen die Lohnpolitik nicht mehr in einem Verhandlungsprozess zwischen jährlicher Steigerung ob 5,1 oder 5,3 Prozent, sondern in Form von massiven Streiks ausgetragen wird. Und da setzen sich ja genau genommen der ÖGB und die Arbeiterkammern durch. Freilich bestärkt dadurch, dass die Freiheitliche Partei hier massiv abstürzt, wahrscheinlich auch, weil das sozusagen eine grundlegende Empfindlichkeit der österreichischen Gesellschaft trifft, im Sinne von diese Form der Konfliktaustragung wollen wir eigentlich nicht. Insofern ist die Sozialpartnerschaft zwar ab 2000 erkennbar schwächer geworden, aber gleichzeitig haben ÖGB und Arbeiterkammern ein deutliches politisches Aktivsignal gesetzt und verhindert, dass z.B. ernsthaft an der gesetzlichen Mitgliedschaft in den Kammern gerüttelt wird.

Dann gibt es 2006 die Bad Ischler Erklärung, d.h., die Sozialpartner möchten sich neu erfinden, neu aufstellen. Dieser Prozess beginnt schon Mitte der 1990er Jahre mit Österreichs Beitritt zur Europäischen Union, damit mit dem Beitritt zum europäischen Binnenmarkt und einer gleichzeitigen Reduktion einer nationalen politischen Steuerungsfähigkeit. Das betrifft das Parlament, das betrifft die Regierung, aber es betrifft daneben auch die Sozialpartnerschaft. In Verbindung mit der schon in den 1980er Jahren beginnenden Privatisierung. Dadurch kommen der Sozialpartnerschaft Steuerungsmöglichkeiten abhanden, bzw. der österreichischen Politik kommen Steuerungsmöglichkeiten abhanden, was sich aber vor allem auf dem Feld der Wirtschafts- und Sozialpolitik auswirkt. Das betrifft massiv auch die Sozialpartnerschaft. Wenn hier verstaatlichte Banken, die durchwegs eine wichtige Rolle in der Wirtschaftskammer gespielt haben, plötzlich im Eigentum einer Münchner oder Mailänder Großbank sind oder wenn hier auch die verstaatlichte Stahlindustrie privatisiert wird und damit ein auch massiver personalpolitischer Zugriff von Seiten von Arbeiterkammern und ÖGB zunehmend verloren geht, muss die Sozialpartnerschaft zur Kenntnis nehmen, es geht eben nicht mehr so, dass wir quasi den Frieden, den innenpolitischen Frieden so halten, dass wir sagen, o.k., ihr bestellt den Generaldirektor der Länderbank, aber wir bestellen den der CA, das wird nicht mehr von ÖVP und SPÖ bestimmt, sondern in Konzernzentralen außerhalb von Österreich. Und die Formel, wir halten den inneren Frieden, indem wir regelmäßig den Vorsitzenden des Betriebsrates zum Personaldirektor machen, geht auch nicht mehr auf. Alles das funktioniert nicht mehr durch diese Teilnahme Österreichs an einem Markt, der wesentlich ein europäischer Markt ist und der besagt, es gibt in Österreich nicht mehr die Möglichkeit der Unterscheidung zwischen österreichischen Unternehmern und deutschen Unternehmern oder zwischen österreichischen Arbeitnehmern und portugiesischen oder später auch slowakischen oder ungarischen Arbeitnehmern.

Die Frage ist, ob die Sozialpartnerschaft erfolgreicher wäre, wenn es sowas gäbe wie eine funktionierende europäische Sozialpartnerschaft bzw. eine Sozialpartnerschaft innerhalb der Europäischen Union. Dafür gibt es einige Anzeichen. Dabei muss man faktisch das gesamte Modell des in vielerlei Hinsicht unglaublich erfolgreichen demokratischen sozialen Wohlfahrtsstaates sehen, das schwedische Beispiel, lange Zeit auch das britisches Beispiel, die französische Variante, die deutsche Variante und auch die österreichische Variante. Das müsste jetzt auf die europäische Ebene gehoben werden und das ist ja auch ansatzweise schon versucht worden. Es gibt eben den Wirtschafts- und Sozialausschuss (WSA), der ja sozialpartnerschaftlich besetzt ist, auf der Ebene der EU, der aber heute ein Beratungsgremium ist. Wir dürfen nicht vergessen, auch die Organe der österreichischen Sozialpartnerschaft haben ja keine Autorität gehabt in staatlichen Sitzungen, die wurden halt akzeptiert. Und es gibt natürlich auch Anzeichen von Verbänden, vom europäischen Gewerkschaftsbund, es gibt von Seiten der Unternehmer den Dachverband der Arbeitgeberverbände, es gibt also auch europäische Dachverbände. Es gibt auch etwa die Einrichtung des europäischen Betriebsrates für Unternehmungen, die eine bestimmte Größe aufweisen und in mehreren Mitgliedstaaten der EU tätig sind, Volkswagen ist ein Beispiel dafür, das gibt es ansatzweise. Aber natürlich, wie es überhaupt das Problem der europäischen Integration ist, die EU ist ein unvollendeter Bundesstaat, damit ein unfertiger Staat, aber sie ist kein fertiger Staat. Die Fähigkeit nach innen Entscheidungen durchzusetzen ist auch im Bereich der ansatzweise existierenden europäischen Sozialpartnerschaft unterentwickelt. Und daher ist die europäische Sozialpartnerschaft nicht oder noch nicht ein Äquivalent zur österreichischen Sozialpartnerschaft, wie das vor dem EU-Beitritt und vor den anderen Veränderungen war.

Österreich und Europa

Österreich ist massiv von seiner Geographie bestimmt, schon vorher und natürlich auch ab 1945. Ein Rahmendatum ist, dass Österreich neben Deutschland, konkret also Deutschland nach 1945, das einzige Land in Europa ist, in dem auf längere Zeit sowohl die Truppen der westlichen Alliierten als auch jene der Sowjetunion stehen. Das gibt es sonst nirgendwo. Denn sonst stehen entweder die Truppen der Roten Armee oder britische und amerikanische und französische Truppen. Das ist ein Sonderfall. Dieser Sonderfall wird dann bedeutend, als sich der Ost-West-Gegensatz zum Kalten Krieg verfestigt. Das zweite aber ist, dass Österreich – anders als Deutschland – von den Alliierten ja auch als befreites Land behandelt wird, d.h., es gibt eine österreichische Regierung, es gibt eine Staatlichkeit, die international anerkannt wird ab 1945, es gibt eine österreichische Demokratie. Während in Deutschland bis 1949 keine Staatlichkeit existiert und dann zwei Staatlichkeiten in Konkurrenz zueinander stehen. Das ist die österreichische geopolitische Besonderheit, man kann sagen Risiko und Chance zugleich und das wird dann 1955 gelöst, diese eigenartige Situation, dass es eigentlich zwischen 1945 und 1955 zwei zentrale Autoritäten nebeneinander gegeben hat. Auf der Ringstraße das Parlament mit einem frei gewählten Nationalrat; am Ballhausplatz sitzen in einer Bundesregierung Akteure, die dem Parlament gegenüber politisch verantwortlich sind. Ein paar hundert Meter weiter, am Schwarzenbergplatz, sitzt der Alliierte Rat. Diese eigenartige Doppelherrschaft Schwarzenbergplatz und Ringstraße.

Und man konnte zwischen 1945 und 1955 in Wien österreichische Polizei sehen, aber auch die Polizei der Alliierten, im ersten Bezirk sogar die vier zusammen. Das trug auch viel zur Legendenbildung bei. In den einzelnen Besatzungszonen war die jeweils sowjetische oder amerikanische, britische oder französische Militärpolizei. Das war eine eigenartige Doppelherrschaft könnte man sagen, aber durch den Kalten Krieg bedingt hat Österreich sich einen weitgehenden Freiraum verschafft. D.h., der Alliierte Rat hat eigentlich wenig dreingeredet. Es ist zwar zu Übergriffen gekommen, vor allem von sowjetischer Seite, aber in der Politik wurden die Weichenstellungen wie Verstaatlichung 1946/47 oder die Teilnahme am Marshall Plan 1948 vorgenommen, meistens in informeller Absprache mit den USA und trotz des latenten Widerstandes der Sowjetunion. Es setzte da also schon eine schrittweise, nicht deklarierte Verwestlichung ein. Und die Sowjetunion hat eigentlich wenige Möglichkeiten gehabt. Die einzige Möglichkeit, die sie gehabt hätte, nämlich die Teilung Österreichs nach deutschem

Vorbild, das wollte sie nicht, das ist ganz klar, das war nicht sowjetische Politik. Österreich sollte nicht geteilt werden. Wenn schon, das ist ja der Hintergrund des September/Oktober-Streiks 1950, wollte man austesten, ob die kommunistische Partei den ÖGB stürzen kann, ob man die Sozialpartnerschaft stürzen kann. Das Ziel der kommunistischen Streikversuche war eigentliche die Zerstörung der Sozialpartnerschaft. Und das ist ohne direkten Eingriff der Sowjetunion nicht möglich gewesen. Der Großteil von dem, was in der Literatur beschrieben wird, war drittrangig – dass z.B. ab und zu Lastwagen aus sowjetischen Betrieben kommunistische Arbeiter transportiert haben. Das stimmt schon, aber das war nicht entscheidend. Das was die Sowjetunion hätte entscheidend tun können, hat sie nicht getan, nämlich sozusagen die Besatzungszonengrenzen dicht machen.

Der Grund dafür war Geopolitik. Die Sowjetunion hat genau gewusst, zwischen Ungarn und der Tschechoslowakei müssen wir nicht über österreichisches Territorium, aber für die NATO ist es, wenn Tirol NATO wird, viel interessanter. Also das war einfach ganz rational, wie die stalinistische Außenpolitik eigentlich immer noch sehr nachvollziehbar war. Die Teilung Österreichs hätte der Sowjetunion mehr Nachteile als Vorteile gebracht. Nur damit der Herr Koplenig vielleicht Bundeskanzler in Ostösterreich wird, das war der Sowjetunion nicht wichtig genug. Wichtiger war, dass hier ein Keil, ein österreichisch-schweizer Keil durch die NATO getrieben wird. Neutrale Schweiz und ein bis 1955 mehr oder weniger neutrales und dann ab 1955 offiziell neutrales Österreich.

Die Europapositionierung, also die Westorientierung Österreichs ist relativ rasch nach 1945 präsenter und sichtbarer geworden. Innenpolitisch legitimiert durch die schweren Wahlniederlagen der KPÖ 1945, 1949, 1953[54]. Es war klar, dass die KPÖ viel zu schwach ist, um auf parlamentarischem Weg die Macht zu übernehmen; wie etwa in der Tschechoslowakei, dort hat sie eine relative Mehrheit gehabt. Das dürfen wir nicht vergessen. In Österreich war die KPÖ eine 5-Prozent-Partei. Und eben der zweite Faktor, das direkte Eingreifen der Roten Armee, wurde aus sowjetischem Interesse nicht gespielt. Es gab auch eine antikommunistische Grundströmung in der Bevölkerung, die sich aus mehreren Quellen genährt hat. Einmal aus der eindeutig höheren Attraktivität der Westmächte vom Lebensstandard auf- und abwärts gegenüber dem Attraktivitätsangebot der Sowjetunion und zum anderen gab es sicherlich auch verbreitet traditionelle Vorurteile. Da haben auch diese antislawischen, antibolschewistischen,

---

54 Die KPÖ erreichte 1945 5,4%; 1949 5,1% und 1953 – als Wahlgemeinschaft Österreichische Volksopposition – 5,3%. 1956 schaffte die KPÖ mit 4,4% zum bislang letzten Mal den Einzug in den Nationalrat.

diese unterschwellig rassistischen Feindbilder nachgewirkt, mit denen auch der Nationalsozialismus gearbeitet hat. Aber es war eine freie Orientierung, das was die Sowjetunion vertritt, das wollten mehr als 90 Prozent eindeutig nicht. 1955 war wiederum die Sowjetunion ein entscheidender Akteur. Stalin stirbt 1953, die Sowjetunion unter neuer Führung will eine flexiblere Außenpolitik starten, nicht diese defensive Aggressivität der Sowjetunion eines bis daher und nicht weiter, aber auch sonst keine Bewegung. Die Chruschtschow'sche Außenpolitik war auf Abtasten ausgerichtet; wie kann man durch Beweglichkeit etwas gewinnen und wie schon 1943 bei der Moskauer Deklaration fällt dabei der Sowjetunion Österreich ein. Österreich ist nicht so wichtig, da kann man ein bisschen etwas riskieren, schauen wir, was wir machen. 1943 war Polen das Entscheidende und als die Alliierten in Moskau erkannt haben, sie können sich über Polen nicht einigen, hat man ein weniger wichtiges Thema gesucht, bei dem man sich einigen konnte, das war dann Österreich. 1955 war klar, dass das wirklich Wichtige Deutschland war. Bei Deutschland konnte man sich aber nicht einigen und da macht die Sowjetunion das Angebot, vielleicht können wir uns über das viel weniger wichtige Österreich einigen. Das war eine neue Botschaft. Bis dahin hat die sowjetische, noch von Stalin geprägte Außenpolitik gesagt, über Österreich gibt es eine Einigung, wenn es über Deutschland eine Einigung gibt. Da hätten wir lange warten können, bis zum Ende der Sowjetunion. Plötzlich sagt die Sowjetunion unter Chruschtschow, vielleicht können wir uns über Österreich schon vorher einigen, bevor wir uns über Deutschland einigen. Es ist sicherlich das Verdienst der österreichischen Regierung, dass sie erkannt hat, dass da ein Fenster aufgemacht wurde. Window of opportunity. Das passierte immer in indirekter Abstimmung mit den USA, die Regierung Raab-Schärf hat genau gewusst, die USA haben die Vetomacht auf alles, was wir in Moskau ausmachen. Die USA waren immer indirekt dabei. Flug nach Moskau, Verhandlungen und die Formel ist Abzug der Besatzungsmächte unter dem Stichwort Herstellung der vollen Souveränität Österreichs und als politische, nicht rechtlich gebundene Gegenleistung wird Österreich eine Neutralität nach Schweizer Vorbild erklären, heißt auch eine militärische Neutralität. Es war das primäre sowjetische Interesse, dass Österreich nicht durch die Hintertür zur NATO kommt. Denn die Gefahr, dass Österreich zum Warschauer Pakt geht, war nicht da. Militärische Neutralität bedeutete, kein NATO-Beitritt. Die USA signalisieren, obwohl es noch einen gewissen Widerstand gegeben hat im Senat – Senator McCarthy hat gefunden, das ist zu viel Entgegenkommen gegenüber der Sowjetunion, aber Eisenhower und Dulles haben das durchgezogen und dann ist es gekommen. Im Endeffekt war es eine weltpolitisch abgestimmte Lösung, das ist der Hintergrund der Neutralität. Nicht die

Neutralität als Eigenwert, sondern als ein politisch zumutbarer Preis, der das Ende der zwar in der Praxis sich nicht so auswirkenden, aber doch fragilen Lösung bedeutet. Man weiß noch nicht, was kommt.

Es dauerte dann 40 Jahre, von 1955 bis 1995, bis Österreich der EU beigetreten ist. Eine relativ lange Zeit. Grund dafür war die österreichische Politik, die Regierung von ÖVP und SPÖ. Die FPÖ hat ab und zu aufgemuckt, die FPÖ wollte ja schon bei den Römischen Verträgen 1957 dabei sein. Die Politik von ÖVP und SPÖ war aber, dass ein Beitritt zur Europäischen Wirtschaftsgemeinschaft, die aus sechs NATO-Ländern besteht und damit nur aus NATO-Ländern besteht, zwar rechtlich kein Widerspruch zur immerwährenden Neutralität wäre, aber es wäre unfreundlich gewesen gegenüber dem sowjetischen Interesse. Aus neutralitätspolitischen Gründen hat Österreich sich also entschieden, konkret zuerst ÖVP und SPÖ. Das hat aber auch bei der ÖVP-Alleinregierung gehalten, bei der SPÖ-Alleinregierung gehalten: das wollen wir nicht. Wir wollen natürlich mitnaschen und da kommt es dann zur EFTA-Gründung, also gleich wie eine EWG-light mit dem Vorteil, dass da schon neutrale Staaten dabei waren wie Irland z.B. und Schweden und Finnland ist dann auch beigetreten. Also EWG-light – EFTA – ja, aber EWG-voll nein zunächst. Und diese Strategie bleibt, daran wird nicht ernsthaft gerüttelt, erst 1985/86 mit Michail Gorbatschow. Weil die Sowjetunion nun versucht, in Kenntnis dessen, dass sie eigentlich den friedlichen Wettbewerb mit dem Westen ökonomisch verliert. Die Attraktivität der UdSSR ist deutlich geringer – Stichwort „Was ist der eiserne Vorhang? Um die Abstimmung mit den Füßen zu verhindern?".[55] Und nicht um CIA-Agenten fernzuhalten. Die waren ja trotzdem als Diplomaten in Moskau. Gorbatschow ist der erste, der Konsequenzen aus der Erkenntnis zieht, dass die Sowjetunion oder die Zweite Welt den friedlichen Wettbewerb mit der Ersten Welt eigentlich schon verloren hatte. Militärisch soll der Wettbewerb aber nicht ausgetragen werden, sondern wir wollen sozusagen, also de facto kapitulieren, ohne dass wir es kapitulieren nennen, Glasnost, Perestroika usw. Alles das heißt ja der Versuch, die Sowjetunion zu verwestlichen, zu liberalisieren. Und dann bricht das aber weg. Polen, Ungarn und es bricht der Warschauer Pakt weg. Und es bricht 1991 die Sowjetunion weg. Wenn es die Sowjetunion nicht mehr gibt und den Warschauer Pakt nicht mehr gibt, ist die Voraussetzung der 1955 formulierten Neutralität weggefallen. Damit ist auch die Voraussetzung für die neutralitätspolitische Strategie weg die da lautete wir wollen uns zwar der EWG aus ökonomischen Gründen annähern, aber

---

55 „Abstimmung mit den Füßen" bedeutet Verlassen eines bestimmten Gebietes bzw. Flucht. Geprägt wurde der Begriff von Lenin; Verwendung fand er u.a. im Zusammenhang mit dem Bau der Berliner Mauer 1961.

nicht beitreten, um die Sowjetunion nicht zu verärgern. Fällt alles weg und dann schlägt die ökonomische Logik durch, jetzt versuchen wir beizutreten. Übrigens zunächst mit einer diffusen Meinungslage in Österreich, es hat Phasen gegeben, wo die Mehrheit um 1990 gegen den Beitritt war und da setzt die Große Koalition eine wichtige Schritt, man könnte es als die letzte große Tat der Großen Koalition bezeichnen. Die Große Koalition Vranitzky-Mock, Vranitzky-Busek erreicht es, man kann es Aufklärungsarbeit nennen, man kann es auch professionelle Werbungs- bis Propagandatätigkeit nennen; sie erreicht, dass in Österreich die öffentliche Meinung zugunsten eines EU-Beitritts kippt. Das war es, in Österreich ist es geglückt, in der Schweiz ist es nicht geglückt, in Schweden ist es auch geglückt und in Finnland ist es auch geglückt. In Norwegen nicht – aber Norwegen war nicht neutral. Norwegen hat sogar zweimal den Beitritt abgelehnt; schon 1963 und dann wiederum noch einmal 1994.

Bundeskanzler Franz Vranitzky und Außenminister Alois Mock beim Unterzeichnen des Beitrittsvertrags mit der Europäischen Union auf dem EU-Gipfel auf Korfu. 24. Juni 1994.

Die Vermutung, es wäre schon in den 1960er Jahren der Beitritt versucht worden, ist eindeutig falsch. Da war der Begriff Assoziierung, da gab es auch rückblickend innere Konflikte in der damaligen Koalition Gorbach-Pittermann bzw. Klaus-Pittermann. Damals setzt die ÖVP auf eine verstärkte Annäherung an die EWG, nicht eine volle Mitgliedschaft und da war es vor allem der damalige Handelsminister Bock, der sich sehr stark für die Assoziierung eingesetzt hat. Die Frage ist, was ist Assoziierung? Die Türkei ist schon über ein halbes Jahrhundert assoziiert mit der EU, das sagt eigentlich Einiges. Aber es ging in den 1960er Jahren nicht um eine Mitgliedschaft. Mit der Formel Assoziierung hat die ÖVP bewusst einen Konflikt mit der SPÖ aufgetan, der Sprecher der SPÖ war damals in dieser Frage Bruno Kreisky, der Außenminister, der den reinen EFTA-Kurs vertreten hat. Und als die Assoziierung ernsthaft in der damaligen EG diskutiert wurde, hat Italien wegen Südtirol ein Veto dagegen eingelegt, dass sich die EG mit dem Assoziierungsbestreben Österreichs ernsthaft beschäftigt. Damit ist diese Assoziierung mehr oder weniger im Sand verlaufen, auch die Alleinregierung Klaus. Zunächst wird ja Bock sogar Vizekanzler[56], der damals als prononciertester Vertreter dieser Assoziierungskonzeption gegolten hat, der scheidet aber 1968 wieder aus der Regierung aus. Also Klaus ändert eigentlich auch nichts an der Strategie. Der EWG nahekommen, aber damit ist Assoziierung gemeint, ja oder nein, und wenn die Italiener das benutzen, um Südtirol ins Spiel zu bringen, nennen wir es eben nicht Assoziierung. Eine Mitgliedschaft war aber nicht am Tapet.

Im Jahr 1989 schickt dann Außenminister Mock den berühmten Brief nach Brüssel; in einem Entschließungsantrag hatte der Nationalrat vorher (mit den Stimmen von SPÖ, ÖVP und FPÖ) die Regierung aufgefordert, das Ansuchen zu stellen. Die politischen Parteien haben dann teilweise ihre Positionen geändert.

Daran sieht man einmal mehr, und zwar ganz deutlich, dass Österreich eine Normaldemokratie ist. Eine politische Partei hat keinen festen Glauben, sondern Positionen, die auch entsprechend der jeweiligen Situation flexibel sind. Und eine Partei an der Regierung wird als Regierungspartei oft eine andere Position haben, als dieselbe Partei vorher in Opposition gehabt hat und dann, wenn wieder in Opposition, ebenfalls hat. Das hat man auch in Großbritannien gesehen, das Vereinigte Königreich ist 1973 unter einer konservativen Regierung der EG beigetreten, die Labour Party war dagegen. Dann kommt 1974 die Labour Party ans Ruder, was macht sie mit der Mitgliedschaft? Formale Nachverhandlungen, Volksabstimmung und dann stimmt die Labour Party auch für die Mitgliedschaft. Es gibt also nachweisbar die Neigung, gerade in EU-Fragen, dass man eine unterschwellige Anti-EG oder Anti-EU-Stimmung von den Oppositionsparteien instrumentalisiert. Das war die FPÖ ganz eindeutig vor der Volksabstimmung 1994. Damals hat Haider vehement, heute würde man sagen extrem populistisch, Stimmung gegen die Mitgliedschaft betrieben und die Grünen übrigens auch. Und das Interessante ist ja, dass die Grünen, obwohl sie weiterhin in Opposition waren, dann beginnen, gegen das Jahr 2000 zu, ihre europapolitische Position um

---

56 Fritz Bock war von 1966–1968 Vizekanzler.

180 Grad zu wenden. Das ist deswegen interessant, weil sonst solche Wendungen mit dem Wechsel von Opposition zu Regierung zu tun haben. Aber nicht für die Grünen. Die Grünen änderten ihre Position erst durch die Erfahrung im Europäischen Parlament, das ist entscheidend und sehr wichtig. Von Voggenhuber bis zu Lunacek, die Grünen werden eigentlich zur ersten EU-Partei in Europa. Voggenhuber etwa war ganz wichtig bei der Ausarbeitung des Verfassungsvertrages. Die Grünen werden glaubhaft überzeugt, dass die EU nicht einfach ein Verein zur Ausbeutung von Natur ist, sondern ein Verein ist zur Sicherung des Friedens.

Mittlerweile ist Österreich seit mehr als 20 Jahren EU-Mitglied, die Wahlbeteiligung bei EU-Parlamentswahlen ist von knapp 68% im Jahr 1996 auf knapp 46% im Jahr 2014 gesunken. Das ist ein gewisser Trend, eine Art Normalisierung. Es gibt in praktisch allen EU-Mitgliedstaaten eine deutlich geringere Wahlbeteiligung bei der Wahl ins Europäische Parlament als bei der Wahl in nationale Parlamente. Grundsätzlich ist das ein Phänomen, das damit zusammenhängt, dass eben bei nationalen Wahlen die Verflechtung von Parlamentswahl und Regierungsbestellung erkennbar ist. Man wählt in Großbritannien nicht unbedingt das Unterhaus, sondern den Premierminister. Und man wählt in Deutschland den Bundeskanzler, die Bundeskanzlerin und nicht primär den Bundestag. Und in Österreich geht es um den Kanzler usw. usf. Bei der europäischen Parlamentswahl ist diese Vereinfachung, diese Personalisierung sozusagen geringer. Und am Beginn, nach dem Beitritt Österreichs, war das natürlich noch was Neues und das hat sich mittlerweile europäisch normalisiert. Das ist eher ein europäisches Problem und kein spezifisch österreichisches Problem. Bei der letzten EU-Parlamentswahl 2014 hat man versucht, das zu ändern, indem man gesagt hat, ja ihr wählt schon auch den Kommissionspräsidenten indirekt mit. 2014 haben die großen Fraktionen Kandidaten für das Amt des Kommissionspräsidenten aufgestellt und jener der stärksten Fraktion ist es auch geworden. Die EVP hat Juncker aufgestellt und er wurde dann Kommissionspräsident.

Das Problem bei der Europäischen Union ist, dass sie sich einer gewissen Vereinfachung entzieht, sie ist gleichsam zu komplex. Und diese Komplexität erschwert Mobilisierung. Wenn es darum geht, für oder gegen den amtierenden Kanzler zu sein, Merkel ja oder nein oder Cameron ja oder nein, da kann man viel mobilisieren. Jean-Claude Juncker ja oder nein, wenn ich in z.B. Portugal zwischen sieben portugiesischen Parteien die Wahl habe, das ist viel schwerer. Die Europäische Union ist – und das kann man auch als Vorteil sehen, aber zunächst ist es auch ein Nachteil – zu komplex, um solchen personalisierten Vereinfachungen folgen zu können.

Ein Ereignis, das für Österreich spannend war, waren die bilateralen Maßnahmen im Jahr 2000.

Anlass dafür war erstens einmal, dass die Freiheitliche Partei Österreichs europaweit als Außenseiterpartei gesehen wurde, nicht primär wegen ihrer europapolitischen Positionen, das war sicherlich drittrangig, sondern wegen ihrer Verflechtungen mit dem Nationalsozialismus. Historisch gesehen bestärkt durch die Rhetorik des Haider'schen Führungspersonals, primär von Jörg Haider selbst. Das war Teil dieser populistischen Oppositionspolitik, dass man keine Chance auslässt, um zu provozieren. Auffallen um jeden Preis, unterhalten um jeden Preis und da wird auch Skandalisierung, die eigene Skandalisierung in Kauf genommen, wenn man sich sehr nahe an eine nationalsozialistische Rhetorik annähert. In dieser Situation nach der Wahl vom 03. Oktober 1999, als drei ungefähr gleich große Parteien im Nationalrat waren, gab es keine klare Festlegung von ÖVP und von FPÖ. Die SPÖ hat sich eindeutig festgelegt, sie wollte wieder mit der ÖVP gehen, aber die ÖVP hat sich nicht festgelegt gehabt und auch das übliche Ritual – der Bundespräsident betraut den Kanzlerkandidaten der mandatsstärksten Partei mit der Regierungsbildung – wurde von Klestil bewusst nicht eingehalten, weil er vermutlich aus guten Gründen befürchtet hat, das ist für die ÖVP eine Provokation, d.h., die Regierungsbildung war in dieser Situation sehr offen.[57] Durch diese Umstände gibt es sozusagen Kommunikation zwischen der SPÖ in Person des amtierenden Bundeskanzlers und Parteivorsitzenden Viktor Klima und anderen sozialdemokratischen Politikern, etwa dem portugiesischen sozialistische Regierungschef António Guterres oder dem schwedischen sozialdemokratischen Regierungschef Göran Persson. Portugal war sehr wichtig, weil es damals den EU-Vorsitz für das erste Halbjahr 2000 innegehabt hat, noch nicht 1999, aber dann ab 01.01.2000. Dazu kommt noch, dass der französische Präsident Jacques Chirac innenpolitisch sehr betroffen war. Ob die Aussage, Schüssel hätte ihm versprochen, nicht mit der FPÖ eine Koalition zu bilden, stimmt oder nicht, weiß man nicht. Chirac hat es offenbar so aufgefasst. Aber Chirac ist ja der Architekt dieser „cordon sanitaire"[58]-Strategie in Frankreich gewesen und Chirac, der in der gleichen europäischen Parteifamilie wie die ÖVP war, hat eigentlich erwartet, dass Schüssel es so macht wie die gaullistische Partei in Frankreich, also wie Jacques Chirac und daher war er besonders empört, dass Schüssel

---

57 Entgegen der bisherigen Praxis der Bundespräsidenten erteilte Klestil damals Viktor Klima keinen Auftrag zur Regierungsbildung, sondern dazu, Sondierungsgespräche mit den anderen politischen Parteien zu führen.
58 Pufferzone; im konkreten Fall Politik der Isolierung rechtsextremer bzw. rechtspopulistischer Parteien

das zunehmend nicht so gemacht hat. Also in der Situation kommt dann im Jänner 2000, als klar wird, dass es eine Fortsetzung der SPÖ-ÖVP Koalition wahrscheinlich doch nicht mehr geben wird, eine Festlegung der EU-14. Von allen Regierungschefs, also nicht nur den sozialistischen und sozialdemokratischen, die damals schon sehr zahlreich waren. Deutschland, Großbritannien, Portugal, Schweden und vor allem auch Frankreich, warnen vor einer FPÖ in der Regierung. Das würde diplomatische Boykottmaßnahmen gegen diese Regierung bedeuten. Da wird das schon vorformuliert. Das haben die EU-14 sicherlich in der strategischen Annahme gemacht, dass sie damit die FPÖ-Regierungsbeteiligung noch verhindern könnten, was rückblickend ein Fehlschluss war. Damit war aber schon eine Strategie festgelegt, von der sie nicht mehr loskommen konnten oder loskommen wollten. In der ÖVP folgte das „jetzt erst recht", wie bei Waldheim 1986, wir lassen uns nicht dreinreden, wie kommen die Anderen dazu, uns vorschreiben zu wollen, wer bei uns unter Einhaltung der demokratischen Spielregeln regiert. Aber die EU-14 waren schon unter Zugzwang und haben dann genau das verkündet, was sie angekündigt haben, nämlich keine bilaterale Kommunikation auf Regierungsebene, unbeschadet dessen, dass auf der EU-Ebene natürlich die österreichischen Regierungsmitglieder, auch die FPÖ-Regierungsmitglieder selbstverständlich bei den Ratssitzungen der EU immer dabei waren und auch mitgeredet haben. Dann noch der Punkt, dass österreichischen Bewerbungen für internationale Positionen nicht unterstützt werden, was von Anfang an problematisch war, weil es kann sich ja auch eine Anti-FPÖ-Person für solche Posten bewerben. Das dritte war, Begegnung von Botschaftern nur auf technischer Ebene; der österreichische Botschafter in London kommt also nicht mehr zu Ministern vor, sondern wird auf zwei Ebenen drunter von Beamten empfangen. Also 1 und 3, das ist eine routinemäßige diplomatische Boykottmaßnahme, das hat es einige Jahre früher gegenüber der slowakischen Regierung, gegenüber der slowakisch-nationalistischen Partei auch gegeben, die damals allerdings noch nicht EU-Mitglied war. Und Österreich hat sich auch daran beteiligt. Also der zweite Punkt war sehr problematisch, aber Punkt eins und Punkt drei waren eigentlich wenig aufregend. Und das war natürlich Schüssels großer Triumph. Das hat er geschafft, er hat das als „Sanktionen gegen Österreich" verkauft. Er hat auch erreicht, dass die Medien entsprechend darauf aufspringen, einschließlich des damals von der Drohung eines neuen ORF-Gesetzes bewegten ORF. Der ORF hat massiv die patriotische Orgel gespielt. Daher sind diese Maßnahmen innenpolitisch deutlich zugunsten der Regierung gewendet worden, haben sich positiv für die Regierung ausgewirkt. Was haben die EU-14 dann gemacht? Sie haben rasch erkannt, dass das eigentliche Ziel, diese Regierung zu verhindern, nicht erreicht werden kann. Es gibt einen patriotischen Schulterschluss und im Hintergrund haben auch Sozialdemokraten gesagt, das wirkt sich eigentlich nicht für uns günstig aus. Und dann haben die EU-14 einen klugen Ausweg gefunden, haben diesen Weisenrat eingesetzt, der überprüft, ob diese bilateralen Maßnahmen gerechtfertigt waren und sind.[59] Dieser Weisenrat hat nach einigen Monaten Recherchen in Österreich gefunden, sie waren gerechtfertigt, sie haben zweifellos ihren Zweck erfüllt, nun aber könnten sie kontraproduktiv werden, d.h., o.k., gerechtfertigt, aber damit aufhören. Das war eine politisch weise Entscheidung. Man konnte natürlich die EU-14 nicht bloßstellen und sagen, das war nicht gerechtfertigt. Vor allem, was heißt gerechtfertigt, das war ja eine politische Entscheidung, keine juridische. Sie haben einige Dinge gefunden, etwa gerade auch von Seiten der ÖVP-Rhetorik, von Seiten der österreichischen Justiz, die glaubwürdig die politische Rechtfertigung der bilateralen Maßnahmen festlegen. Da gibt es ja viele Dokumentationen dazu, aber dann war die Schlussfolgerung o.k., lassen wir es jetzt einmal gut sein. Dazu kam als weiterer Grund die französische Ratspräsidentschaft in der zweiten Jahreshälfte 2000. Es war auch immer so, dass die EU-14 nie als eine EU agiert haben. Die Maßnahmen wurden vom portugiesischen Premierminister verkündet, der gleichzeitig die portugiesische Ratspräsidentschaft innegehabt hat und die Aufhebung wurde vom französischen Präsidenten verkündet, der gleichzeitig die EU-Ratspräsidentschaft innegehabt hat. Sodass der Eindruck verstärkt wurde, es ist die EU, obwohl es nicht die EU war.

Im ersten Teil des Weisenberichts ging es um das Verhalten der österreichischen Regierung, im zweiten um die „Natur der FPÖ". Von Anfang an gab es die begründete Wahrnehmung, dass ein Teil der österreichischen Bevölkerung in Schattierungen nationalsozialistisch war. Mit der Unterscheidung in Minderbelastete, Schwerbelastete oder auch nur Familienangehörige von Minderbelasteten usw. Das war von Anfang an so, jedenfalls ab 1949, und Anzeichen dafür hat es schon früher gegeben. Das war in allen Parteien so – die damaligen Parteien ÖVP, SPÖ und auch punktuell KPÖ, haben sich um diese Personen bemüht. Es hat in Österreich nie diese klare Abgrenzung gegeben, wobei die Frage ist, die z.B. Hannes Androsch gelegentlich aufwirft, was wäre die klare Abgrenzung gewesen? Hätten wir die ständig aussperren sollen oder so? Diese mindestens 600.000 bis 1 Mio. Menschen? Es hat also von Anfang an oder jedenfalls sehr bald nach 1945 eine Grauzone gegeben, die aus politischem Kalkül bewusst zuge-

---

59 Mitglieder des Weisenrats waren Martti Ahtisaari, Jochen Frowein und Marcelino Oreja.

lassen wurde. Und dann beginnt ja schon der Wettlauf zwischen SPÖ und ÖVP und die ÖVP, die Gespräche in Oberweis bei Gmunden, wo Maleta[60] führend war, mit ehemaligen Nazis, da war ein gewisser Taras Borodajkewycz dabei, der wird wegen seiner Verbindungstätigkeit zwischen ÖVP und Nazis dann mit einer Professur an der Hochschule für Welthandel belohnt. Die SPÖ sieht das als Gefahr, sie hat Befürchtungen, dass die ÖVP den Großteil der Nazistimmen bekommen könnte. Sie muss etwas dagegen tun und befördert ihrerseits die Gründung einer eigenen Partei für die Ehemaligen, vor allem des VdU, und wird dabei übrigens von der amerikanischen Besatzungsmacht unterstützt. Der VdU beginnt vor allem in Oberösterreich und Salzburg stark. Also Oberösterreich ist ein ganz interessantes Schlüsselland dafür. Es beginnt ein Wettlauf um die Nazistimmen und wenn man um Stimmen buhlt, sagt man denen nichts Unfreundliches. Und daher spielt auch das Erziehungssystem eine Rolle. In Deutschland haben die Alliierten von 1945–1949 in den vier Besatzungszonen direkt regiert. In diesen Besatzungszonen haben die Alliierten auch direkt das Bildungssystem wiederaufgebaut, sie haben die Universitätslandschaft kontrolliert; Schullehrpläne kontrolliert. Sie haben auf unterschiedliche Weise, das hat sich natürlich auseinander entwickelt, aber grundsätzlich sowohl in der sowjetischen Besatzungszone als auch in den westlichen Besatzungszonen eindeutig eine klare Aufklärungsstrategie, eine Abgrenzungsstrategie des Nie-Wieder-Nationalsozialismus installiert bzw. etabliert.

In Österreich war das viel diffuser. Weil natürlich von Anfang an beide Seiten Lehrer hatten, und auch wenn das nicht dieselben Lehrer waren, haben sie angenommen, das ist nicht sehr beliebt, wenn man da zu viel spricht von den Verbrechen des Nationalsozialismus. Es war eine von Anfang an diffusere Strategie. Und natürlich hat Österreich auch den Vorteil gehabt, dass es nicht wie Deutschland als Täternation dagestanden ist. Österreich konnte sich gleichsam mit Salzburger Festspielen und Wiener Walzer und Maria Theresia usw. als liebenswert verkaufen und alles, was Auschwitz und Treblinka war, waren die Deutschen – obwohl der Anteil der Österreicher an diesen Verbrechen des Nationalsozialismus proportional ungefähr dem der Deutschen entsprochen hat.

Österreich war so die Insel der Seligen. Es ist z.B. auch ganz klar, dass Österreich keine Reparationen zahlen muss, während die Regierung Adenauer sehr früh beginnt, das Instrument der Reparationen an den jüdischen Weltkongress

---

60 In seiner Villa in Oberweis (OÖ) organisierte der spätere Nationalratspräsident Alfred Maleta, selbst Überlebender des KZ Dachau, 1949 ein Gespräch zwischen Repräsentanten der ÖVP und ehemaligen Nationalsozialisten, in dem diese von der Kandidatur des kurz zuvor gegründeten VdU bei der kommenden Nationalrastwahl abgehalten werden sollten.

und den Staat Israel einzusetzen um Reputation zu gewinnen. Adenauer hat das ganz bewusst gemacht. Mit Nahum Goldmann und David Ben-Gurion. Wir Deutschen wissen, was wir tun müssen, wir Deutschen sind verantwortlich und was sollen wir tun, bezahlen. Österreich hat das umgangen. Und dieses Thema ist in den 1980er, 1990er Jahren wieder aufgebrochen.

Das stimmt auch, dass der Staat Österreich nicht dabei war, aber die Gesellschaft, viele Österreicherinnen und Österreicher, waren natürlich dabei. Anfang der 1950er Jahre soll Leopold Figl einmal sogar überlegt haben, ob nicht Österreich als Opfer des Deutschen Reiches auch Reparationen von Deutschland verlangen soll. Da soll Adenauer gesagt haben, wenn ihr wollt, schicken wir euch die Gebeine Adolf Hitlers. Der Adenauer war da ganz witzig. Das ist gut gegangen, solange Österreich natürlich auch umschwärmt war. Vor allem von den USA. Nach allen bekannten Berechnungen hat Österreich pro Kopf der Bevölkerung die meisten Mittel des Marshall-Planes bekommen. Österreich war wieder auf der Butterseite der Weltgeschichte gelandet. Österreich hat davon profitiert, dass es durch die geopolitische Lage für beide Blöcke sehr interessant war und aufgrund ihrer wirtschaftlichen Bedeutung haben sich die USA das etwas kosten lassen. Niemand hat damals ernsthaft diskutiert, wieso da schon sehr bald Minister, die Mitglieder der NSDAP gewesen waren, in der Regierung sitzen – z.B. Reinhard Kamitz – und wieso es dazu kommt, dass 1955 eine Partei gegründet wird, deren erster Vorsitzender ein SS-General war. Alles das ist zunächst kaum thematisiert worden. Das Augenmerk war auf Deutschland gerichtet, auch hier aber nicht auf die DDR. Adenauer hat das geschickt gespielt und die DDR ist da irgendwie untergegangen, weil die DDR mit Israel Probleme gehabt hat und die DDR auf ihre Art und Weise wirtschaftlich nicht in der Lage war, sich sozusagen wie die Bundesrepublik durch Reparationszahlungen Respektabilität und Wohlwollen zu erkaufen. Die Westdeutschen haben das sehr erfolgreich gemacht.

François Mitterand soll nach dem EU-Beitritt Österreichs gesagt haben, er habe mit seinem Okay dem Beitritt des dritten deutschen Staates zugestimmt (was der damalige Bundeskanzler Vranitzky zurückgewiesen habe). Schon nach der Vereinigung von BRD und DDR hatte Mitterand 1991 gemeint: „Jaja, wenn die zwei deutschen Staaten sich vereinigen, was ist mit dem dritten deutschen Staat?" Es gab also die Annahme, dass Österreich in den Sog einer deutschen Einigungsbewegung kommen könnte. Etwas unglücklich war in dem Zusammenhang, dass der damalige Bürgermeister von Wien beim Tag der Deutschen Einigung schwarz-rot-gold am Rathaus hat hissen lassen. Er hat es nicht so gemeint, aber es war jedenfalls nicht sehr sensibel, könnte man sagen. Hätte ja genügt, dass er den Deutschen gratuliert. In Paris ist sicherlich am Rathaus die deutsche Flagge gehisst worden. Aber solche Dinge waren halt im Raum und dann hat die österreichische Außenpolitik und zwar die Außenpolitik aller Regierungen, sehr deutlich gemacht, dass es einen deutschen Block mit Österreich nicht gibt. Dazu kam schon das Eigeninteresse des Außenministeriums, dass wir kein Anhängsel zum deutschen Außenamt sein wollen. Österreich hat in der EU dann vielmehr das Problem gehabt ein kleiner Staat zu sein. Es gibt so etwas wie informelle Fraktionsbildungen zwischen EU-Staaten, zwischen den nordischen Staaten, zwischen den Beneluxstaaten, später zwischen die Visegrád-Staaten[61] und Österreich war als kleiner Staat eigentlich nirgendwo. Eine Anlehnung an Deutschland kommt nicht in Frage, wie Manfred Scheich einmal erzählt hat, der ja lange Botschafter bei der EU war. Er hat immer Österreich als möglichen Partner der Benelux-Staaten präferiert, das wäre doch nicht so schlecht. Wobei das immer noch eine Rolle spielt auf der Ebene des Rates. Im Parlament spielt das keine Rolle, und in der Kommission ja auch nicht. Aber Österreich wurde nicht so wahrgenommen. Dänemark, Schweden und Finnland, das ist eine Gruppe. Niederlande, Belgien und Luxemburg sind eine zweite Gruppe und später eben die Visegrád-Staaten als eine dritte Gruppe. Österreich wurde vielleicht so wahrgenommen wie Portugal. Österreich hat eigentlich immer Eigenständigkeit gezeigt. Das kann auch als ein Vorteil betrachtet werden, wenn man nicht nur Vorurteilen folgt, wie etwa der Vermutung oder dem Verdacht einer Anlehnung an Deutschland. Österreich war sehr eigenständig, geprägt vom Eigeninteresse, das bestimmt, dass es ein kleiner Staat ist und daher wenig Interesse an EU-Reformen hat, die stärker auf die Bevölkerungszahl abstellen. Das hätte dem kleinen Staat nicht genützt. Als wohlhabender Staat hatte Österreich daher weniger Interesse, dass Umverteilungen verstärkt werden, dass damit auch ein größeres Budget notwendig wird. In dieser Hinsicht war Österreich immer konsequent, ziemlich misstrauisch, skeptisch bis ablehnend – wie ja jetzt schon wieder gegen eine Erhöhung des Budgets. Österreich müsste nach dem üblichen Verteilungsschlüssel natürlich als reicher Staat mehr einzahlen. Man kann das auch als Ablehnung von europäischer Solidarität bezeichnen. Aber das hat nicht die Regierung Kurz erfunden, das war schon früher. Das war alles berechenbar. Österreich ist klein und wohlhabend und die Interessen, die es vertritt sind halt nicht so eingebunden in einen Quasi-Block wie bei den nordischen Staaten oder den Beneluxstaaten.

Seit 2017 haben wir wieder eine Partei in der Regierung, die mit Parteien wie

---

61 Visegrád Staaten: Polen, Tschechien, Slowakei und Ungarn. Benannt nach der ungarischen Stadt Visegrád, in der sich 1991 VertreterInnen Polens, Ungarns und der damalige Tschechoslowakei trafen, um die gemeinsame Kooperation zu intensivieren.

der Front National im Europäischen Parlament einer eher sehr EU-skeptischen bis EU-ablehnenden Fraktion angehört. Das passt einerseits überhaupt nicht zusammen, aber andererseits pragmatisch sehr wohl. Wenn man Strache vorwirft, er würde diese Richtungen in der FPÖ nicht erwähnen, würde er antworten: „Ja, wir haben eine Position wie die ungarische Regierung und die ungarische Fidesz ist als Regierungspartei Mitglied der Europäischen Volkspartei. Was wollen Sie denn? Wir sind aus bestimmten Gründen bei der anderen Partei, unsere europapolitische Position ist, dass wir nicht den Austritt wollen, sondern wir wollen die Reform der EU, genauso wie die ungarische Regierung, so what?" Diese Vorwürfe kann er auf diese Weise ganz locker abwehren. Natürlich bleibt es für die Medien auf europäischer Ebene ein Thema, aber es ist weitgehend zugedeckt durch das ungarische und das polnische Problem. Das macht auch die österreichische Außenministerin, die großen Wert darauf legt, dass sie nicht Mitglied der FPÖ ist, sondern sich eher hinter Rudolf Kirchschläger stellt, als parteifreie Außenministerin. Sie ist wahrscheinlich geschickt genug, dass sie das so einfach abwehrt. Und wir dürfen nicht vergessen, dass Vieles durch das Europäische Parlament nicht wahrgenommen wird. Aber dieser Hinweis auf die Zugehörigkeit von Fidesz in derselben Fraktion, der auch die ÖVP angehört, ist die beste rhetorische Floskel für die FPÖ, um das Thema abzuwehren.

Österreich ist in der Europäischen Union ein Teil der Staatenfamilie. Wenn man sich zu einem föderalistischen Bild von Europa bekennt, sollte mehr Rolle spielen, zu welcher Parteifamilie jemand gehört und weniger eine Rolle spielen, von welchem Land man kommt. Das ist sicher ein bisschen normativ gedacht, aber so falsch ist es auch wiederum nicht. Jean-Claude Juncker ist Kommissionspräsident, nicht weil er Luxemburger ist – da hätte er aus dem neben Malta kleinsten Land wahrscheinlich wenige Chancen – sondern weil er von der Europäischen Volkspartei kommt. Das sagt ja was aus. Die Herkunft aus dem Land wird oft wichtiger genommen, sollte aber weniger wichtig genommen werden als z.B. die anderen Verortungsmöglichkeiten, wie etwa Fraktionen politischer Parteien. Bei Fraktionen politischer Parteien ist die Frage wesentlich wichtiger – und das kann auch stärker in Verbindung gebracht werden – in welche Richtung sich die Europäische Union entwickeln soll. Soll sie sich vertiefen, das wäre der föderalistische Weg, oder soll sie sich unter dem Stichwort Subsidiaritätsprinzip wieder renationalisieren? Ersteres ist vor allem dann zu präferieren, wenn man in einer Renationalisierung eine Gefährdung dessen sieht, was die EU erreicht hat. Das Problem ist, dass momentan die Europäische Union kaum in der Lage ist, sich ernsthaft zu föderalisieren, der Macron-Plan würde in dieser Richtung gehen.

Zum Glück ist man aber auch nicht in der Lage, sich umfassend zu renationalisieren. Also es ist ein Status Quo, der eben heißt, durchwursteln. Generell aber sollte man, gerade auch wenn man sich etwa in der Lehre mit der Europäischen Union beschäftigt, darauf verweisen, dass die nationale Zugehörigkeit einer Person nicht unbedingt so wichtig ist und schon gar nicht primär sein sollte. Dazu ein Beispiel: Auffallend ist, dass im Europäischen Parlament Österreicher und Österreicherinnen immer wieder eine wichtige Rolle spielen. Othmar Karas, nicht weil er aus Österreich kommt, sondern weil er in seiner Fraktion sehr viele Leistungen erbracht hat, die honoriert werden. Ulrike Lunacek, nicht weil sie aus Österreich kommt, sondern weil sie in der Grünen Fraktion durch bestimmte Aufgaben auch außenpolitischer Art einiges geleistet hat. Personen und nicht Staaten sind also für Österreich wahrnehmbar wichtig in der EU.

Karas ist eindeutig jemand, der die Europäische Union, die Europäische Idee lebt. Besonders Interessant ist auch Voggenhuber, weil er wirklich vom Saulus zum Paulus geworden ist. Der hat im Verfassungskonvent der EU eine ganz wichtige Rolle gespielt, er war für eine deutliche Vertiefung der Europäischen Union. Das Problem ist aber schon auch, dass manche andere Abgeordnete anders auftraten. Wir erinnern uns noch, als im Jahre 2004 der europäische Spitzenkandidat der ÖVP Ernst Strasser hieß. Der wurde Karas vor die Nase gesetzt aus Gründen, die wahrscheinlich mit dem Kalkül von Wolfgang Schüssel zu tun hatten. Schüssel wollte Strasser einfach weg haben. Und Strasser kommt zurück, berichtet von der ersten Sitzung in einer österreichischen Zeitung „Ja dieser Palast, wie unanständig der ist" und so. Wir wissen, wo die Karriere des Europaparlamentariers Strasser geendet hat, nämlich im Gefängnis.[62] Aber im Allgemeinen, der Durchschnittsabgeordnete, die durchschnittlichen Abgeordneten im Europäischen Parlament sind langsam und zunehmend fasziniert von dem was da geschieht. Natürlich mag eine Rolle spielen, dass Menschen dazu neigen, dass das, was sie tun, wichtig zu nehmen ist. Aber allgemein ist es schon faszinierend, wenn man da hinkommt, gleichgültig in welche Fraktion, und dann sieht, da sitzt man im Ausschuss und diskutiert mit einer finnischen Abgeordneten und dann kommt der französische Abgeordnete und sagt, aber zur Ukraine sollte man doch eher diese oder jene Position vertreten. Wer Politik irgendwie schätzt als ein Betätigungsfeld, wer Politik auch mit einer gewissen Leidenschaft betreibt, für die bzw. den ist das ohne Zweifel faszinierend. Man sieht, einen Extremfall Strasser einmal ausgenommen, dass allein durch das Dortsein, das mag bei den

---

62 Ernst Strasser wurde 2013 wegen Bestechlichkeit zu eine mehrjährigen Haftstrafe verurteilt. Strasser hatte zwei verdeckt ermittelnden Journalisten zugesagt, sich für eine Summe von jährlich € 100.000,- bei der Änderung von zwei EU-Richtlinien für ihre Belange einzusetzen.

Grünen eine ganz große Rolle gespielt haben, Möglichkeiten entstehen, Europa zu erleben. Nicht im Élysée-Palast oder sonst wo, sondern im EU-Parlament Europa zu erleben. Eine portugiesische Abgeordnete erzählt, wie die portugiesische Landwirtschaft mit den Förderungsmitteln von der EU auskommt oder nicht auskommt. Das ist unglaublich spannend. Und die meisten werden da langsam sozialisiert. Eine Ausnahme – und das ist die auffallendste – ist Vilimsky aber der gute Herr Vilimsky will offenkundig eher in der FPÖ noch etwas werden. Bei anderen aus der FPÖ ist es noch nicht sicher, ob sie als FPÖ-EU-Abgeordnete nicht auch schon ein bisschen von der EU-Sympathie erfasst werden. Auch Vilimsky spricht ja schon lange nicht mehr vom Austritt aus der EU. Das könnte man zwar spielen, es wäre aber letztendlich kontraproduktiv im Regierungsbündnis in Österreich. Es steht überdies klar im Regierungsprogramm, dass diese Frage nicht gespielt wird. Es kann also durchaus sein, es ist durchaus vorstellbar, dass auch die Freiheitlichen Abgeordneten zumindest ansatzweise von der Faszination dieser Multinationalität, dieser Vielsprachigkeit, dieser Buntheit des Europäischen Parlaments erfasst werden. Verglichen mit dem Kärntner oder Salzburger Landtag ist das schon spannend.

Medien

Die Mediensituation ist in Österreich – wie anderswo auch – in einer rasanten Umwälzung, wobei bestimmte, spezifisch österreichische Merkmale teilweise schon verloren sind und teilweise mit Wahrscheinlichkeit weiter verloren gehen werden. So ist z.B. der lange Zeit doch erhebliche direkte Einfluss der politischen Parteien auf die Printmedien mittlerweile faktisch weg. Im Umweg über den öffentlich-rechtlichen Rundfunk ist der Einfluss natürlich noch immer da, aber insgesamt, verglichen mit der Ausgangslage, z.B. mit den Erfahrungen in den 1960er Jahren[63], ist der Einfluss ein anderer, die Medien sind andere und die Zusammenhänge zwischen Politik und Medien sind nicht mehr so einfach nachvollziehbar. Es ist insgesamt doch deutlich schwieriger geworden. Die sogenannten neuen sozialen Medien haben eine Eigenlogik entwickelt und folgen nicht mehr einer Logik, die wir in den 1960er Jahren kannten: Es ist nicht mehr möglich, dass eine Partei will, dass das eine vorkommt und dass das andere nicht vorkommt und dass eine Partei dafür sorgt, dass in ihrem Organ bestimmte Dinge vorkommen und andere nicht vorkommen. Damals wurde die Pluralität hergestellt, indem nebeneinander Parteimedien und staatlich kontrollierte Medien gestanden sind. Diese Pluralität war zwar da, aber die Unabhängigkeit der Medien insgesamt war reduziert, es hat natürlich den *Kurier* gegeben, von dem ja dann auch von Hugo Portisch das Rundfunkvolksbegehren[64] ausgegangen ist und das war schon ein Zeichen, dass die Parteien diesen Einfluss nicht mehr aufrecht erhalten werden können. Der direkte, im engeren Sinn parteipolitische Einfluss auf die Medien war vor einer Generation deutlich größer, ist heute geringer, aber nach jeder Regierungsbildung und jeder neuen Mehrheit im Nationalrat gibt es immer die Debatte über ein neues ORF-Gesetz und das zeigt, dass diese Zusammenhänge zwar anders geworden, aber nicht verschwunden sind.

Im Printsektor gab es lange Zeit die schon angesprochenen Parteizeitungen. Diese Parteimedien, z.B. die *Arbeiterzeitung*, die ja die traditionsreichste und in dem Sinn wichtigste Parteizeitung in Österreich war, diese *Arbeiterzeitung* wurde einmal von Felix Butschek, einem SPÖ-Mann, der intellektuell sehr unabhängig

---

63 Anton Pelinka war 1966–1967 hauptberuflich als Journalist bei der Wochenzeitung *Die Furche* tätig.

64 Das Rundfunkvolksbegehren – Österreichischer Rundfunk GmbH – war 1964 das erste Volksbegehren der Zweiten Republik. Ziel war, den parteipolitischen Einfluss im ORF zu reduzieren. Das Volksbegehren wurde von mehr als 830.000 WählerInnen (17,3 %) unterzeichnet.

war, sinngemäß als „ein als Tageszeitung getarntes Verordnungsblatt der Partei"
bezeichnet. Die Zeitungen waren damals zwar durchaus lebendig, immerhin
sind Oskar Pollak und später Franz Kreuzer in der Zweiten Republik von der *Arbeiterzeitung* gekommen. Aber es war natürlich schon in den 1960er Jahren ein
kurioser Anachronismus, dass bei Berichten über Nationalratsdebatten immer
nur die Wortmeldungen der sozialistischen Abgeordneten, nie die der anderen
vorgekommen sind, was damals schon irgendwie lächerlich war. Übrigens war
auch ein Vorwand, mit dem man das Ausschlussverfahren gegen Franz Olah
1964/65 betrieben hat, dass er in einer parteifernen Zeitung, nämlich in der
Presse, geschrieben hat und das wurde als ein Verstoß gegen die Parteidisziplin
gesehen. Heute kann man darauf nur noch kurios und kopfschüttelnd reagieren.
Es waren eben feste Lagergrenzen – in der SPÖ stärker als in der ÖVP. Die KPÖ
hatte noch die *Volksstimme*, aber die KPÖ war auch in den 1960er, 1970er Jahren
nur mehr eine kleine sektenähnliche Gemeinde.

Sukzessive stärker wurde aber das parteiunabhängige Eigenleben von Medien
und JournalistInnen und das hat in den 1960er Jahren zum Rundfunkvolksbegehren geführt. Dieses Volksbegehren war schon ein großes Ereignis, ein Durchbruch, eine wichtige Änderung. Und dieses Rundfunkvolksbegehren ist von der
überregionalen parteiunabhängigen Presse – Stichwort *Kurier* oder *Presse* – aber
auch von den sogenannten Bundesländerzeitungen ausgegangen gegen den
deutlichen Widerstand von wesentlichen Teilen der politischen Parteien. Vor allem gegen den Widerstand der SPÖ.

In den letzten Jahren hat immer wieder der sogenannte Boulevard eine Rolle
gespielt; die Verknüpfung von Politik mit Boulevard – Stichwort Faymann, dem
man nachgesagt hat, er sei sehr eng mit Hans Dichand befreundet gewesen, mit
der *Neuen Kronen Zeitung*. Der Einfluss der Boulevardzeitungen auf politische
Akteure hat aber schon in den 1960er Jahren mit dem Kampf um die *Kronen Zeitung* begonnen. Die 1960er waren insgesamt ein sehr entscheidendes Jahrzehnt
für die Neudefinition des Verhältnisses von Politik und Medien. Damals ist die
Kronen Zeitung groß geworden, als der *Express* – vorher *Bildtelegraph*[65], übrigens
eine Gründung von Gerd Bacher –, noch eine Rolle gespielt hat. Dieser Boulevard war von einer anderen Qualität als die Parteizeitungen. Dieser Boulevard
hatte die Möglichkeiten politischer Einflussnahme, war aber nicht einfach a priori einer bestimmten Partei zuzuordnen, sondern der Boulevard war – wenn

---

65 Die Zeitung *Bildtelegraph* erschien von 1954–1958, der *Express* von 1958–1971. Die *Neue Kronen
Zeitung* erscheint seit 1959.

man so will – bündnisoffen und hat kampagnisiert und das war natürlich in Österreich mit Verspätung genauso wie etwa im britischen Boulevard die Yellow Press, die tabloids. Das ist mit einer gewissen Verspätung nach Österreich gekommen und hat ganz wesentlich zum Ende der Herrschaft der Parteizeitungen beigetragen. Ganz interessant ist, dass mit Gerd Bacher ein Mann, der am Beginn dieses Boulevards der Zweiten Republik gestanden ist, dann zur Schüsselfigur des parteiunabhängigen ORF geworden ist. Einen Boulevard hat es übrigens bereits in der Ersten Republik gegeben, Imré Békessy zum Beispiel. Das sagt einiges aus, wenn auch nicht alle, die im Boulevard so aktiv waren wie Gerd Bacher als erster Chefredakteur des *Bildtelegraph*, sehr wohl auch vielfältig einsetzbar und vielfältig erfolgreich sein konnten. Gerd Bacher ist übrigens vorher von den *Salzburger Nachrichten* gekommen.

Eine zentrale Rolle in der *Neuen Kronen Zeitung* spielte zeitlebens Hans Dichand, jemand zu dem PolitikerInnen pilgerten, wenn er zum Rapport rief. Und wer nicht kam, wurde in der *Kronen Zeitung* abgestraft.

Das kann zwar immer wieder vorkommen, war in diesem Fall aber schon an diese eine Person Dichand geknüpft und an die beherrschende Rolle dieser einen Boulevardzeitung – die übrigens nicht gerne Boulevardzeitung genannt werden will. Das ist aber eine Definitionsfrage. Dichand hat sich selbst schon die Rolle eines Staatsmannes zugeschrieben. Interessant, dass Gusenbauer hier seine politische Karriere zerstört hat, indem er in einem Brief an Dichand diesen in die Rolle eines obersten Gralshüters der politischen Ordnung gesetzt hat. Es ist eigentlich eine erstaunliche bis ungeheuerliche Kapitulation vor dem Herrn Dichand, wie Gusenbauer in einem Brief an Dichand – und nicht an den Verfassungsgerichtshof – seine Aussage formuliert, dass in Zukunft Änderungen des EU-Vertrages nur noch mit Volksabstimmungen durchgeführt werden. Das hat Dichand natürlich sehr bestärkt in der Annahme der Rolle, dass er über allen anderen stehe, über den Verfassungsorganen der Republik. Wie sonst hätte der Bundeskanzler ihm gegenüber eine öffentlich verpflichtende Erklärung abgeben können? Ein politisches Verhalten im verfassungsoffenen Raum: die Verfassung regelt ziemlich klar, wann eine Volksabstimmung zwingend vorgeschrieben ist und wann nicht. Gusenbauer macht Dichand zum Superverfassungsorgan. Das war dann aber ein bisschen zu viel und Gusenbauer ist letztendlich darüber gestürzt.

Es ist auch ein Generationsproblem gewesen, dass die Rolle von Dichand nach dessen Tod nicht einfach von irgendjemand anderem übernommen werden konnte und übernommen werden kann. Es ist nicht auszuschließen, dass Ähnliches wiederkommt. Diese Anmaßung, dass hier mit Berufung auf eine hohe Auflagenzahl ein Medienunternehmer eine Rolle für sich beansprucht, die über jener der anderen Verfassungsorgane ist oder besser gesagt, gerne zur Kenntnis nimmt, dass die Politiker ihm diese Rolle zuschreiben. Man kann ja sagen, der Herr Dichand hat sich diese Rolle nicht selbst zugeschrieben. Er war es ja nicht, sondern das war der Herr Gusenbauer und mit ihm Mitunterzeichner Faymann. Das kann wiederkommen. Momentan ist allerdings der Thron des Hans Dichand nicht besetzt.

Mit diesem Brief von Ende Juni 2008 – unmittelbar nach der Ratifizierung des Vertrags von Lissabon – hat Gusenbauer offenbar gedacht, er könne seine Kanzlerschaft noch retten. Konnte er aber nicht. Und er hat damals auch sein Gesicht verloren.

Insgesamt sind sehr viele Politiker dem nachgekommen, was Dichand gesagt hat. In der Dokumentation „Tag für Tag ein Boulevardstück"[66], die dann in ARTE gezeigt wurde, geht ja Dichand zum Bundespräsidenten, aber auf einer Augenhöhe, die trinken Kaffee, die Staatsweisen Klestil und Dichand bereden so, was müssen wir denn tun, was verlangt die Pflicht von uns. Auf Augenhöhe hat sich Dichand gesehen mit dem Bundespräsidenten, zu dem geht er auch. Aber früher hat Dichand, im Hotel Bristol immer, meistens an Nachmittagen, Hof gehalten und da sind die Politiker gekommen.

Einer der wenigen, die das nicht gemacht haben war Wolfgang Schüssel. Schüssel hat das nicht getan, und nachweisbar hat es Schüssel offenbar nicht geschadet. Schüssel ist – von Gnaden der FPÖ – gegen den veröffentlichten Rat Dichands Kanzler geworden, Schüssel hat den größten Wahlerfolg der ÖVP zwischen Klaus und Kurz eingefahren, hat dann freilich eine demokratische Normalität erlebt, er konnte nicht mehr durchhalten, hat 2006 die relative Mehrheit verloren. Aber Schüssel hat demonstriert, dass die *Kronen Zeitung* überschätzt wird.

Grundsätzlich können Medien Politiker pushen oder Politiker fertig machen oder sie nicht vorkommen lassen. Solange es aber Medienpluralismus gibt, ist das Wichtige, dass wir eine Vielfalt haben, die Vielfalt im Printmediensektor, die Vielfalt im öffentlich-rechtlichen Rundfunk und Fernsehen. Pluralität ist ganz wichtig. Das bedeutet, wenn ein Medium einen Politiker bestraft, indem es ihn z.B. wochenlang ignoriert, können wir bei einem funktionierenden pluralistischen Mediensystem davon ausgehen, dass andere Medien das

---

66 „Kronen Zeitung: Tag für Tag ein Boulevardstück" Dokumentarfilm von Nathalie Borgers, 2002. Nach der Ausstrahlung auf ARTE wurde dieser Sender in der täglichen TV-Programmvorschau der Kronen Zeitung einige Jahre lang nicht mehr berücksichtigt.

umso deutlicher korrigieren. Daher ist Pluralität so wichtig. Wie das mit den sozialen Medien ist, das ist die neue Qualität, zu der eine klare Einschätzung noch nicht möglich ist, außer dass man mit Beurteilungen sehr vorsichtig sein muss. Wir können davon ausgehen, dass die sozialen Medien nicht auf Knopfdruck in irgendeiner Form agieren, aber dass sie umgekehrt auch alle Standards vernachlässigen können, an die sich die traditionellen Medien in Print und Funk und Fernsehen inzwischen doch gewöhnt haben oder an deren Standards sie gezwungen sind sich halten. Die neue Qualität der sozialen Medien ist auch dadurch charakterisiert, dass die Rollenteilung zwischen der journalistischen Aufgabe und der Rolle des Medienrezipienten durcheinander kommt. Da kann jeder alles machen. Man kann Aussendungen machen, als wäre man ein Journalist, ist aber an keine Standards gebunden, fühlt sich nicht gebunden an etwas. Das ist eine Freizügigkeit, die doch eine neue Qualität ist und wir wissen nicht und können auch noch nicht sagen, wie man damit umgehen soll. Hier ist auch zu beachten, wie man mit dem Grundrechtsschutzes von Persönlichkeiten umgeht.

In Bezug auf Medien ein interessanter Punkt ist der ORF. Lange Zeit gab es ein Monopol, d.h. die Privatrechtlichen sind sehr lange draußen gehalten worden. Der Versuch einer ersten Entpolitisierung – im Sinne der Reduktion des parteipolitischen Einflusses – ist mit dem Volksbegehren von 1964 angegangen worden.

Zunächst ist beim ORF aber nach wie vor auffallend, dass bei jeder Änderung einer Regierungsmehrheit offen diskutiert wird, dass eine Reform des ORF überfällig ist. Das ist ein Dauerbrenner. Viel fällt den Verantwortlichen dazu nicht ein: Ob man ein Gremium Stiftungsrat oder sonst wie nennt und ob jetzt die Fraktionen ihrer Stärke nach oder nach einem anderen Proporzsystem ihre Vertreter schicken und ob die Fraktionen Freundeskreis heißen oder nicht ist sekundär. Das ist der Einfluss der Politik und natürlich ist dieser bei einem solchen Medium wie dem ORF gegeben. Es wäre naiv zu glauben, das könnte man wegbringen. Die Frage ist nur, wie gestaltet man ihn und es ist besser man diskutiert öffentlich drüber als es geschieht hinterrücks. Das erklärte Vorbild jener, die 1964 das Rundfunkvolksbegehren gestartet haben, das dann in der Ära Klaus zum Rundfunkgesetz 1966 und damit zu einem neuen ORF geführt hat[67], war natürlich die BBC. Der Staat sollte Eigentümer sein, aber gleichzeitig

---

67 Im „Bundesgesetz vom 8. Juli 1966 über die Aufgaben und Einrichtung der ‚Österreichischer Rundfunk Gesellschaft m. b. H.‘ (Rundfunkgesetz)" wurden Richtlinien für eine parteipolitisch unabhängige und objektive Berichterstattung festgelegt. Vgl. dazu BGBl 195/31. August 1966.

auch Garant von Unabhängigkeit und Qualität. Und – damit zusammenhängend – Garant für innere Pluralität.

Ein öffentlich-rechtlicher Sender soll kein Regierungsfunk sein. Allerdings befindet er sich immer in einer Grauzone: die Opposition wird ständig versucht sein, zu behaupten, der ORF ist zu regierungsfreundlich und wenn die Opposition an die Regierung kommt wird es umgekehrt sein, dann wird die vormalige Regierungspartei als nunmehrige Oppositionspartei diese angebliche Regierungsfreundlichkeit kritisieren. Das hat es auch früher schon gegeben. Kreisky hat 1970 auch ein neues Gesetz gemacht. Wir finden das immer wieder, das ist unvermeidlich und das ist bei der BBC auch nicht so viel anders. Damit wird der ORF leben müssen, aber natürlich ist seine Monopolstellung erodiert, d.h. offenkundig gibt es dieses Monopol nicht mehr und es gibt Wettbewerb seit wir durch Kabel oder Satelliten jede Menge ausländischer Sender hereinholen können. Der Begriff inländisch/ausländisch verliert da an Bedeutung und natürlich gibt es auch österreichische Privatanbieter. Was Corinna Milborn auf Puls 4 macht das ist eine ernstzunehmende Konkurrenz zu dem, was den ORF bisher ausgezeichnet hat: Es ist nicht mehr allein der ORF, der politischen Journalismus repräsentiert. Das macht jetzt Puls 4 offenbar auch. Da gibt es Wettbewerb und das ist nicht von vornherein gut oder schlecht, obwohl man aufpassen muss, dass hier nicht so etwas wie die Boulevardisierung zu sehr um sich greift.

Wenn wir den politischen Journalismus betrachten, so ist im Laufe der Zeit auch so manches verschoben worden. Vor einigen Jahrzehnten konnte man den innenpolitisch merkbaren politischen Journalisten ohne weiteres mit einer Etikette versehen. Der ist SPÖ, ÖVP oder sonst wie oder SPÖ-nahe oder ÖVP-nahe, das ist auch durch die Eigentümerstruktur naheliegend gewesen, auch wenn diese Etikettierung nicht in jedem Fall überzeugend oder nachvollziehbar war. Das hat sich ziemlich aufgehört. Aber im ORF spielt das noch immer eine Rolle, weil die Kritiker, die jeweils den konkreten ORF kritisieren, das brauchen, um ihre Kritik hier nachvollziehbar zu machen. Da gibt es die Begriffe ÖVP-nahe bzw. SPÖ-nahe und – ein besonders interessanter Begriff, der überlebt hat – „bürgerliche". Ein wirklich interessanter Begriff, weil bürgerlich ist man offenkundig, wenn man nicht im Verdacht steht, SPÖ-nahe zu sein. Ein bisschen absurd das Ganze.

Der politische Journalismus ist vermutlich in Österreich nicht grundsätzlich anders als anderswo. Im Gegenteil, er ist ähnlicher geworden wie anderswo weil diese doch auch begründbare Parteinähe eines Großteils der tätigen politischen Journalisten ganz eindeutig abgenommen hat. Und es war auch ein interessanter Fall, als 1967 der neue SPÖ-Parteivorsitzende Bruno Kreisky umgehend die Spitzen der *Arbeiterzeitung* ausgewechselt hat[68]. Bacher hat damals sofort Franz Kreuzer ein Angebot gemacht. Sozusagen den prominentesten, damals noch sozialistischen, dann sozialdemokratischen politischen Journalisten für den ORF zu gewinnen. Das war schon vom Taktischen her eine Meisterleistung vom Bacher.

Umgekehrt gibt es auch die Meinung, dass politische Akteure Medien nach ihrem Sinn steuern können. Hinter dieser Vorstellung steht aber viel Illusion. Es gibt Einflussmöglichkeiten, das ist klar, Hintergrundgespräche, bevorzugte Informationskanäle, ein Journalist bekommt schneller als jemand anderer Informationen, die heikel sind, off records – Informationen, Einladung zu Hintergrundgesprächen. Das aber wird auch insgesamt geringer eingeschätzt, als die Nutzung von ökonomischen Faktoren, Stichwort: Inseratenkampagnen. Es ist schon etwas spezifisch Österreichisches, dass politische Parteien, dass Politikerinnen und Politiker davon ausgehen, über die Schaltung von Werbeflächen, über die Bezahlung von Werbeflächen in Printmedien Einfluss nehmen zu können. Das wird man nicht so offen sagen, aber es ist ganz klar, dass es hier vermutete Zusammenhänge gibt. Ob das immer aufgeht, ist eine andere Frage. Das ist eine Unart, die zwar nicht nur in Österreich existiert, aber in Österreich vielleicht noch besonders auffallend ist. Das wird auf die Dauer aber zunehmend unangenehmer auffallen, weil sich eine Sensibilität dafür entwickelt, dass man hier unter dem Stichwort „Informationskampagnen" faktisch Printmedien finanziell beeinflussen will.

Was es zu einem bestimmten Grad in Österreich gibt, ist eine Art von „Verbrüderung" zwischen politischen Akteuren und Medienakteuren. Österreich ist flächen- bzw. einwohnermäßig ein mittelgroßes deutsches Bundesland, ein mittelgroßer US-Staat, übrigens einer der Gründe, die man auch für die Sozialpartnerschaft anführt. In einem Notizbuch haben alle wichtigen Telefonnummern Platz. Das kann man für Deutschland, für die USA sicher nicht so sagen. Wobei das Notizbuch heute natürlich abgelöst ist durch entsprechende elektronische Karteien. Aber die Kleinheit ist ein Faktor. Auch die Lockerheit des Du-Wortes ist in Österreich sehr ausgeprägt. Und die Kleinheit schafft Unschärfen bei der Rollenverteilung. Es ist jetzt wieder einmal aufgefallen bei der letzten Nationalratswahlkampagne, dass der Interviewer des sozialdemokratischen Bundeskanzlers Kern mit diesem per Du war. Und es ist jetzt nicht sicher, wollten sie das verdecken indem sie per Sie waren vor der Fernsehkamera und jemand anderes hat es dennoch angesprochen. Das sind Dinge, die dann unangenehm sein können, auch

---

68 Paul Blau wurde 1967 neuer Chefredakteur der *Arbeiterzeitung*. 1970 wurde Blau von Manfred Scheuch als Chefredakteur abgelöst.

wenn vielleicht gar nichts speziell dahinter ist. Es ist anzunehmen, dass ein solcher Journalist im Gespräch besonders aufpassen muss. Aber trotzdem, die Milieudistanz zwischen politischem Journalismus und der Politik im engeren Sinn ist wegen der Glaubwürdigkeit der Medien schon etwas Wichtiges. Und das ist in Österreich nicht immer leicht durchzusetzen und da gibt es auch die Beispiele der jeweiligen Einflussnahme über Personalpolitik etwa im ORF. Bei den Printmedien ist das sicher nicht so einfach zu sagen, aber das Informelle ist sehr wichtig. Es ist ja nicht die formelle Einflussnahme sondern die informelle: man kennt sich gut, man schätzt sich vielleicht auch persönlich und mit dem Verlust der Distanz nimmt vielleicht auch unbewusst die Kritikfähigkeit ab.

Auf Länderebene ist es ähnlich ausgeprägt. Da kann die Verflechtung nochmals intensiver sein und dafür wird das Land Niederösterreich immer wieder als Beispiel genannt. Je kleiner der Raum, desto sichtbarer wird diese Verflechtung. Wenn schon Österreich wegen seiner relativen Kleinheit hier besondere Voraussetzungen für diese Verhaberung zwischen den beiden Milieus Politik und Journalismus bietet, dann ist das in den Minimilieus innerhalb des relativ kleinen österreichischen Milieus natürlich noch potenziell gesteigert. Ein gutes Gegenbeispiel ist Hugo Portisch, eine Person, die eine Art Lichtfigurenstatus hat. Dieser Hugo Portisch hat es irgendwie geschafft. Er ist mit allen gut und mit niemandem so gut, dass man den Verdacht hätte, er ist zu eng mit dem. Hugo Portisch macht es vor, dass man auch in Österreich seine Glaubwürdigkeit nicht beschädigen muss, d.h. man ist nicht gezwungen hier durch Verhaberung seine Glaubwürdigkeit als politischer Journalist einzubüßen.

Daneben gibt es die Ancor Persons der *Zeit im Bild*, speziell der ZiB 2 – zum Beispiel Robert Hochner – dieser Sendung, wo man sagt, das ist jetzt die zentrale Informationsquelle. Diese Anchor Persons haben eine Art moralische Autorität bzw. können diese Autorität erwerben. Das ist der Hochner, der Broukal war ursprünglich ähnlich, das wurde dann aber dadurch, dass er für die SPÖ in die Politik gegangen ist, anders interpretiert. Der Hochner war ein solcher. Der hat das auch geschafft, ist leider sehr früh verstorben, während Portisch – mittlerweile über 90 Jahre alt – fallweise immer noch als Kommentator eingeladen wird. Portisch ist ein physiologisches Phänomen. Der hat schon die heutige Urgroßvätergeneration beeindruckt durch seinen Journalismus. Der lebt einfach solange aktiv, das ist beim Hochner tragischer weise nicht so gewesen. Aber an der Person Portisch zeigt sich auch das Geschick des Gerd Bacher; er hat den Portisch, als dieser mit dem Eigentümer des *Kurier* Probleme gehabt hat, sofort rekrutiert. Portisch ist sofort von einem Printjournalisten zu einem Fernsehjournalisten geworden.

Erinnern wir uns, Portisch war einmal als Bundespräsidentschaftskandidat im Gespräch, als man noch nicht sicher war, ob Kurt Waldheim 1992 noch einmal kandidiert. Damals hat es Bestrebungen gegeben, Portisch als überparteilichen Kandidaten aufzustellen, um Kurt Waldheim zu verhindern, ohne dass das jetzt ÖVP oder SPÖ heißen müsste. Das zeigt, welche Autorität und welche Anerkennung sich Portisch erworben hat.

Justiz

Wenn wir über die Rolle der Justiz in Österreich nachdenken, fallen zwei VfGH Entscheidungen ein, die noch nicht so lange zurückliegen: jene zur Bundespräsidentschaftswahl 2016 und die andere vor knapp 20 Jahren zu den Kärntner Ortstafeln. 2016 wurde festgestellt, dass die Stichwahl vom 22. Mai wiederholt werden muss, da die Möglichkeit von Manipulationen nicht auszuschließen sei. Beim Ortstafel-Erkenntnis wurde 2001 konkret festgehalten, unter welchen Umständen in Kärnten zweisprachige Ortstafeln aufzustellen sind.

In beiden Fällen – sowohl beim Erkenntnis zu den Ortstafeln als auch bei der Entscheidung über die Bundespräsidentschaftswahl – hat die Justiz die für sie vorgesehene Rolle des Korrektors gespielt. Sie hat auf der buchstabengetreuen Umsetzung des Verfassungsrechtes bestanden. Und das, obwohl man sagen kann, dass dieser Verfassungsgerichtshof in der Vergangenheit eher dazu geneigt hat, sich herauszuhalten. Da gibt es den berühmten Satz von Manfried Welan, der sinngemäß meinte, der Verfassungshof ist so politisiert, deswegen verhält er sich unpolitisch. Die Zugänge zum Verfassungsgerichtshof laufen über Bundesregierung, Nationalrat, Bundesrat, d.h. über parteipolitische Vereinbarungen, d.h. man konnte lange Zeit im Verfassungsgerichtshof genau sagen, dieses Mitglied des Verfassungsgerichtshofes ist über eine ÖVP-Nominierung, jenes über eine SPÖ-Nominierung gekommen, unbeschadet der persönlichen Qualifikation und der auch zu vermutenden Unabhängigkeit dieser Person.[69] Daher gibt es oder hat es laut Welan die Neigung gegeben, sich aus der Politik herauszuhalten. Dort, wo immer es nicht zwingend war, eher nicht hart einzugreifen, sich zumindest parteiunabhängig, in diesem Sinne also korrekt zu verhalten. Das hat sich geändert, beide Fälle, Ortstafel und Bundespräsidentschaftswahl, zeigen, dass sich der Verfassungsgerichtshof heute politischer sieht und in seiner Rolle als im Rechtsstaat zwingend vorgesehener Korrektor auch mehr Profil wahrnimmt als er das vielleicht früher getan hat. Das könnte mit einem Generationenwechsel zu tun haben, das könnte aber auch mit der abnehmenden Prägekraft der früheren Großparteien zu tun haben.

---

69 Die 14 Mitglieder und 6 Ersatzmitglieder des Verfassungsgerichtshofes werden folgendermaßen ernannt: Das Vorschlagsrecht für PräsidentIn und VizepräsidentIn liegt bei der Bundesregierung; diese nominiert überdies sechs Mitglieder und drei Ersatzmitglieder. Die übrigen sechs Mitglieder und drei Ersatzmitglieder werden vom Parlament (drei Mitglieder und zwei Ersatzmitglieder vom Nationalrat; drei Mitglieder und ein Ersatzmitglied vom Bundesrat) vorgeschlagen.

Das ist übrigens nicht völlig anders als in den USA, nur dort viel deutlicher, weil der Supreme Court einfach durch die Schwierigkeit, die Verfassung der USA zu novellieren, zu einer Art faktischem Verfassungsgeber geworden ist. Der Supreme Court muss die Verfassung in ihrer relativen Allgemeinheit ständig neu interpretieren. Die österreichische Verfassung ist viel kasuistischer, viel detaillierter, viel positivistischer und daher lässt die österreichische Verfassung weniger Interpretationsspielraum als die amerikanische. Daher ist die Verfassungsinterpretation dem österreichischen Verfassungsgerichtshof weniger wichtig als die Verfassungsinterpretation im US-Fall durch den Supreme Court. Das erleichtert es dem Verfassungsgerichtshof auch, seine Rolle wahrzunehmen. Ganz abgesehen davon kommt beim Supreme Court noch die Lebenszeitbestellung hinzu. Diese Besonderheit hat die österreichische Verfassung nicht vorgesehen, sondern da gibt es ein normales Pensionsalter, eine normale Altersgrenze. Aber es spielt schon eine Rolle. Lange Zeit, bis Ende des vorigen Jahrhunderts, hat es eine stille Abmachung gegeben, die nirgendwo schriftlich festgelegt, schon gar nicht veröffentlicht worden war: Wenn ein Mitglied des Verfassungsgerichtshofes ausscheidet, das etwa über den Nationalrat, aber von Seiten der SPÖ nominiert worden ist, so wird die SPÖ wieder nominieren, auch wenn die SPÖ vielleicht nicht mehr die Mehrheit im Nationalrat kontrollieren kann. Das war eine ungeschriebene Vereinbarung zwischen ÖVP und SPÖ, um das Gleichgewicht zu wahren. Da trifft auch wieder der Welan-Satz von der Entpolitisierung durch Politisierung zu. Den Verfassungsgerichtshof möglichst politisch fern zu halten von zu vielen politischen Einflussnahmen. Das scheint jetzt nicht mehr so zu sein, natürlich auch, weil sich die Freiheitliche Partei verständlicherweise daran nicht gebunden fühlt. Die Freiheitliche Partei versucht eher mit ihrem Regierungspartner, mit dem sie eine Mehrheit im Nationalrat bildet, also über Regierungsnominierungen und Nationalratsnominierungen – beim Bundesrat mag das jeweils wieder ein bisschen anders aussehen – hier ebenfalls hineinzukommen. Wir können aber sagen, dass sich die Parteien hier bisher zurückhalten. Es gibt zwar erkennbar diese Nominierungsnähe, aber anders als noch am Beginn der Zweiten Republik, als mit Wilhelm Rosenzweig ein prominenter SPÖ-Anwalt Mitglied des Verfassungsgerichtshofes war. Die Parteien sorgen dafür, dass da die Balance gewahrt bleibt.

Die Politisierung des Verfassungsgerichtshofes ist durch die Verfassung selbst festgelegt: Es nominieren hier die beiden Kammern des Parlaments und die Bundesregierung, auch wenn der Bundespräsident formell ernennt und der Bundespräsident hat bisher keinen Grund gefunden, eine Ernennung zurückzuweisen. Es wäre interessant, wenn das einmal passiert. Das mag schon ein präventives

Element sein, dass man hier bei der Ernennung nicht zu kühn die Parteipolitik ins Spiel bringt. Aber der Verfassungsgerichtshof hat sich in den letzten 20, 30 Jahren allmählich frei geschwommen von dieser Bestimmtheit, von diesem „Du darfst nicht zu politisch werden, dafür sorgen wir, indem wir die politische Ernennung sehr ernst nehmen".

Im Zusammenhang mit der Justiz ein interessanter Punkt ist die Immunität von Abgeordneten. Diese ist zwar historisch erklärbar, entstanden im 19. Jahrhundert, aber grundsätzlich nicht mehr zeitgemäß. Die Frage ist, ob man sich das antun soll, sie gegen das Geschrei der jeweiligen Opposition aufzuheben. Denn natürlich sieht die Opposition, die ja die Minderheit im Nationalrat ist, eine mögliche Aufhebung der Immunität immer als Bedrohung. Diese Immunität ist zwar als überholt zu betrachten, aus pragmatischen Gründen könnte man aber dazu neigen, den Status quo zu lassen aber sofort einräumen, dass die Immunität genaugenommen aus der Geschichte des Spätabsolutismus, des Überganges zum Verfassungsstaat erklärbar ist. Übrigens, im britischen Parlamentarismus gibt es keine Immunität.[70]

Im Weisenbericht 2000[71] geht es auch um die sogenannte „Natur der FPÖ". Dort wird vermerkt, dass die FPÖ versuchte, verstärkt politische Gegner „mundtot" zu machen. So steht unter Punkt 93 wörtlich: „Eines der problematischsten Kennzeichen führender Mitglieder der FPÖ sind Versuche, politische Gegner zum Schweigen zu bringen oder sie sogar zu kriminalisieren, wenn sie die österreichische Regierung kritisieren." Kurz später wird im Bericht auf „das systematische Betreiben von Beleidigungsverfahren" verwiesen. Das alles sei berechtigter Grund für ernsthafte Sorgen.

Im Jahr 2000 ist das heftig diskutiert worden. Da war Alfred Worm sehr aktiv, früher Chefredakteur von *profil*, später von *News*. Worm hat diese Praxis immer aufgezeigt und kritisiert. Aber insgesamt sollte man das nicht zum großen Thema machen: An der Freiheit, den Weg zur unabhängigen Gerichtsbarkeit zu gehen,

---

70 In den mehr als 20 Jahren seit 1996 wurde in knapp 150 Fällen der Immunitätsausschuss mit entsprechenden Angelegenheiten befasst; in etwa einem Drittel der Fälle wurde kein Zusammenhang zwischen den behaupteten Strafhandlungen und der politischen Tätigkeit festgestellt, einer behördlichen Verfolgung stand damit seitens des Nationalrats nichts mehr im Wege. In mehr als 40 Fällen wurde ein solcher Zusammenhang festgestellt und die Zustimmung zur behördlichen Verfolgung nicht erteilt, in 35 Fällen wurde die Zustimmung zur behördlichen Verfolgung erteilt. Zusammenstellung durch Franz Gutsch und Katharina Klement von der Parlamentsdirektion.

71 Der Weisenbericht im Wortlaut: http://images.derstandard.at/upload/images/bericht.pdf

soll man eher nicht dran rütteln. Faktum ist, dass die FPÖ das dann weitgehend eingestellt hat. Die Klagen Jörg Haiders – über die Kanzlei Böhmdorfer – haben aufgehört, als der Haider in den meisten Fällen einfach nicht Recht bekommen hat. Die Optik war dann umso schlechter für ihn. Das heißt, wenn die Unabhängigkeit der Justiz dafür sorgt, dass man durch eine Klageflut den Inhalt der Judikatur nicht beeinflussen kann, wird die Klageflut auch politisch kontraproduktiv. Der Haider ist dann in seinen letzten Lebensjahren damit viel vorsichtiger umgegangen als um das Jahr 2000 herum, als er für die Kanzlei Böhmdorfer – vermutlich abgesichert durch eine Rechtsschutzversicherung – eine wichtige Einnahmequelle war.

Also insgesamt ist die Justiz, könnte man so pauschal sagen, relativ immun gegen Zurufe von außen. Relativ immun, man müsste das selbstverständlich in einen vergleichenden Kontext stellen – Justiz vor 50, vor 60 Jahren, Justiz in anderen demokratischen Rechtsstaaten, zur Jetztzeit – aber insgesamt kann man aufgrund zahlreicher Erfahrungen davon ausgehen, dass die österreichische Justiz ein hohes Maß an Selbstbewusstsein hat. Manchmal sogar ein bisschen überzogen. Das mag dazugehören und das ist grundsätzlich auch gut so. Es spricht sehr viel dafür, dass die österreichische Rechtsstaatlichkeit durch eine unabhängige Justiz grundsätzlich gewährt ist.

Ein Prozess und nachfolgend ein Urteil, das sehr spannend war, war jenes von Denz initiierte Verfahren 1988/89, weil da im Urteil in letzter Instanz ganz deutlich der Begriff „Schreibtischtäter" thematisiert worden ist. Das war damals ein durchaus interessantes Statement.[72] Das war überhaupt ein interessanter Fall, der politisch im engeren Milieu von Innsbruck und Tirol rasch weggesteckt worden ist. Wenn man sich die Biographie des früheren NS-Bürgermeisters Denz nach 1945 ansieht, welche Persilscheine er zum Beispiel vom früheren Landeshauptmann und Außenminister Gruber bekommen hat usw., wie locker hier die Politik Freisprüche verhängt hat für jemanden, der, als es dann wirklich zur Justiz gekommen ist, so sicherlich nicht standgehalten hat. Denz war tot, aber das Gericht hat geurteilt, man kann ihn Schreibtischtäter nennen. Man kann ihn verantwortlich an

---

72 In einer Rede zum Gedenken an die Verbrechen des Novemberpogroms in Innsbruck hatte Anton Pelinka im November 1988 folgendes gesagt: „Das eigentlich Böse, das eigentliche Übel, sind die herrschenden Bewusstseinsstände. Es sind diese Bewusstseinsstände, die es ermöglicht haben, dass prominente Täter des Jahres 1938, wie etwa der nationalsozialistische Bürgermeister von Innsbruck, Denz, auch nach 1945 politische Karrieren fortsetzen konnten – als wäre nichts geschehen. Ist 1945 und in den Jahren danach nichts geschehen?" Aufgrund dieser Aussage wurde Pelinka von Elmar Denz, dem Sohn des NS-Bürgermeisters Egon Denz, wegen Verdachts der üblen Nachrede geklagt.

den Morden des Pogroms vom November 1938 benennen.[73] Und das hätte schon auch dazu führen müssen, sollen, können, dass die ÖVP und die SPÖ sich hier stärker selbstkritisch einbringen oder dazu äußern. Es scheint aber nicht, dass es ernsthaft dazu geführt hat. Dieser an sich logische Schritt hat nicht stattgefunden. Altbürgermeister Lugger hat sich nicht veranlasst gefühlt, das zu tun, was später schon passiert ist. Etwas später hat es dann, allerdings auf der Bundesebene – Beispiel Historikerkommission der SPÖ, jetzt Historikerkommission der FPÖ – Ergebnisse gezeigt. Über die einzelnen Details kann man diskutieren, aber immerhin war da im Zusammenhang mit der Waldheimaffäre schon etwas da, was im Fall 1988 im Raum Innsbruck noch keine Konsequenzen gezeigt hat.

---

73 In der Urteilsbegründung ist zu lesen: „Um den damaligen Ereignissen wirklich gerecht zu werden, darf nämlich nicht der heute allgemein gültige Täterbegriff laut Duden, der ja ein strafrechtlicher ist, herangezogen werden, sondern es muß darauf abgestellt werden, daß Täter in diesem Sinne auch diejenigen sind, die persönlich für die Etablierung und Aufrechterhaltung des offenen NS-Unrechtsregimes eingetreten sind. Ein solcher Täter war Dr. Denz jedenfalls, auch wenn ihm keine Rohheitsakte nachgewiesen werden konnten, die er eigenhändig verübt hat." Landesgericht Innsbruck, 35 Vr 188/89; 35 Hv 25/89, 2.7.1990, S. 25

Föderalismus

In Österreich gibt es das Zentrum, Wien, auch historisch begründet und die anderen acht Bundesländer. Das Verhältnis zwischen Bund und Ländern ist ein bisschen wie Schattenboxen. Es gibt diese von Verfassungsjuristen kommende Aussage, dass der Föderalismus in Österreich unterentwickelt ist: Der zentralisierte Bundesstaat, das ist so ein Begriff in Verfassungsrechtslehrbüchern. Auf der anderen Seite gibt es diese Klischeevorstellung von der Nebenregierung der Landeshauptleutekonferenz. Auf der einen Seite sagt man, die Länder sind nicht sehr wichtig, z.B. sie haben keine Steuerhoheit, das ist schon ein wichtiger Faktor. Auf der anderen Seite sind die Länder gleichzeitig in Form der Landeshauptleutekonferenz in die Rolle des ewigen Beharrers und Verhinderers von Innovation gerückt. Natürlich ist die Wirklichkeit in irgendeiner Form dazwischen. Und vor allem nicht auf allen Ebenen gleich. Die Länder haben eine wichtige Rolle, die gelegentlich aufgebrochen wird. Kreisky hat einmal geklagt, er könne nicht einmal dafür sorgen, dass im Wahlkreis Kärnten zwei jemand aufgestellt oder nicht aufgestellt wird, denn das entziehe sich seiner Kompetenz als Parteivorsitzender. Jetzt hat ein ÖVP-Obmann gezeigt, dass er das kann. Allerdings muss es einer Partei sehr schlecht gehen, dass sie einem Hoffnungsträger diese zentralisierte Macht gibt. Das verschiebt sich ständig, völlig unabhängig davon, was in der Verfassung steht. Es fällt schon auf – und das ist ein Gegenstand der fast schon endlosen Reformdiskussion –, dass die Länder hier quasi fremdes Geld „ausgeben". D.h. die Länder nehmen an sich selbst kein Geld ein, bekommen keine Steuerhoheit, aber sie geben – ohne eine bei einer eigenen Einnahmesituation zu vermutende Hemmschwelle – Geld aus. Das ist die Vermutung, die z.B. Reform- und Justizminister Moser immer äußert, die auch Hannes Androsch äußerte. Darüber kann man diskutieren. Das ist eine ganz normale Diskussion, es gibt da keine perfekte Lösung. Der Föderalismus in Österreich ist pragmatisch zu sehen und zu diskutieren, allerdings ist dieser Aspekt insofern ein bisschen überholt, weil die eigentliche Föderalismusfrage eine der Europäischen Union ist. Und da kann man fragen, ist es so wichtig, wie in Österreich hier die Bund-/Länderkompetenzverteilung vor sich geht oder nicht? Das ist nicht unwichtig, aber die Perspektive hat sich doch durch Österreichs EU-Beitritt nicht unerheblich verschoben. Wichtiger könnte jetzt sein, ob man der Europäischen Union die Möglichkeit gibt, Steuern einzunehmen. Bei der Entwicklung der USA war das eine ganz zentrale Frage. Wenn die Europäische Union sich weiterentwickelt, wird diese Frage noch verstärkt kommen. Österreich ist da ein mittlerer Fall. Die österreichischen Länder haben weniger Selbständigkeit als die Schweizer Kantone zum Beispiel, die ja auch Universitätskompetenz haben. Wobei sich die Länder da ein bisschen zurückgeholt haben mit der Fachhochschulkompetenz. Nicht zurückgeholt, sie haben sie sich erworben, diese Fachhochschulkompetenz. Dafür zahlen sie übrigens auch. Die Länder haben sich ein wichtiges Aktivitätsfeld aufgemacht im Bereich der Fachhochschulen in Konkurrenz zu den Universitäten, die ausschließlich in der Bundeskompetenz liegen.

In Zweikammersystemen wäre an sich eine zweite Kammer für den Föderalismus zuständig, in Österreich kommt der Bundesrat dem nicht nach. Immer wieder wird diskutiert ob man das ändern bzw. wie das Zusammenspiel zwischen Bundesrat und Landeshauptleutekonferenz gestaltet werden soll. Diese Kooperation zwischen Bundesrat und Landeshauptleutekonferenz ist formal da. Weil in der Landeshauptleutekonferenz in einem Halbjahresturnus immer ein Bundesland den Vorsitz übernimmt, übernimmt dieses Land auch für ein halbes Jahr den Vorsitz in der Landeshauptleutekonferenz. Und von der relativ stärksten Partei aus diesem Land wird dann auch der Präsident/die Präsidentin des Bundesrates gestellt. Aber das wird eigentlich kaum wahrgenommen, hat auch kaum realpolitische Bedeutung. Der Bundesrat ist keine zweite Kammer, die in irgendeiner Form ernsthaft das Kräftegleichgewicht Nationalratsmehrheit – Bundesregierung[74] beeinflussen kann, weil ja der Bundesrat nur aufschiebende Kompetenzen hat bei der Gesetzgebung, außer es geht wirklich um Rechte der Bundesländer selbst. Aber da führt sowieso kein Weg daran vorbei, dass man sich in solchen Fällen großkoalitionär abspricht.

Was der Bundesrat tut, ist den Parteien eine Personalreserve anzubieten. Parteien können Personen in den Bundesrat schicken, für die momentan keine andere, in dem Sinn eigentlich wichtigere Verwendung möglich ist. Man kann auch Geld sparen, Parteiangestellte werden primär als Mitglieder des Bundesrates entlohnt und die Partei muss nicht ein entsprechendes Gehalt bezahlen. Also da kann man sich spielen und für Puristen ist das natürlich zu wenig. Aber wir dürfen nicht vergessen, in der Verfassungsnovelle 1929 ist der Bundesrat schon einmal umgewandelt worden in einen Länder- und Ständerat. Die Implementierung hat nicht stattgefunden und ab und zu kommt es noch im Hintergrund wieder hervor, quasi was soll das, dass man hier die Sozialpartner in die zweite Kammer setzt, die Sozialpartnerschaft ist nichts, was sich für eine parlamentarische Öf-

---

74 Im Gegensatz zum Nationalrat kann der Bundesrat der Regierung kein Misstrauen aussprechen.

fentlichkeit wirklich eignet. Der Bundesrat ist funktional sehr nahe an der Überflüssigkeit, aber er stört nicht wirklich. Und da er eine Sekundärfunktion hat, nämlich hier als personalpolitischer Parkplatz für die Parteien zu dienen, könnte man ihn auch lassen. Er tut nicht weh, das reicht ja auch.

Was auch noch bei den Ländern, beim Verhältnis Länder – Bund interessant ist, ist die Rolle von einzelnen Landeshauptleuten, von sogenannten Landesfürsten. Einige sehr lang dienende sind in der jüngeren Vergangenheit abgetreten, Häupl, Pröll und Pühringer. Die Frage ist, welche Rolle Landeshauptleute spielen oder spielten, ob diese Rolle regional begrenzt ist oder sie auch bundespolitisch agieren (können). Ein Faktor dabei ist, dass die Verweildauer eines Landeshauptmannes, einer Landeshauptfrau im Amt im Durchschnitt deutlich länger ist als die Verweildauer eines Bundeskanzlers im Amt, wenn man von Bruno Kreisky als der großen Ausnahme absieht. Landeshauptleute können Jahrzehnte bleiben. Heinrich Gleißner, Eduard Wallnöfer, Erwin Pröll, Michael Häupl usw. usf. Das gibt ihnen natürlich eine gewisse Präsenz oder wie es so schön heißt, ich habe schon zwei Bundeskanzler überlebt, ich werde den dritten auch noch überleben. Ein Grund ist, dass das Amt des Landeshauptmannes/der Landeshauptfrau in Österreich weniger risikobehaftet ist als Ämter auf der Bundesebene. Und das führt zur Verweildauer und das führt zu einer Art mehr oder weniger automatisch zuwachsender, zugeschriebener, scheinbarer staatsmännischen Reife. Und auch zum Anlegen von Spielwiesen. Erwin Pröll hat die kulturpolitischen Spielwiesen in Niederösterreich eigentlich sehr geschickt ausgespielt.

Diese Verweildauer hängt auch damit zusammen, dass Landeshauptleute ihre Landespartei zumeist noch viel stärker unter Kontrolle halten als Bundesparteivorsitzende oder Bundesparteiobmänner ihre Bundesparteien. Sie können sozusagen alles langsam unter Kontrolle halten, weil sie Zeit haben. Es gibt selten eine Kampfablöse, relativ selten auch Fälle von Wechsel zwischen ÖVP und SPÖ, Steiermark und Salzburg hin und zurück, Kärnten hin und zurück, dort noch mit der FPÖ. Lange Zeit war das Burgenland das einzige Beispiel eines Wechsels von einer relativen ÖVP Mehrheit zu einer relativen SPÖ Mehrheit.[75] Aber innerparteilich sind diese Landeshauptleute meistens wenig gefährdet. Das gibt ihnen Autorität und diese Autorität können sie erst Recht dazu nützen, sich innerparteilich noch ungefährdeter zu machen. Es gibt ihnen einfach in ihrem Land Macht und wenn sie auf der Landeshauptleutekonferenz zusammentreffen,

---

75 Im Burgenland stellte die ÖVP von 1945–1964 die Landeshauptmänner, seit 1964 kommen diese von der SPÖ.

erkennen sie sozusagen die gleiche Logik beim Nachbarn, auch wenn der von einer anderen Partei ist. Das war die Pröll'sche, Häupl'sche Achse, die auch dazu geführt hat, dass in der Zeit Schüssels beide eine besondere Nähe zu Bundespräsident Klestil aufgebaut haben. Die haben so einfach Bundespolitik gemacht, zumindest hat man vermutet, die machen Bundespolitik, vielleicht haben sie das gar nicht gemacht, aber allein die Zuschreibung bedeutet ja schon etwas.

Dazu noch zwei Beispiele: Eines der letzten Interviews von Werner Faymann in der ZiB 1 als Bundeskanzler. Da sitzt Werner Faymann in dem Raum und neben ihm Häupl, so als eine Art Sekundant. War irgendwie eine eigenartige Konstellation. Das zweite Beispiel: 2016 Bundespräsidentschaftswahlkampf, plötzlich sagt Erwin Pröll, Mikl-Leitner, die Innenministerin kommt zurück nach Niederösterreich und mein Finanzlandesrat geht als Innenminister nach Wien.

Das waren sichtbare Machtsituationen, wobei das eine eher die Unsicherheit und Schwäche von Faymann demonstriert hat. Faymann war schon geschwächt, kurz darauf hat er seine Funktionen zurückgelegt. Das war noch ein Versuch, sich gleichsam am Wiener Bürgermeister und SPÖ-Landesparteivorsitzenden anzuhalten. Das war ganz eindeutig, aus der eigenen Schwäche heraus, an wem kann ich mich aufrichten. Häupl. Und Häupl hat diesen braven Parteisoldaten gespielt. Das hat dann aber auch nichts mehr genützt, weil der Zug offenkundig schon abgefahren war. Und bei Pröll war das schon sehr klar, was er hier verkündet. Über den Innenminister, sollte man ja meinen, entscheidet der Bundeskanzler oder bei einer Koalition der Vizekanzler. Es ist kaum vorstellbar, dass Pröll das ohne Hintergedanken einfach so gemacht hat, das war schon noch einmal die Demonstration „… wenn ich wollte, was ich alles könnte. Ich will ja nicht immer alles, z.B. will ich nicht Kandidat für das Amt des Bundespräsidenten sein, aber sonst.... Der Herr Mitterlehner war glaube ich damals Bundesparteiobmann der ÖVP. Naja, ob ich den vorher angerufen hab' und ihm gesagt hab', was ich da sagen werde, werdet ihr nicht erfahren und ich brauch das auch nicht zu erklären".

Dann gab es noch diese zweimalige Nicht-Kandidatur von Pröll bei den Bundespräsidentschaftswahlen 2010 und 2016. In beiden Fällen ist eine Kandidatur Prölls diskutiert worden oder ist Pröll in Stellung gebracht worden und in beiden Fällen wurde dann lange überlegt und er hat irgendwann gesagt, nein doch nicht. Alles deutet darauf hin, dass Pröll ernsthaft überlegt hat. Denn nur so aus Jux und Tollerei hätte er das wohl nicht gemacht, zumindest 2010. Aber da wurde doch deutlich sichtbar, gegen einen amtierenden, weitgehend über die Parteigrenzen hinweg anerkannten und unbestrittenen Heinz Fischer anzutreten, das kann nur schlecht ausgehen. Vereinfacht gesagt, könnten potentielle Geldgeber aus dem

Bankenbereich signalisiert haben, da wollen wir nicht großartig finanziell einspringen, überleg' Dir das. 2016 ist nicht sicher, ob und wie lange Pröll ernsthaft überlegt hat, oder ob er das nur so als Spielball, als Inszenierung konstruiert hat. Das ist schwer zu sagen. Er hätte ja auch früher schon deutlicher nein sagen können. Sein nein, das er hat er früher auch gesagt, das ist aber nicht so deutlich angekommen. Er hat es zumindest zugelassen, dass spekuliert wird und es ist seine persönliche Entscheidung gewesen, vermutlich hätte er ja gesagt, wäre er Kandidat geworden. Ob er Bundespräsident geworden wäre wissen wir nicht. Aber er wäre mit Sicherheit ein stärkerer Kandidat gewesen als der, den die ÖVP in Folge der Vorgeschichte dann relativ knapp aufstellen musste. Der noch dazu von sich gesagt hat, eigentlich bin ich kein sehr populärer Mann für dieses Amt.

Zentrale Persönlichkeiten

Wenn man mit 1945 beginnt ist hier zuallererst Karl Renner zu nennen. Karl Renners Flexibilität – diese Flexibilität kann natürlich auch Opportunismus genannt werden – lässt ihn sofort erkennen, was in dieser Situation 1945 an Chancen drinnen ist für Österreich. Nämlich das, was innerhalb von Zirkeln, denen Renner nicht aktiv angehört hat – er hat sich vom Widerstand freigehalten – diskutiert wurde. Er hat er sehr wohl gewusst, welche Position die Sozialdemokratie hatte und umsetzen wollte. Er hat in London fast bis zum Schluss gestritten, welche die beste Lösung wäre und vertrat den Standpunkt, dass es am besten sei, die Vorgabe der Alliierten zu akzeptieren. Wo die Alliierten waren, wo der nächste sowjetische Kommandoposten war, da geht Renner hin. Und spielt das raffiniert nach der Devise „ich bin der letzte Präsident des letzten frei gewählten österreichischen Nationalrates, ich würde gerne mit dem kommandierenden Offizier sprechen". Der Leutnant schaut, wer ist das, da kommt ein alter Herr mit Spitzbart und tritt selbstbewusst mit Stock auf. Und dann sagt er – Renner konnte ein bisschen Russisch –: „Ich würde gerne mit dem Genossen Stalin in Kontakt treten". Unglaublich, aber der Offizier ruft an, und Renner – bei allem Hinweis auf seine kritisierbare Neigung, es mit allem und mit jedem zu versuchen –, versucht es auch mit dem Genossen Stalin. Er schreibt „Werter Genosse Stalin". Renner versucht auch, Stalin zu vermitteln, er sei zwar ein alter Depp und Stalin könne ihn instrumentalisieren, in Wirklichkeit aber instrumentalisiert Renner Stalin. Jetzt einmal abgesehen von jeder ethischen Bewertung des Verhaltens von Renner, war das unglaublich positiv für Österreich. Dann begab er sich sofort auf die Suche nach den alten Christlich-Sozialen, wer ist da, mit wem könnte ich und dann hat er diesen einen Badener Abgeordneten getroffen, er kommt auf Kunschak, baut schon wieder ein Netzwerk auf. Das war Karl Renner. Die erste Figur, die ganz eindeutig jetzt nicht im Sinne einer ethischen Bewertung, sondern von der Effizienz her positiv ist, das ist der Karl Renner. Eine Schlüsselfigur.

Karl Renner bei der Stimmabgabe. Undatiert

Dann, wenn wir ein bisschen weiter gehen, sind die Personen Figl und Raab zu nennen. Figl, der bald ÖVP-Obmann wird (Kunschak war nur kurzzeitig Ehren-obmann). Allein schon die Lernfähigkeit war auch bei Figl bemerkenswert. Er bekommt im Spätsommer/Frühherbst 1945 einen Brief von einem gewissen Kurt Schuschnigg aus Neapel, in dem dieser sinngemäß meint, „Lieber Leopold" – die kennen sich alle natürlich vom CV und von der Vaterländischen Front usf. –, „ich sitze da in Neapel, bin aus der Haft befreit, dem Tode entronnen und die Amerikaner haben mich jetzt ausführlich befragt und mit mir gesprochen und ich habe ihnen meine Erlebnisse während der jahrelangen Haft erzählt, was soll ich jetzt machen, soll ich nach Österreich zurückkommen?" Und Figl antwortet: Bitte nicht. Komm nicht zurück. Das war völliger Realismus. Figl mag Schusch-nigg vielleicht sogar gern gehabt haben, das war gar nicht persönlich gemeint. Figls Position war aber, wir müssen uns jetzt mit den neuen Realitäten arrangie-ren und wir müssen möglichst vergessen machen, dass wir zwischen 1934 und 1938 eine Diktatur gehabt haben mit uns ÖVP-Leuten an der Spitze und noch dazu mit Schuschnigg als Justizminister, der mit den Todesurteilen vom Februar 1934 assoziiert wurde. Bitte, lieber Kurt, komm' nicht zurück. Und Schuschnigg ist auch lernfähig und akzeptiert das. Er geht nach Amerika.

Neben Leopold Figl ist sicherlich auch Julius Raab zu erwähnen, der ja noch dazu als einer, der den Korneuburger Eid[76] geschworen hat, alles andere als ein

---

76   Der Korneuburger Eid der Heimwehren wurde am 18.05.1930 geschlossen; wesentliche Inhalte waren die Ablehnung eines demokratischen Parlamentarismus und Parteienstaats sowie ein Bekenntnis zu einem Ständestaat.

gestandener Demokrat war. Raab beginnt dann in der Zweiten Republik aber als erster Präsident der neu geschaffenen Bundeswirtschaftskammer sofort mit Johann Böhm Kontakt aufzunehmen. Da gibt es diese typischen Raab-Sätze. Raab hat immer so cartoonähnliche Aussprüche gehabt, wie „den russischen Bären soll man nicht in den Schwanz zwicken" oder dann „Ich als Baumeister muss mich mit meinem Polier gut verstehen", der Polier war Johann Böhm. Johann Böhm, Schani, Du bist ÖGB-Präsident, Du wirst zweiter Präsident des Nationalrates, ich bin in der Bundeswirtschaftskammer und in der ÖVP ganz oben (kurz darauf war Raab auch schon Figl-Nachfolger im Bundeskanzleramt). Auch Raab ist also lernfähig.

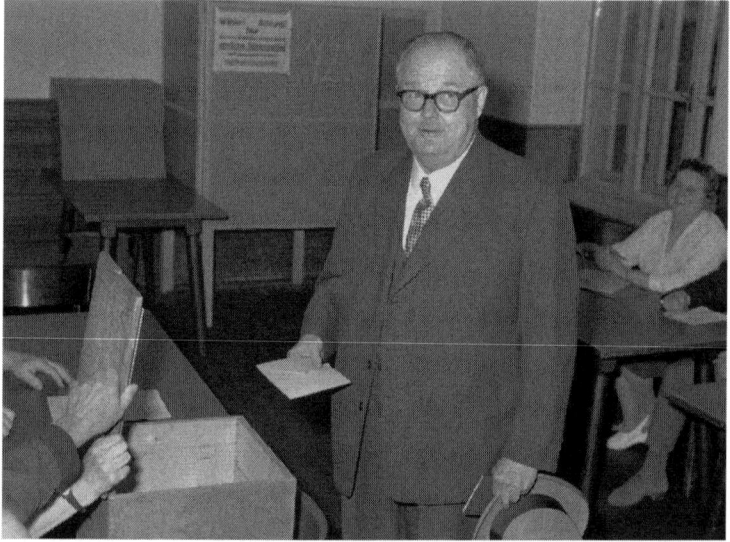

Bundeskanzler Julius Raab bei der Stimmabgabe zur Nationalratswahl. 10. Mai 1959.

Eine vierte positiv wirksame Person war dann Bruno Kreisky. Kreisky hat zwar auch zwei für viele erkennbare schwere Fehler gemacht und war auch noch geprägt von der Zeit vor dem Nationalsozialismus, aber weniger als viele andere. Damals war er ein junger Tapferer, der verurteilt wurde und in Wöllersdorf[77] gesessen ist und dann rechtzeitig nach Schweden entkommen konnte. Aber er war vor der Zeit des Nationalsozialismus noch keine Führungsfigur wie etwa Renner und Raab und Figl. Vorweg die beiden Fehler: Das eine ist, wie er sich gegen-

---

77 Das Anhaltelager Wöllersdorf wurde 1933 errichtet; in Wöllersdorf waren u.a. SozialdemokratInnen, KommunistInnen und NationalsozialistInnen inhaftiert; der Höchststand an Inhaftierten lag bei mehr als 5.000. Das Lager wurde im Februar 1938 – nach dem Treffen Hitler-Schuschnigg in Berchtesgaden – aufgelöst.

über Simon Wiesenthal verhalten hat, das war von ihm authentisch. Da führt kein Weg vorbei, das war nicht strategisch gedacht. Er hat Simon Wiesenthal wirklich eigentlich unglaublich schäbig behandelt. Und kaum jemand hätte Simon Wiesenthal schäbiger behandeln können nach 1945. Das zweite war der Fall Androsch, auch in diesem Fall war Kreisky authentisch. In beiden Fällen ist Kreisky die Kontrolle über sich selbst entglitten. Mit dem Fall Androsch hätte er als Parteivorsitzender und Kanzler souveräner umgehen können. Eventuell durch einen Kompromiss, wie auch immer, aber derart die Nerven verlieren, Androsch öffentlich beschimpfen und eben einige Jahre davor Wiesenthal öffentlich beschimpfen, das waren die beiden erkennbaren schweren Fehler des Bruno Kreisky.

Positiv an Kreisky war, dass er natürlich so das Bedürfnis nach einer neuen Identität in Österreich erkannte: „Jetzt haben wir Wohlstand, der Wiederaufbau ist vorbei, jetzt schauen wir uns um nach einer neuen Identität. Ich sehe, dass Österreich gern wichtig sein will". Das hat er erfüllt, sehr geschickt. Diese Achse Palme-Brandt-Kreisky, 1972 dieses Treffen mit Richard Nixon in Salzburg, diese doch relativ wichtige Rolle im Vorfeld der OSZE, diese aktive österreichische Neutralitätspolitik. Das hat er schon sehr geschickt gemacht. Und ein vielleicht substanziell wichtigeres Verdienst war, dass er die SPÖ endgültig von dem befreit hat, was man das austromarxistische Museum bezeichnen kann. Begonnen hat dieser Prozess schon vorher, aber Kreisky hat ihn beendet. Da kann man noch immer jederzeit die Hainfelder Parteigründung[78] oder das Linzer Programm feiern, aber de facto hat Kreisky eine Politik betrieben, die sich um nichts geschert hat, was im Linzer Programm gestanden ist. Das haben schon andere begonnen, sicherlich auch schon Pittermann, aber Kreisky hat das mehr oder weniger irreversibel gemacht. Dass die SPÖ eine eindeutig sozialdemokratische Partei ist und keine linkssozialistische wie die Abspaltungen von der dänischen oder der schwedischen Sozialdemokratie.

Interessant war aus zwei Gründen Franz Vranitzky. Vranitzky war gewissermaßen durch eine Zufälligkeit Bundeskanzler geworden, er wurde von Bundespräsident Kurt Waldheim nach der Wahl 1986 mit der Regierungsbildung beauftragt, nachdem er schon kurze Zeit vorher nach dem Rücktritt von Sinowatz, also schon vor der Neuwahl 1986 Bundeskanzler gewesen war. Vranitzky hat diese Rolle von Anfang an sehr souverän erfüllt. Er war damals eigentlich das Herzeigbare an Österreich. Waldheim war es offenbar nicht. Vranitzky hat das sehr souverän gemacht, z.B. Fernsehauftritte im amerikanischen Fernsehen wa-

---

78 Gründung der Sozialdemokratischen Arbeiterpartei 1888/1889 in Hainfeld.

ren immer voll des Lobes, er war locker und souverän, mit einer klaren Distanz zu Waldheim, aber doch so, dass es klar ist, er bricht nicht mit der Verfassungsstruktur, in der der Bundespräsident eine wichtige Rolle spielt. Eine Rolle, die ihm dann in diesem Zusammenhang zugewachsen ist, war 1988 das Gedenkjahr, 50 Jahre nach dem sogenannten Anschluss. Auch da fand er die richtigen Worte und die Formel von der Mitverantwortung Österreichs, das war er. Sicherlich haben das dann auch andere gemacht, Klestil als Bundespräsident hat das später auch gemacht und Busek als Vizekanzler ebenso. Aber Vranitzky war Regierungschef und dann wegen des de facto-Boykotts von Waldheim in allen westlichen Ländern einschließlich Israels sozusagen das Ersatzbild. Das offizielle Österreich. Und zweitens, er hat die SPÖ, die noch lange Zeit sozusagen Schwierigkeiten gehabt hat, sich pro- EU zu positionieren – weil Pittermann einmal gesagt hat, die EWG, das ist ja ein Kapitalistenverein oder so ähnliches – in dieser Hinsicht also umgedreht. Bei Vranitzky haben sicherlich seine Erfahrungen im Finanzministerium und vorher in den Banken mitgespielt, aus österreichischem Interesse ein window of opportunity, das jetzt durch den Gorbatschow-Kurs entsteht, zu nützen und er hat die SPÖ erfolgreich von einer latenten Anti-EU-Partei zu einer expliziten Pro-EU-Partei umgedreht und damit die öffentliche Meinung in Österreich insgesamt sehr positiv beeinflusst.

Überraschend tritt Vranitzky dann Anfang 1997 zurück. Vermutlich weil er genug hatte. Es mag schon sein, dass er sagt, die Erfolge, die ich erzielen kann, habe ich schon erzielt, was jetzt kommt, sind vielleicht nicht mehr die Erfolge und Viktor Klima steht eh schon bereit. Also er ist rückblickend wohl zu einem Zeitpunkt von der Rolle des Parteivorsitzenden und des Regierungschefs abgetreten, als er eigentlich ohne Misserfolg dagestanden ist. Ob das Wahlergebnis 1999 mit Vranitzky ein anderes gewesen wäre, wissen wir selbstverständlich nicht. Aber Vranitzky hat, anders als manche andere Politiker, offensichtlich gewusst und erkannt, dass in der Politik jede Erfolgsserie einmal reißt. Und er konnte loslassen. Er hat dann auch Zwischenrufe und Kommentare vermieden, also das was den Ruf seines Vorvorgängers Kreisky eigentlich ein bisschen gestört hat. Kreisky hat immer noch von Mallorca[79] aus seinem Nachfolger das Leben schwer gemacht. Vranitzky war still. Vranitzky hat Klima keine Ratschläge erteilt, hat später Gusenbauer keine Ratschläge erteilt, während Kreisky, sobald ein Mikrofon in der Nähe war, schon etwas Böses über Sinowatz gesagt hat. Der aber gleichzeitig seine Erfindung war. Kreisky konnte nicht loslassen. Franz Vranitzky konnte loslassen.

---

79 Bruno Kreisky verbrachte Teile seiner Freizeit in seinem Ferienhaus auf Mallorca.

Wer aus den letzten zwanzig Jahren in Erinnerung bleibt, ist schwer zu sagen. Vielleicht bleibt der längst dienende Bürgermeister der Geschichte der Stadt Wien, Michael Häupl, in Erinnerung. Häupl hat auf der Ebene unterhalb der Republik doch Erstaunliches geleistet, nicht zuletzt für seine Partei, die Sozialdemokratie. Es gibt wohl kaum eine andere Großstadt, die immer eine sozialdemokratische Mehrheit hatte, entweder knapp dran oder knapp über der absoluten Mehrheit. London wurde eine Zeitlang von Konservativen regiert, Berlin wurde eine Zeitlang von Konservativen regiert, Rom wird von Konservativen oder von bunten Sternen regiert. Wien hat immer eine sozialdemokratische Mehrheit. Allein das ist schon eine Leistung. Das war natürlich möglich durch eine Mischung aus Intellektualität und gespielter Bodenständigkeit. Michael Häupl ist ein Intellektueller, der in der Lage ist, glaubwürdig auch den Bierkutscher zu spielen. Das ist ihm gelungen, ohne dass er Glaubwürdigkeit in die eine oder andere Richtung verloren hätte. Das ist eine Leistung. Also Michael Häupl kann man durchaus dazu zählen, eben gerade weil er jetzt schon am Ende seiner politischen Karriere ist. Bei Leuten, die noch mitten drinnen stehen, müssen wir generell vorsichtiger sein mit endgültigen Einschätzungen.

Spannend war sicher auch Kurt Waldheim, weil an ihm – und letztlich zu seinen Lasten – eigentlich und fast zufällig die Vergangenheitsdebatte aufgebrochen ist. Und vermutlich hat Waldheim bis zum Schluss nicht verstanden, warum das so war. In diesem Sinn war Waldheim, der sicherlich intelligent und gebildet war, von einer mangelnden politischen und sozialen Sensibilität. Sonst hätte er wahrscheinlich noch vermeiden können, dass er zum Symbol wird. Waldheim ist auch Unrecht geschehen, wie übrigens auch Heinz Fischer bei Waldheims Begräbnis erwähnt hat. Denn er war nicht ein Kriegsverbrecher. Er war nicht der *butcher*, wie das einmal in der *New York Post* (nicht zu verwechseln mit der *New York Times*) gestanden ist. Er war eigentlich ein Durchschnittsösterreicher, geprägt vom Überlebenswillen, aus einer katholisch-konservativen Familie kommend, Mitglied des Mittelschülerkartellverbandes, dann 1938/39 in eine Anpassungsmaschinerie hineingekommen, der er sich nicht widersetzen wollte, nicht widersetzen konnte. Die Mitgliedschaft, war er jetzt bei der NSDAP oder nicht, das ist alles eigentlich nicht außergewöhnlich, es waren 600.000 Österreicher dabei. Und es waren spätere Minister dabei, die von der ÖVP und von der SPÖ in das Amt geschickt worden sind. Waldheims Fehler war ganz einfach, dass er nicht rechtzeitig offen darüber gesprochen hat. Vielleicht konnte er nicht. Aufgrund seiner nicht intellektuell dummen aber sozial und politisch wenig sensiblen Sicht. Er hat sich immer als Opfer gefühlt. Aber so wurde er eigentlich zum Mister Österreicher. Er war sicherlich vielmehr der typische Österreicher als die anderen wichtigen Politiker der Zweiten Republik. Er war sozusagen kein Nazi und er war kein Anti-Nazi, er war in der Wehrmacht, aber doch nicht so ganz. Wer 1939/40 Leutnant ist und 1945 nur Oberleutnant, der hat in der Wehrmacht keine große Karriere gemacht. Waldheim hat Glück gehabt, dass er nach seiner Verwundung nur mehr in den Stäben eingesetzt wurde und wir werden nie erfahren, ob er wirklich Saloniki, die Stadt, in der er als Nachrichtenoffizier gesessen ist, verdrängt hat oder nur gelogen hat, als er sagte, dass er nichts weiß, nichts mitbekommen hat von der Vernichtung der jüdischen Gemeinde dort. Er hätte es wissen müssen. Aber das ist alles. Viele Österreicher haben sich so hinweggeschwindelt über schreckliche Dinge. Insofern war er der Durchschnittsösterreicher schlechthin. Und insofern ist er schon interessant und wichtig. Interessant und wichtig ist auch, dass er in der Weltpolitik eine Rolle gespielt hat, ganz offenkundig, weil er von den in den Vereinten Nationen entscheidenden Playern, das sind die ständigen Mitglieder der Sicherheitsrates und allen voran zunächst die USA und die Sowjetunion, für harmlos und schwach gehalten wurde. Er kommt aus einem neutralen Land, da kann man ruhig wieder einen Europäer nehmen und da ist dieser Waldheim. Ob eine Rolle gespielt hat, dass die Hauptspieler gewusst haben, dass Waldheim wegen seiner Vergangenheit nötigenfalls auch erpressbar ist, steht als Hypothese im Raum. Wir können es nicht belegen oder beweisen, aber das ist nicht ganz unplausibel. Es gibt so Punkte in seiner Vergangenheit, die es plausibel erscheinen lassen. Wir können annehmen, dass von dem Material, das über ihn offenkundig in Jugoslawien gelegen ist, die Sowjetunion gewusst hat. Oder das Material, das er nach seiner Abrüstung Anfang Mai 1945 an den amerikanischen Geheimdienst geliefert hat, die haben ja jeden deutschen Nachrichtenoffizier gründlich verhört. Wir wissen nicht, was konkret drinnen steht. Vielleicht hat er zu der Zeit auch noch eine bessere Erinnerung gehabt. Es hat sicher ein Waldheimdossier gegeben. In der CIA, der Nachfolgerorganisation der OSS. Das wissen wir alles nicht. Die USA war natürlich damals bei prominenten oder wichtigen Personen, Beispiel Wernher von Braun, viel nachsichtiger mit Nazis. Wernher von Braun, kann man wirklich Kriegsverbrecher nennen. Kurt Waldheim kann man nicht Kriegsverbrecher nennen. Aber wie auch immer, Waldheims Vergangenheit war offenkundig nicht so unbekannt, es wurde nicht vermutet, dass er einfach nur so zufällig da irgendwo an der Front war und nach seiner Verwundung fertig studieren durfte; dass er zufällig ein bisschen am Balkan war und dann war er eh schon irgendwo anders. Seine politische Karriere beginnt schon im September 1945. Damals wird die provisorische Staatsregierung um Außenminister Karl Gruber erweitert. Die Aufnahme des provisorischen Landeshauptmanns von Tirol in die

Angelobung von Bundespräsident Kurt Waldheim im Reichsratssaal des Parlaments 1986.

Regierung war ganz offenkundig eine Bedingung oder jedenfalls eine Geste gegenüber den USA. Die haben zunächst die Regierung Renner nicht anerkannt. Gruber kommt dann ganz eindeutig als Vertrauensmann der Amerikaner. Warum ist der Gruber Vertrauensmann der Amerikaner? Das mag mit seiner Berliner Zeit zusammenhängen, auch mit seiner Zeit, als in den ersten Wochen nach dem Ende des Weltkrieges Tirol von den Amerikanern besetzt war. Die Franzosen sind erst später aus Vorarlberg gekommen. Dieser Vertrauensmann der Amerikaner holt den ihm vermutlich zunächst völlig unbekannten Kurt Waldheim in sein Kabinett, gemeinsam mit Fritz Molden, der übrigens in der Schweiz bei John Foster Dulles war. Daraus kann man zumindest schließen, dass es da Bemühungen gegeben hat, erstens den USA ein Signal zu schicken, zweitens, dass die USA personelle Wünsche gehabt haben oder zumindest generell, dass da Leute gewesen sind, Leute wie Gruber, denen Molden und Waldheim nur recht waren. Also Waldheim beginnt als Mann des Karl Gruber. Karl Gruber verdirbt es sich dann mit Raab und wird gefeuert und von Leopold Figl ersetzt und Waldheim ist schon relativ früh auf einer Botschafterkarriere, Botschafter in Paris, später in Kanada. Noch bevor Österreich Mitglied der Vereinten Nationen wurde, das war erst nach dem Staatsvertrag am 14. Dezember 1955, war er schon Ständiger Beobachter Österreichs bei der UNO, damals noch nicht im Botschafterstatus. Waldheim ist also schon wunderbar unterwegs und das ist auch das, was ihn später sehr getroffen hat: Er als so erkennbarer Mann der Amerikaner, endet auf der watchlist der Amerikaner. Die USA würden heute natürlich auch Wernher von Braun nicht mehr reinlassen. Da hat sich etwas geändert, die Zeiten haben sich geändert, die Sensibilität ist eine andere. Wernher von Braun ist heute nicht mehr das Ruhmesblatt der Amerikaner, sondern der wird eher hinter dem, was er für die Mondfahrt getan hat, versteckt.

Wien, 04.01.1987 - Bundeskanzler Franz Vranitzky und der ehemalige Bundeskanzler Fred Sinowatz bei der SPÖ Klausur in Wien.

Zwei andere, aus interschiedlichen Gründen interessante Personen sind Fred Sinowatz und Jörg Haider. Also Fred Sinowatz ist einer der unterschätztesten Politiker. Sinowatz war erstens einmal ein sehr belesener Politiker, er hat auch publiziert, er war eher Regionalhistoriker. Er hat seine eigenen Grenzen gekannt und das ist bei Politikern alles andere als selbstverständlich. Er wollte Kreisky ausreden, dass er Nachfolger des Bruno Kreisky im Regierungs- als auch im Parteiamt wird. Er wurde aber von Bruno Kreisky entschieden zur Parteipflicht gerufen. Und Sinowatz hat zwei sehr weise Entscheidungen getroffen: Das eine war, wie schon erwähnt, Hainburg, als er gesehen hat, entweder müssen wir die Polizei jetzt loslassen oder vielleicht noch schlimmer, die schon bereit stehenden Schlägergarden der Bau- und Holzarbeitergewerkschaft und das will ich nicht, aus mehreren Gründen will ich das nicht. Das endet blutig, vielleicht mit Toten, kostet übrigens vermutlich auch den Wahlerfolg. Deshalb Rückzug, erster Rückzug bei Hainburg. Der Siegespreis für diese Schlacht wäre zu hoch gewesen; das war also wirklich eine sehr weise Entscheidung. Und der zweite Rückzug dann, nachdem er sich sehr gegen Kurt Waldheim engagiert hat, was auch zu einer strafrechtlichen Verurteilung geführt hat. Diese Verurteilung hat Sinowatz sicherlich als moralisch politisches Unrecht aufgefasst hat und rechtlich können wir dazu auch nichts sagen.[80] Aber es war schon bitter, dass es ihn getroffen hat nach einer Aussage einer innenparteilichen Gegnerin. Dann aber – er kennt natürlich auch die Umfragewerte und die ÖVP liegt nach der Waldheimwahl überall voran – sagt er sich, ich muss weg. Und er zaubert, wie schon kurz davor, als er hat diesen Mann als Finanzminister holte, seinen Nachfolger Franz Vranitzky aus der Tasche, also er erfindet Franz Vranitzky. Gegen den deutlich polternden Widerstand des Ehrenvorsitzenden Bruno Kreisky. Und gegen den deutlich erkennbaren Widerstand des Antikreisky, namens Hannes Androsch. Also gegen den Widerstand dieser beiden setzt Sinowatz Vranitzky durch und für die SPÖ ist es gut gegangen. Sie rettet die relative Mehrheit, sie rettet das Kanzleramt, sie rettet die führende Regierungsbeteiligung für weitere 14 Jahre. Das ist doch was. Und er war ein weiser Mann. Bei einem längeren Gespräch für das Buch „Die Kleine Koalition"[81] hat sich Sinowatz als weiser Mann gezeigt, als ein reflektierender Mann, ein Mann, der auch gelitten hat, z.B. darunter, wie Kreisky ihn behandelt hat. Das hat ihm schon sehr wehgetan. Also Sinowatz war ein kluger Mann. Javier Cercas schreibt in seinem „Anatomie eines Augenblicks"[82] über Helden des Rückzugs. Den Sinowatz erwähnt er dabei nicht, sondern primär den damaligen spanischen KP-Chef Santiago Carillo und den damaligen spanischen Ministerpräsidenten Adolfo Suárez. Suárez war der letzte von Franco ernannte Regierungschef, der in Absprache mit dem König die friedliche Demokratisierung des Franco-Regimes eingeleitet hat. Offenbar wissend, damit zerstört er seine eigene Karriere. Ein Held des Rückzugs. Ein zweiter ist Gorbatschow. Aber in dem Sinn war auch Sinowatz ein Held des Rückzugs. Erkennen, dass man bestimmte Schlachten nur mehr um einen Preis, der zu hoch ist, gewinnen kann. In den Medien wird immer wieder der Satz kolportiert, dass alles so kompliziert sei. Sinowatz hat das nur einmal gesagt. Manche Medien tun so, als hätte er bei jeder Pressekonferenz diesen Satz gesagt. Man kann sagen, der Satz ist eine Banalität, aber wenn man einmal im Gespräch eine Banalität verkündet und dann abgestempelt wird so als burgen-

---

80   Sinowatz wurde 1992 wegen falscher Zeugenaussage zu einer Geldstrafe verurteilt.

81   Anton Pelinka (1994): Die kleine Koalition. SPÖ-FPÖ 1983–1986, Wien: Böhlau Verlag

82   Javier Cercas (2011): Anatomie eines Augenblicks. Die Nacht, in der Spaniens Demokratie gerettet wurde, Frankfurt am Main: Fischer Verlag

ländischer Provinzler, ist das primär für die Abstempler peinlich. Sinowatz hat natürlich darunter zu leiden gehabt, dass der Mythos des Bruno Kreisky über ihm gehangen ist. Da hätte es jeder schwer gehabt. Eine no-win-situation als Nachfolger von Bruno Kreisky. Aber rückblickend wird langsam das Bild des Fred Sinowatz für diejenigen, die sich ernsthaft mit dieser Zeit beschäftigen – in der Zeitgeschichte, in der Politikwissenschaft – zunehmend weniger oberflächlich. Gerade auch in Bezug auf seine Intellektualität hat Sinowatz schon als Unterrichtsminister die ganze politische Bühne positiv belebt.

Ein anderer Akteur war Jörg Haider. Aber was war Haider eigentlich? Erstens einmal ein Unterhalter. Ein zwanghaft narzisstischer Alleinunterhalter. Man sollte bei der Analyse von Politikern ja nicht mit einer solchen eher psychoanalytisch orientierten Bewertung beginnen. Aber weil ja Haider keineswegs auf die Nazischiene vereinfacht gesehen werden kann, sondern primär von zwei Faktoren bestimmt gewesen ist, kann man das in diesem Fall machen. Einmal bestimmt hinsichtlich seiner Herkunft. Haider, geboren 1950, stammt aus einem offenkundig zutiefst überzeugten nationalsozialistischen Elternhaus. Seine Eltern haben damals sozusagen versucht, ihre nationalsozialistische Vergangenheit, die keine durchschnittliche war, auf ein Gleis zu bringen. Haiders Vater war in der österreichischen Legion[83]. Da waren zwar viele, aber insgesamt doch nur eine kleine Minderheit. Haiders Vater war ein militanter Nationalsozialist. Übrigens als solcher ein Schwerbelasteter. Er versuchte auf der anderen Seite wieder als FPÖ-Funktionär einzusteigen. Also eines ist diese Familie und das ist offenkundig eine der wenigen Konstanten. Haider ist inhaltlich loyal zur Familie, zu Vater und Mutter. Die Mutter überlebt ihn, tragischerweise stirbt Haider also vor seiner Mutter. Zu seiner Familie ist Haider also sehr loyal, sehr empfindlich. Die Ehre der Eltern, die darf man nicht antasten. Das Zweite ist seine zwanghafte narzisstische Neigung, immer im Mittelpunkt stehen zu müssen. Und da ist dieses Unterhaltungselement. Haider muss immer unterhalten, immer für den letzten Witz zu sorgen, immer den nächsten Skandal produzieren, alles tun, damit die Schlagzeile ihm gehört. Also Politik als Entertainment. Und zwar nicht einfach als nüchternes Kalkül – wir brauchen eine Schlagzeile, eine Art Agenda Setting – sondern das kommt von ihm authentisch aus dem Bauch heraus. Und da ist er durch den einen Faktor Familie gleichsam schon im deutschnationalen, sogenannten dritten Lager von Anfang an verankert. Aber er erkennt, dass er durch

---

83   Die österreichische Legion war eine Gruppe von nach dem NSDAP-Verbot 1933 aus Österreich nach Deutschland geflüchteten Nationalsozialisten, die für den Einmarsch in Österreich ausgebildet werden sollten.

seine Fähigkeit und seine Neigung aufzufallen, Förderer findet. Einer war Günther Winkler, der übrigens noch beim Begräbnis Haiders dessen Mutter am Arm geführt hat. Winkler hat ihn auf einen Assistentenposten gehievt, ihm die rechtswissenschaftliche Karriere in Aussicht gestellt, aber für Haider war das offensichtlich ein bisschen fad. So als Professor der Rechtswissenschaften, das war für ihn offenbar nicht bunt genug. Da bekommt er das Angebot vom Parteivorsitzenden der FPÖ-Kärnten, Landesparteisekretär zu werden und das macht er. Und er betreibt sofort eine Unterhaltungspolitik, die seinem Förderer in Kärnten das politische Leben kostet. Der bringt ja alle systematisch politisch um, die ihn gefördert haben. Günther Winkler war kein politischer Förderer, deswegen war da eine loyale Beziehung bis zum Ende möglich, soweit man das sagen kann. Und dann baut er sich auf. Wie kann man sich aufbauen in den 1970er Jahren und 1980er Jahren – z.B. noch als Student im Atterseekreis.[84] Da waren Friedhelm Frischenschlager oder Norbert Gugerbauer dabei, die dann alle unterschiedliche Wege gegangen sind. Gugerbauer wurde von Haider auch politisch umgebracht, Frischenschlager hat sich rechtzeitig von ihm entfernt, bevor er umgebracht wird. Frischenschlager hat schon gewusst, dass er jetzt davongehen muss, wenn er nicht politisch ruiniert werden möchte. Da war einmal Anfang der 1970er Jahre Bruno Kreisky beim Atterseekreis eingeladen, da fällt ihm dieser bunte, aufmüpfige Kerl auf und da gibt es junge Liberale in der FPÖ, Haider hatte den Ruf des Liberalen. Was immer das auch ist. Also einer, der halt nicht mehr so altväterisch Blut und Boden vertritt. Und da wird Haider rasch erfolgreich und ein großer Erfolg für Haider wird dann die Ära Steger. Steger macht vielleicht rückblickend den Fehler, Haider nicht in die Regierung zu nehmen. Staatssekretär hätte Haider nicht gemacht, der hätte Minister werde müssen. Aber vielleicht hätte er als Minister den Steger erst recht politisch umgebracht. Aber so kommt Haider nicht in die Regierung Sinowatz-Steger und wird Landesparteiobmann, betreibt in Kärnten also eine eigenständige Politik, die zunehmend immer mehr im Gegensatz zur Steger-FPÖ steht. Vereinfacht gesagt, Steger hat die Strategie, zwei Legislaturperioden mit der SPÖ und dann vielleicht mit der ÖVP, dann haben wir Salonfähigkeit, dann kann uns niemand mehr was vorwerfen, wenn wir nach der SPÖ mit der ÖVP eine Koalition bilden. Die deutsche FDP war Stegers Vorbild. Steger macht aber immer nur fünf Prozent und 1984 hat Haider in Kärn-

---

84 Der Atterseekreis wurde Anfang der 1970er Jahre von Friedrich Peter ins Leben gerufen und sollte eine Diskussionsplattform für liberale Positionen innerhalb der FPÖ werden. 2012 wurde der Atterseekreis revitalisiert, nun allerdings als rechte Denkfabrik zur Förderung einer nationalen und gegen den vermuteten Mainstream der Gesellschaft gerichteten konservativen Konterrevolution. Aktueller Präsident ist Norbert Nemeth, Mitglied der Burschenschaft Olympia.

ten 16 Prozent bekommen. Die einzige Landtagswahl, die für die FPÖ während der Ära Steger eindeutig gut ausgegangen ist, war jene in Kärnten. Und jetzt kommen natürlich die, die Steger für ein liberales Weichei halten. Da wird schon gebastelt an der Steger-Sturz-Strategie, da sind die alten Deutschnationalen, von denen ja Steger auch kommt. Allerdings wird er mit seiner Strategie, die FPÖ salonfähig zu machen, in der er ja auch von Friedrich Peter gestützt wird, von vielen dieser altdeutschnationalen postnazistischen Gruppierungen – Burschenschafter waren sie fast alle, daher ist es gar nicht einmal so sehr ein Differenzierungsmerkmal – als zunehmend belastend angesehen. Und er gewinnt keine Wahlen. Also sollen wir uns da jetzt anpassen nur damit Steger Vizekanzler ist? Da kommt Haider mit seiner Gegenstrategie, 16 Prozent und da wird gebastelt, in Oberösterreich wiederum ist der einflussreiche Wimmer-Clan. Oberösterreich ist immer so ein interessantes Feld. Und so entsteht schließlich die Strategie von Innsbruck[85] und Haider war ja ganz offenkundig von der Reaktion Vranitzkys überrascht, er wollte eigentlich als Vizekanzler in die bevorstehende Nationalratswahl ziehen. Haider war aber schon auf Distanz zur SPÖ und hat sich alles für danach offen gelassen. Und das hat ihm Vranitzky, übrigens auch eines der Verdienste Vranitzkys, kaputt gemacht. Aus, Ende, ich kündige auf, ich habe mit dem Herrn Steger einen Pakt unterschrieben, nicht mit dem Jörg Haider. Vorgezogene Neuwahlen. Die Rechnung geht für die SPÖ gut auf aber auch für die FPÖ. Opfer ist die arme ÖVP. Die bleibt mit Mock sitzen. Entgegen allen Erwartungen, die sie gehabt hat. Ja, und jetzt hatte Haider sozusagen für 1986/87 angepeilt, dass er der Königsmacher sein werde. Er wird Mock und Vranitzky kommen lassen, sich Angebote geben lassen. Das ist aber nicht passiert. Jetzt ist er auf die Oppositionsrolle verbannt, in Kärnten noch immer aufsteigend, aber auch bundespolitisch aufsteigend. Schon bei der Nationalratswahl 1986 schneidet die FPÖ deutlich besser ab als unter Steger, d.h., es folgt jetzt der Wandel vom traditionellen Deutschnationalismus zum inhaltlich immer schwerer festzumachenden Populismus, mit den typischen rechtspopulistischen Themen Zuwanderung, Fremdenfeindlichkeit und und und. Dazwischen immer wieder auch die ständige Neigung – obwohl das für den Rechtspopulismus gar nicht notwendig gewesen wäre –, immer wieder Rechtfertigungen des Nationalsozialismus oder besser gesagt Verharmlosungen des Nationalsozialismus zu liefern.

Diese Signale haben nur eine bestimmte Gruppe in seiner Wählerschaft erreicht, aber die Wählerschaft, die unter ihm täglich gewachsen ist, das war in ers-

---

85 Am Parteitag im September 1986 in Innsbruck wurde Steger von Haider als Bundesparteiobmann abgelöst.

ter Linie einmal die junge Generation der Arbeiter, die hat mit Deutschnationalismus oder Rechtfertigung der SS oder so nichts zu tun. Die Signale an die Ehemaligen standen am Rande, damit er den Kern nicht verliert, dass die nicht von ihm auch so enttäuscht sind, wie sie von Steger enttäuscht waren. Also Zufriedenstellung derer, die man eh hat. Aber seine große Strategie, jene die Wahlerfolge gebracht hat, wo er das alles gesprengt hat, wo über dieses Milieu hinausgewachsen ist, war jene der Fundamentalopposition, z.B. eine Anti-EU Positionierung der FPÖ, die ursprünglich und noch unter Steger die EU-freundlichste Partei war.

Bei seiner ersten Nationalratswahl als FPÖ-Parteiobmann 1986 bekommt die FPÖ knapp 10 Prozent; also eine deutlich Steigerung im Vergleich zur Ära Steger. Es geht bergauf bis 1999 – auf 26,91% – und wieder bergab auf 10% im Jahr 2002. In dieser Hinsicht stellt sich eben die Frage, ob diese Erfolgsstrategie nur mit einer Oppositionsrolle zu vereinen ist und das ist das Dilemma Haiders und der FPÖ. Eine ständig erfolgreiche Oppositionspartei kann nicht immer Oppositionspartei bleiben. Schon gar nicht, wenn die Verhältniswahl Koalitionsbündnisse zwingend notwendig macht. Haider wollte natürlich in die Regierung und er hat gesehen, er kann nicht immer nur in Kärnten regieren und auf Bundesebene Opposition sein. Da wird einmal der Punkt kommen, wo ich dann mit der einen oder anderen Partei eine Koalition bilde und zwar möglichst zu meinen Bedingungen. Ob er das schon so gesehen hat, ist eher unwahrscheinlich. Es ist zu vermuten, dass er den Absturz 2002 geahnt und noch dazu schon vorsorglich Riess-Passer vorgeschoben hat. Und da ist schon etwas deutlich und zwar, dass er offenkundig eher vermutet, sieht, fühlt: als Vizekanzler in einer Regierung Schüssel. Das geht nicht gut für mich aus. Und wenn es nicht gut für meine Partei ausgeht, dann soll jemand anderer die Partei übernehmen.

Damit war sein großer Traum von der Kanzlerschaft ausgeträumt. War ausgeträumt, obwohl er vermutlich auch weiterhin das Ziel hatte, Kanzler zu werden. Aber er hat z.B. nach 1999 gesehen, dass Schüssel ihn nicht zum Kanzler, dass aber er Schüssel zum Kanzler machen kann. Beide ungefähr gleich stark, die FPÖ um ganze 415 Stimmen stärker. Die FPÖ wäre also die, nach den alten Spielregeln, logische Kanzlerpartei gewesen. Dann macht er das großzügige Angebot an Schüssel und Schüssel glaubt, das nicht ablehnen zu können. Die Folge ist, dass die FPÖ massiv abstürzt und die ÖVP den größten Erfolg seit Josef Klaus einfährt. Das ist eine Frage für die jetzige Neuauflage dieser Koalition, wo ja auch die ÖVP diesmal deutlich stärker, aber die FPÖ vor dem gleichen Dilemma steht. Denn ihre Stärke hat die FPÖ ist ja als Oppositionspartei erworben. Als Regierungspartei muss sie einige Erwartungen enttäuschen, das weiß Strache, das weiß die FPÖ. Die Frage ist, wie kann man das verträglich machen und vor allem, wie kann man das verträglich machen, ohne zu früh in den unvermeidlichen Clinch mit dem Regierungspartner zu kommen. Das ist ein strategisches Dilemma, das die FPÖ hat, das die ÖVP so nicht hat, das die SPÖ so auch nicht hätte, denn das sind ja nicht Parteien, die groß geworden sind als Oppositionsparteien. Da gibt es wahrscheinlich kein Rezept und es wird spannend sein, das zu beobachten. Sicher ist, dass Strache andere Voraussetzungen hat als Haider 1999/2000. Einmal ist er selbst in der Regierung, es kann also niemand von außen hin das aufführen, was Haider bei Riess-Passer gemacht hat, nämlich zerstören. Knittelfeld. Und zum Zweiten tritt Strache ja – Strache ist schon ein bisschen Riess-Passer – sehr staatsmännisch, schaumgebremst, gemäßigt auf. Strache ist ein Parteivorsitzender, der eigentlich die Rolle einer Riess-Passer spielt, die auch schon Parteivorsitzende war. Der Haider hat auch den Vorsitz der Partei zurückgelegt gehabt. Aber es fehlt der innerparteiliche Gegenwind und deswegen hat er bessere Chancen. Es fehlt ihm der Störfaktor Haider. Und das verstärkt die Chancen der FPÖ, diesmal nicht abzustürzen.

Die Rolle der Bundespräsidenten

Die Rolle des Bundespräsidenten ist immer ein optimaler Einstieg, um zu verdeutlichen, dass Verfassungsrecht und Verfassungswirklichkeit zwei Dinge sind, die ab und zu etwas miteinander zu tun haben, aber das nicht zwingend. Denn das Verfassungsrecht gibt dem österreichischen Bundespräsidenten fast oder weitgehend die gleiche verfassungsrechtliche Macht wie die Verfassung der 5. französischen Republik dem französischen Präsidenten. Der österreichische Bundespräsident hat seine Macht vor allem, weil er an sich die Macht über die zweite Säule der Exekutivmacht, nämlich die Bundesregierung hat. Gegen den Bundespräsidenten gibt es keinen Bundeskanzler und keine Bundesregierung. Freilich wird diese Macht sofort relativiert, weil der Bundespräsident einen Bundeskanzler und eine Bundesregierung braucht. Er kann nicht drauf verzichten. Er muss aber sinnvollerweise eine Bundesregierung bestellen, die nicht gegen den Willen der Nationalratsmehrheit bestellt wird. Und das engt ihn wieder ein und das ist die Ursache, warum der österreichische Bundespräsident am Papier so mächtig und in der Realität, sagen wir so, viel weniger mächtig ist. Aber der Bundespräsident hat gerade in Zeiten eines sich langsam zerbröselnden Parteiensystems mit einer ständig und rasch wechselnden Parteienlandschaft – das Wählerverhalten war noch nie so flexibel wie jetzt[86] – den Faktor, sozusagen nicht nur symbolisch, sondern auch hinter den Kulissen tatsächlich beruhigend zu wirken. Und das haben eigentlich die beiden, der amtierende Van der Bellen und sein Vorgänger Heinz Fischer, gemacht. Klestil ist daran gescheitert, weil er gleichsam – in Englisch sagt man „overreach" – der Mehrheit des Nationalrates eine Bundesregierung aufzwingen wollte, die diese Mehrheit aber nicht wollte. Und da hat ihn die ÖVP einfach einfahren lassen. Er hätte eigentlich vorher auch wissen können, dass das nicht gut geht. Aber dadurch war er schon im Hintergrund gelandet. Er war für seine Partei, die ÖVP, von da an ein Feindbild. So konnte er auch hinter den Kulissen nicht mehr als der Mediator oder Vermittler auftreten. Vor allem Heinz Fischer nach ihm, aber auch Alexander van der Bellen spielen sozusagen eine Mischung aus tendenziell vagen Grundsatzpositionen, nur ganz selten präzise sein. Van der Bellen war bei der Liederbuchaffäre 2018 sehr deutlich, aber sonst führt er und führte auch Fischer eher hinter der Tapetentür in der Hofburg Gespräche. Einerseits symbolische Politik, aber anderer-

---

86 Bei der Nationalratswahl 1975 lag der Anteil der WechselwählerInnen bei 3%; 1999 bei 18% und 2017 bei 34%. Vgl. dazu: Fritz Plasser, Franz Sommer (2018): Wahlen im Schatten der Flüchtlingskrise, Wien: Facultas, S. 21

seits auch so etwas wie innenpolitische Friedensfunktion. Das konnte Heinz Fischer, das kann Alexander van der Bellen. 2018 fuhr Van der Bellen nach China, und auf dieser China-Reise hatte er dort einen gemeinsamen Auftritt mit seinem früheren Kontrahenten um das Amt des Bundespräsidenten, Norbert Hofer. Kaum war Heinz Fischer gewählt worden, ist er mit der damaligen Außenministerin Ferrero-Waldner, die er gerade im Wahlkampf besiegt hatte, zum ersten Staatsbesuch in die Slowakei gefahren. Also, das können die. Und das konnte Klestil nicht mehr, weil er sich zu weit vorgewagt hatte.

Früher haben die anderen Bundespräsidenten der Zweiten Republik ihre Ämter grundsätzlich sehr positiv ausgefüllt, aber sie waren tendenziell fast verzichtbar. Denn Reden zum Jahreswechsel und zum Nationalfeiertag, ja, da hat es auch den Spruch gegeben, um 1980 herum, der Bundespräsident Kirchschläger spricht so, als wäre er der Erzbischof von Wien und der Erzbischof von Wien, als wäre er der österreichische Bundespräsident. Also ja, sie waren nicht verzichtbar, nur der Eindruck ist fast entstanden, dass sie so nette Figuren sind, die man gleichsam heuern kann für Festreden, bei denen man würdevoll etwas Nichtssagendes sagt. Das ist ein falscher Eindruck, aber der Eindruck war schon da. Vielleicht einzig Franz Jonas war 1966 schon vor eine wichtige Wahl gestellt. Er hätte ja, nachdem Josef Klaus rückblickend pro forma zunächst noch Gespräche mit der SPÖ geführt hat und dann dem Bundespräsident mitgeteilt hat, das ist gescheitert, darauf bestehen können, dass die Verhandlungen zwischen ÖVP und SPÖ weitergehen. Hat er nicht getan. Das war eine gewisse Weichenstellung, die schon erwähnt werden muss. Aber insgesamt waren die Bundespräsidenten alle Staatsnotare, die ihr Amt im Sinne der Vorgaben gut ausgefüllt haben, aber politisch von geringem Eigengewicht waren. Das ändert sich mit Klestil und das wird bei Fischer und Van der Bellen wiederum etwas anders. Nicht dass sie großes Eigengewicht haben, aber sie haben ein gewisses Eigengewicht, eben im Sinne des Ruhe- und Friedensvermittlungspols in einer innenpolitisch immer weniger berechenbaren Landschaft.

In der Zeit der ersten Großen Koalitionen, also bis 1966 wären auch andere Regierungsvarianten möglich gewesen. Die Bundespräsidenten haben sich aber immer in Richtung Große Koalition positioniert. Es wäre spannend gewesen, wenn das, was ein Teil der SPÖ 1963 betrieben hat im Zuge der sogenannten Habsburg-Krise, vom damaligen Bundespräsidenten Schärf aufgegriffen worden wäre. Da hat es ja schon Kontakte und Absprachen zwischen SPÖ und FPÖ gegeben bzw. zwischen Teilen der SPÖ, an der Spitze Franz Olah, aber auch Bruno Kreisky, und Friedrich Peter. Was dann dazu geführt hat, dass entgegen der Koalitionsdisziplin bei der Abstimmung zur Verzichtserklärung Otto Habsburgs die SPÖ mit den Freiheitlichen die ÖVP niedergestimmt hat. Und da war schon etwas in Vorbereitung. Was wäre gewesen, wenn sich dann in der SPÖ nicht doch Pittermann und Broda gegen Olah und Kreisky durchgesetzt hätten und die SPÖ den Bundespräsidenten informiert hätte, sie wollten eine mit parlamentarischer Mehrheit ausgestattete Koalition mit der FPÖ bilden? Wir wissen nicht, was da passiert wäre, dazu ist es nicht gekommen. Weil der Machtkampf in der SPÖ anders ausgegangen ist. Da ist Olah gebremst worden, das war der Beginn des Sturzes des Franz Olah. Das wissen wir also nicht. Es hat diese oft zitierte Wortmeldung von Theodor Körner gegeben, nach der Wahl 1953, in Folge der Enttäuschung über das relativ schwache Abschneiden der ÖVP, da hat die ÖVP ein Mandat mehr gehabt, die SPÖ etwas mehr Stimmen.[87] In der Enttäuschung darüber ist die Idee aufgekommen, den VdU als dritten Partner in die Regierung hineinzunehmen. Wie ja von 1945–1947 die KPÖ auch dritter Partner war. Das war in Diskussion. Und da gab es zwei Resultate dieser Diskussion. Ein Ergebnis war, dass dann Leopold Figl gestürzt und durch Julius Raab ersetzt wurde, aber schon ein zweites Ergebnis, dass sich Theodor Körner ungewöhnlich zu Wort gemeldet hat. Er hat gesagt, er würde Minister, die vom VdU kommen, nicht bestellen. Es deutet nichts darauf hin, dass diese Positionierung Körners ausschlaggebend war, aber es war zum ersten Mal, dass ein Bundespräsident sich so geäußert hat. Das kommt eigentlich nur wiederum bei Klestil 2000, wo ihm sozusagen als gleichsam zugestandenem sekundärem Erfolg nach der Hauptniederlage erlaubt wird, Kabas und Prinzhorn als Minister zu verhindern. Dafür kriegt er den Herrn Grasser, schöner Erfolg.

Interessant war die Bundespräsidentschaftswahl 2016 nicht nur aufgrund des Endergebnisses, sondern schon beim ersten Wahlgang im April. Bei allen Wahlen vorher seit 1951 haben die Kandidaten von ÖVP und SPÖ zusammen mindestens 75 Prozent gehabt. Bei der Wahl 2016 kommen die Kandidaten von SPÖ und ÖVP zusammen auf magere 22,4 %. Eine unabhängige Kandidatin, die vorher noch nie in der Politik war, Irmgard Griss, erreicht knapp 19 Prozent. Das war ein ganz deutliches Zeichen dafür, dass der Erosionsprozess der etablierten Parteien weiter geht, dass damit auch das berechenbare politische Wahlverhalten abnimmt, ebenso wie die loyalen Parteibindungen, gleichgültig an welche Partei. Daher gab es auch das Phänomen Van der Bellen. Ein Mann der viertstärksten

---

87 Bei der Nationalratswahl 1953 erreichte die SPÖ mit 1.818.517 Stimmen 73 Mandate, die ÖVP mit 1.781.777 Stimmen aber 74 Mandate.

Partei, dessen Partei noch dazu ein Jahr später aus dem Nationalrat fliegt, wird Bundespräsident. Irmgard Griss kommt fast in die Stichwahl. Das alles zeigt, dass die Parteiloyalitäten immer weniger eine Rolle spielen, sicherlich generationsspezifisch verschieden, bildungsspezifisch verschieden. Wir können davon ausgehen, dass es eher die Jüngeren sind, die so beweglich sind und vermutlich auch eher diejenigen mit einer höheren Schulbildung.

Das zeigt auch, dass die klassischen Parteien nicht mehr so mobilisieren können, wobei ja interessant ist, dass ein Jahr später sowohl ÖVP als auch SPÖ zulegen. Und auch die FPÖ. Hier gibt es 2017 allem Anschein nach eine Renaissance des alten traditionellen Parteiensystems. Die traditionellen Parteien legen zu, Grüne fliegen raus, Neos schaffen es gerade noch. Alles das könnte man als eine Wiederkehr missverstehen. Dafür spricht aber nichts, ganz abgesehen davon, dass ja auch bei den Landtagswahlen 2018 z.B. die Grünen gezeigt haben, dass sie nicht weg sind. Diese vermutete Renaissance ist trügerisch und hat vielmehr mit dem Spitzenkandidaten der ÖVP bei der NRW 2017 zu tun. Und auch dass die SPÖ leicht zulegen konnte hängt damit zusammen, dass im Wahlkampf gegen schwarz-blau mobilisiert wurde. Daraus sollte man aber nicht schlussfolgern, dass die Bundespräsidentschaftswahl 2016 ein Tiefpunkt der Parteienloyalität war und es jetzt mit dieser Loyalität wieder bergauf geht.

Der Trend der Entfremdung von Parteien könnte sich durchaus weiter fortsetzen und es kann auch sein, dass bei einer großen Beweglichkeit Parteien wie ÖVP und SPÖ ebenso Nutznießer sein werden. Kurz hat sich ja auch profiliert und das war sicherlich seine Professionalität. Er kommt zwar aus der ÖVP, aber er hat mit der ÖVP nichts zu tun. Neue Parteifarbe, nur zu sagen, die Liste Kurz – das ist fast wie die Liste Pilz und die Liste Stronach.

Kurz hat es allerdings verstanden, diese Kräfte der Veränderung auf die Mühlen einer Altpartei zu lenken. Das war sein Meisterstreich. Aber in vier, fünf Jahren wird Kurz nicht mehr als völlig neuer Mann auftreten können.

Die Rolle der Bundeskanzler

Beim Spielraum des Bundeskanzlers sind die Rahmenbedingungen entscheidend. Gibt es eine Alleinregierung mit absoluter Mehrheit, dann ist der Bundeskanzler als Person sehr, sehr mächtig. Gibt es eine Koalition und insbesondere eine Koalition mit zwei ungefähr gleich starken Parteien, dann gibt es de facto zwei Bundeskanzler. Der zweite heißt Vizekanzler. Denn zu jeder Koalitionspraxis gehört, dass man in einem Vertrag aufzählt, welches Ministerium welche Partei bekommt. Welche Person dorthin kommt, bestimmt die Partei. Bei der gegenwärtigen Bundesregierung wie auch bei früheren Bundesregierungen bestimmt eine Regierungspartei, bestimmt der Bundeskanzler einen Teil der Regierungsmannschaft und die andere Partei, jene des Vizekanzlers, den anderen Teil. Diese wichtige Rekrutierungsentscheidung ist 1:1 geteilt bei einer Koalition, zumindest bei einer Koalition bei zwei gleich starken Parteien. Das ist ganz anders bei den zwei Fällen einer Alleinregierung, Klaus und Kreisky waren als Bundeskanzler viel, viel mächtiger. Insbesondere Kreisky, denn Kreisky hatte größere Wahlerfolge; anders als Klaus, der nur bei einer Wahl die absolute Mehrheit gewonnen hat und dann schon wieder weg war bei der nächsten Wahl. Kreisky hat dreimal hintereinander – 1971, 1975 und 1979 – die Absolute bekommen, d.h., seine innerparteiliche Autorität war so gigantisch durch den Wahlerfolg, so viele Leute haben gewusst, ich sitze deswegen im Nationalrat, weil der Bruno Kreisky noch drei Mandate dazugewonnen hat, sonst wäre ich gar nicht da. Bruno Kreisky hat eigentlich Carte blanche gehabt. Er konnte die Leute hinsetzen, wie er wollte. Das ist in der Geschichte einmalig. Deswegen ist Kreisky, was innenpolitische Macht betrifft, mit Abstand der mächtigste Bundeskanzler der Republik Österreich, jedenfalls der Zweiten Republik gewesen.

Kreisky war auch jener, der als erster Bundeskanzler die Medien für sich benutzt hat bzw. benutzen hat können. Er hat diese Lockerheit mit sich gebracht, das Pressefoyer nach dem Ministerrat hat er erfunden. Er kommt da raus und redet so frei und locker vom Leder und hat kein Manuskript, er liest nichts vor, man kann ihn fragen, man kann ihm kritische Fragen stellen, ab und zu verliert er zwar die Nerven und sagt „Lernen's a bissl Geschichte, Herr Redakteur",[88] da hat er die Nerven verloren. Aber sonst ist es unglaublich gewesen. Und er war natürlich gebildet. Ungebildet waren seine Vorgänger ja auch nicht, aber Kreisky war souverän. Diese Form von Souveränität war der Grund, warum er mit den

---

88 Bruno Kreisky zu Ulrich Brunner/ORF am 24.02.1981

Medien der damaligen Zeit so umgehen konnte. Das waren damals schon verstärkt gleichberechtigt Printmedien und elektronische Medien. Die Lockerheit zeigte er im Wahlkampf 1970 und schon davor, als er Koren herausgefordert hat zu einer Diskussion um das Budget 1969. Und damals ist es Koren, der Finanzwissenschafter, der sagt, der Politiker Kreisky versteht nichts von der Wirtschaft. Dieser Kreisky hat aber nach allen Umfragen besser abgeschnitten fürs Fernsehpublikum, souverän, locker, zwischendurch boshaft kritisch und der Koren, dessen Boshaftigkeit auch sehr ausgeprägt war, hat da offenbar nicht so gewirkt. Und gegen Klaus sowieso. Klaus in seiner alpenländischen Biederkeit, er hat so bieder gewirkt. Er war natürlich mehr, er war schon auch raffiniert im Falschspielen. Aber Kreisky hat ihn so in der Hand gehabt, allein schon bei diesem Duell (am 28.01.1970), das Alfons Dalma als Moderator vermittelt hat. Sagt der Kreisky „Herr Bundeskanzler", darauf Klaus: „Aber bitte, bei der Diskussion sagen wir doch Dr. Kreisky und Dr. Klaus". Kreisky sagt „Bitteschön. Wenn's leichter geht, gern. Herr Bundeskanzler ...", damit hat er schon die Rollen vorgegeben. Und dann später, dieses berühmte Duell mit Taus 1975, wo Taus sagt, wie schlecht die Wirtschaft ist und Kreisky erwidert: „Ich lese da in dieser Zeitschrift, es wird investiert in Österreich, eine boomende Ökonomie, von wem ist denn das da? Von der Girozentrale. Sind Sie nicht der Generaldirektor der Girozentrale gerade erst gewesen?" Der Taus war weg.

TV Diskussion Kreisky – Klaus 1970

Taus, das muss man zu seiner Ehrenrettung sagen, war ganz überraschend in das Amt des Herausforderers gekommen. Taus war ein tüchtiger Mann, aber er wurde konfrontiert mit diesem Raffinement von Kreisky. Taus hätte vorbereitet sein müssen. Und diese Anmerkung zu Taus war nicht die Erfindung eines Kreisky, aber Kreisky war vorbereitet. Durch Charly Blecha oder wen auch immer, natürlich war Kreisky vorbereitet: Wenn der Taus mit der Wirtschaft kommt ziehst Du das raus. Das Brillen-Umstellen war auch immer sein Ritual, ganz souverän. Du gibst ihm eine Ohrfeige, die nicht wie eine Ohrfeige wirkt. Also der Kreisky war ein Meister im Diskussionsstil, wie er Fernsehdebatten entspricht, aber damals war das ein relatives Neuland.

Vor Kreisky war Klaus. Klaus war scheu, obwohl er schon sehr gut vernetzt war. Er war z.B. Landeshauptmann von Salzburg, er hat dort eine führende Funktion gehabt. Da hat es eine Bewegung gegeben für moralische Aufrüstung.[89] Allein der Titel ist natürlich schon irgendwie etwas beängstigend. Das war sehr katholisch-konservativ. Und da war er dabei, er war so ein moralischer Aufrüster. Und Klaus hat ja das Glück gehabt, dass er nicht mehr in der Politik war zur Zeit des Kurt Waldheim. Da hätten sie ja ein Flugblatt herausgezogen, wo er 1932 als Studentenfunktionär einem Dekan der medizinischen Fakultät jüdischer Abstammung erklärt, er sei kein deutscher Volksgenosse und sie erwarten von ihm, dass er das Amt zurücklegt.[90] Das war damals – Klaus war nachher nicht mehr so, er hat sich geändert. Aber zur Waldheim-Zeit wäre das gekommen. Und da hätte er nicht gut aussteigen können. Klaus hat viel getan übrigens, er hat sich sehr bemüht – da war Peter Marboe sein Mann – um das österreichisch-jüdische Exil in New York z.B. Er hat schon gewusst, dass man da was tun muss, aber 1935 oder 1934 als das war, das wäre ja eine unglaubliche Peinlichkeit gewesen für Klaus, wenn er darauf angesprochen worden wäre.

---

89 Die „Bewegung für Moralische Aufrüstung" (MRA – Moral Re-Armament) wurde von Frank Buchman 1938 gegründet; 2001 wurde die Bewegung in „Initiatives of Change" umbenannt.

90 Ernst Peter Pick wurde 1932 Dekan der medizinischen Fakultät der Universität Wien. In einem Flugblatt der Deutschen Studentenschaft – Klaus war Mitglied in deren Leitungsteam – wurde betont, dass „deutsche Studenten als ihre Führer nur deutsche Lehrer anerkennen" und „dass Professoren jüdischer Volkszugehörigkeit akademische Würdestellen nicht bekleiden dürfen"; zit. nach Klaus Taschwer: Antisemitische Adressen in Wien; in: Der Standard, 13.07.2012; https://derstandard.at/1342947379780/Antisemitische-Adressen-in-Wien

Österreich und der Nationalsozialismus

Im März 2018 wurde der Film „Murer – Anatomie eines Prozesses" uraufgeführt; es ging um das Gerichtsverfahren gegen Franz Murer, den „Schlächter von Vilnius".[91]

Wenn wir zeitlich zurückgehen muss zuerst festgehalten werden, dass Österreich vor 1938, zwischen 1938 und 1945 und auch noch nach 1945 sehr gespalten war. Es ist deshalb immer eine Vereinfachung, wenn wir von Österreich als Gesamtheit sprechen. August Maria Knoll hat in einer anderen Vereinfachung, die aber eine nachvollziehbare und gesunde Provokation ist, gesagt, „der Nationalsozialismus ist jene Bewegung, die das preußische Schwert der österreichischen Narretei zur Verfügung gestellt hat."[92] Das bedeutet, dass der Nationalsozialismus – nicht nur, aber auch – spezifisch österreichische Wurzeln hat, und eine davon ist sicherlich die nicht wirklich diskutierte und schon gar nicht in irgendeiner Form kanalisierte Geschichte des Nationalitätenkonflikts im alten Österreich, im Kaiserreich Österreich. Und auch im Antisemitismus, der ja in einer bestimmten Form zwar altösterreichische Wurzeln hat, aber sehr stark auch aus der Erfahrung dieses explosiven jüdischen Siedlungsgebietes in Ost-Mitteleuropa gekommen ist. Ein Teil dieses spezifisch jüdischen Siedlungsgebietes war Österreichisch-Galizien. Es hat in dieser Region schon vor 1914 massive explosive Spannungen gegeben. Etwa in der Frage wer die Großstadt Lemberg, wer die dortige Universität dominiert. Sind das Polen oder Ruthenen genannte Ukrainer? Oder Juden, die übrigens damals in dem Raum eher das Deutsche betont haben, die assimilierten Juden? Die nicht assimilierten Juden haben eher das Jiddische betont. Aber wenige Juden haben für das Polnische oder das Ukrainische optiert. Da gibt es also spezifisch österreichische Wurzeln, auch natürlich in Verbindung mit der Erfahrung, dass der Vormarsch der russischen Armeen 1914/15/16, vor allem die Brussilow-Offensive[93] 1916, zu pogromartigen Ausschreitungen von Seiten russischer Truppen gegen österreichische Bürgerinnen und Bürger jüdischer Herkunft oder jüdischen Glaubens geführt hat. Und Joseph Roth ist sicherlich ein Produkt, ein Ergebnis dieser einen spezifisch österreichischen Wurzel.

Die andere Wurzel ist der österreichische Deutschnationalismus, der natürlich im Prinzip genauso war wie der deutsche Deutschnationalismus, nur mit

---

91 Franz Murer war mitverantwortlich für die Ermordung von Zehntausenden Juden des Ghettos Vilnius.
92 Zit. nach: http://peter-diem.at/Buchtexte/hakenkreuz.htm
93 Benannt nach General Alexej Brussilow

dem Unterschied, dass er gleichsam ständig betonen musste, dass er noch deutscher als jener der Deutschen ist und da gibt es die Geschichte etwa von den Ariererparagraphen bei schlagenden Studentenverbindungen, von den stillen Ariererparagraphen in diversen Clubs usw. Alles das kann man in der Biographie von Theodor Herzl sehr gut nachlesen. Das war eine österreichische Wurzel. Aber noch einmal, das war nicht so viel anders als etwa der Antisemitismus in Frankreich oder der Antisemitismus in Russland oder der Antisemitismus in Deutschland. Es hat einen spezifischen österreichischen Flavour gehabt und der hat den spezifisch österreichischen Flavour in Sachen Nationalsozialismus auch mitbewirkt. Dazu kommt natürlich dieses Trauma von 1918: die provisorische Nationalversammlung erklärt Österreich zum Teil der Deutschen Republik mit Berufung auf das Selbstbestimmungsrecht der Völker und dem wird von den Siegermächten nicht stattgegeben. Der Anschluss war also immer so etwas wie eine unerfüllte Wunschvorstellung, noch dazu mit dem Vorwurf, die Alliierten hätten eine Doppelmoral betrieben. Sie haben Tomáš Masaryk mit Berufung auf das Selbstbestimmungsrecht ganz Böhmen und Mähren und die Slowakei „gegeben", aber gleichzeitig nicht den deutsch Sprechenden in Böhmen und Mähren, die offenkundig mit einer gewissen Mehrheitsneigung eigentlich zur Republik Österreich kommen wollten. Das hat ja auch die provisorische Nationalversammlung beansprucht. Und das gleiche gilt ähnlich, analog auch für Südtirol. Das Trauma des nicht erlaubten Anschlusses an eine demokratische deutsche Republik war auch im Hintergrund. Und dazu kommt auch noch der Bürgerkrieg des Jahres 1934, der dazu geführt hat, dass schon vor Februar, aber erst recht und besonders nach Februar 1934 viele enttäuschte Sozialdemokraten de facto Nationalsozialisten geworden sind. Da hat die NSDAP ganz bewusst für alle Sozialdemokraten – mit der wichtigen Einschränkung für jene, die nicht als Juden punziert waren – die Tore schon vor dem März 1938 weit geöffnet. Die Opposition gegen das Dollfuß-Schuschnigg-Regime kommt auch noch dazu. Trotzdem, es gibt so eine Aussage, die sich nur als eine plausible Hypothese begründen lässt, weil es damals keine freien Wahlen gegeben hat, weil es deswegen auch keine demoskopischen Befunde gegeben hat, wie wir sie heute kennen: Es ist wahrscheinlich, dass eine freie und faire Abstimmung im Sinne der Schuschnigg-Vorgabe für den 13. März 1938 eine Mehrheit für Österreichs Unabhängigkeit gebracht hätte,[94] aber ebenso wahrscheinlich ist, dass unter den Rahmenbedingungen einer fairen und freien Abstimmung, die natürlich im April 1938 noch weniger ge-

---

94 Am 09.03.1938 kündigt Kurt Schuschnigg für 13.03.1938 eine Volksbefragung über die Selbständigkeit Österreichs an.

geben war als im März desselben Jahres, eine Mehrheit für den bereits vollzogenen Anschluss da gewesen wäre. Die Begründung für die Plausibilität dieser Hypothese ist der Bandwagoneffekt[95]. Denn wir können beobachten, dass die revolutionären Sozialisten sich durchgerungen haben, zunächst noch am 10. oder 11. April für ein Ja zu Schuschniggs Parole zu stimmen. Dann aber sind viele Sozialdemokraten umgeschwenkt; hier wäre etwa Renner zu nennen mit der relativ eleganten Formulierung „auch wenn das nicht mit den Mitteln zustande gekommen ist, die ich bevorzugt hätte". Aber ebenso sind die österreichischen Bischöfe zu erwähnen, die natürlich am 13. März unter Schuschniggs Regime für die Schuschnigg-Parole gewesen wären, die sind alle gleichsam mit einem Bandwagon, einem Mitläufereffekt zu Befürwortern des bereits vollzogenen Anschlusses geworden. Daher spricht einiges für die Plausibilität dieser Aussage. Mit Sicherheit wäre weder da noch dort eine 99-prozentige Mehrheit auch nur annähernd seriös zu erwarten gewesen. Aber eine deutliche Mehrheit am 13. März für ein unabhängiges Österreich auch unter dem Schuschnigg-Regime. Und am 10. April 1938 eine deutliche Mehrheit für den bereits vollzogenen Anschluss unter dem NS-Regime, das ist sehr plausibel.

Nach dem Ende des Nationalsozialismus, nach der Befreiung wollte man zunächst einmal wenig davon wissen. Das Problem war, dass etwa, erstens, rein statistisch demographisch ungefähr geschätzt ein Drittel bis die Hälfte der österreichischen Bevölkerung entweder Mitglieder der NSDAP waren – Mitglieder waren deutlich weniger als ein Drittel –, oder aber gleichzeitig als Familienangehörige von Mitgliedern sich mit dem Regime identifiziert haben. Ein ganz erheblicher Teil der Bevölkerung hat die Befreiung subjektiv nicht als Befreiung sondern als Niederlage erlebt. Und das mussten Parteien, die Wahlen gewinnen wollten, auch in irgendeiner Form zur Kenntnis nehmen. Das Zweite ist, dass man bei den Geschichtsnarrativen, die sofort entstehen, hier selektiv vorgegangen ist. Die Sozialdemokraten, die sich genauso mehr oder weniger erfolgreich um die Stimmen der Mitläufer der NSDAP bemüht haben wie die ÖVP, pflegten das Opfernarrativ vom Februar 1934. 1938 – da war man nicht so ganz begeistert darüber zu reden, das wäre viel ambivalenter gewesen für die damalige Sozialistische Partei. Ähnliches kann man auch für die ÖVP sagen, die pflegte das Opfernarrativ des Märtyrerkanzlers Dollfuss, ermordet von den Nationalsozialisten, und hat sich damit erspart, die Anpassungsleistungen, die das Regime Schuschnigg schon vorher erbracht hat, zu thematisieren. Dazu kam, dass die ÖVP auch

---

95 Mitläufereffekt

ein Interesse daran gehabt hat, möglichst viele ehemalige Nationalsozialisten zu gewinnen, insbesondere als 1949 bei der zweiten Nationalratswahl schon die meisten ehemaligen Nationalsozialisten – diejenigen die nach einer nachvollziehbaren, aber nicht unbedingt immer stringenten Definition, als nicht schwer belastet eingestuft wurden – wählen durften. Das war die Mehrzahl der Ehemaligen, das waren ungefähr 90 Prozent, die schon wählen durften. Das war ein Wählerreservoir, das in einer Demokratie anziehend sein musste. Da hätte eine Debatte gestört. Und erst recht dann, als die österreichischen Kriegsgefangenen aus sowjetischen Lagern zurückkamen. Die wurden übrigens von der Sowjetunion grundsätzlich bevorzugt behandelt gegenüber den deutschen Kriegsgefangenen, z.B. sind österreichische Kriegsgefangene früher nach Hause gekommen als deutsche. Unter den österreichischen Kriegsgefangenen waren eben auch solche, die nach allgemeiner Begrifflichkeit Kriegsverbrecher waren und da wollte man nicht daran rühren, der Mythos war sozusagen, alle Kriegsgefangenen sind willkommen und eine Differenzierung ist nicht notwendig. Und genau da spielte der Fall Murer hinein. Dazu kommt, dass die ÖVP – in diesem Fall über den Bauernbund und Murers landwirtschaftliche Verflechtungen – Murer schon integriert gehabt hat und die SPÖ – das ist in dem Murer-Film auch sehr gut herausgearbeitet – unter Justizminister Broda hier möglichst nichts mit dem Nationalsozialismus und seiner judiziellen Aufarbeitung zu tun haben wollte. Broda, der ja selbst im Widerstand gewesen war, ist davon ausgegangen, da können wir nur verlieren. Die SPÖ kann nur verlieren, nämlich die doch nicht unerhebliche Zahl ehemaliger Nationalsozialisten, die bereits in der SPÖ waren und die Österreicher verlieren insgesamt, wenn Geschworenengerichte ständig frei sprechen. Noch dazu Geschworenengerichte, die ja aus sozialistischer Sicht eine besondere Errungenschaft waren. Die sprechen ständig frei und daher hören wir am besten auf damit und so kommt es zum Freispruch für Murer. Die Geschworenen entschieden, nicht Broda. Broda wollte nicht den Freispruch, der wollte ein Ruh' haben und dann beginnt der Konflikt schon mit Simon Wiesenthal und der SPÖ. Denn Simon Wiesenthal hat genau das angesprochen gegenüber Justizminister Broda, der möglichst alles so rasch einstellen wollte, möglichst keine neuen Prozesse haben wollte, da beginnt der Konflikt, der dann in den 1970er Jahren zum Konflikt Wiesenthal-Kreisky wird.

In der ersten Zeit, als noch die Alliierten in Österreich waren, war es noch etwas anders. In diesen ersten Jahren hat es in Österreich Volksgerichte gegeben und diese waren zunächst parteipolitisch nach Proporz besetzt, ein von der ÖVP, ein von der SPÖ Nominierter, dann ein von der KPÖ Nominierter. Die Volksgerichte haben durchaus viele Schuldsprüche ausgesprochen (Butterweck hat darüber geschrieben über diese Urteile der Volksgerichte[96]), da wurden auch Todesurteile ausgesprochen und vollstreckt. Durchaus eine, man kann sagen harte oder konsequente oder wie auch immer, jedenfalls überhaupt nicht nachsichtige Aufarbeitung individueller Schuld von individuellen Personen, die zum Gutteil eben auch Österreicher waren. Das hört ab 1949 auf, das Interesse nimmt ab. Das äußert sich auch darin, dass die ÖVP, Stichwort Oberweisgespräche, ehemalige Nazis zunehmend an sich ziehen wollte. Als Antwort hat die SPÖ die Gründung des VdU gefördert, alles das verschwimmt sozusagen, diese Konfrontation verschwimmt in der parteipolitischen Taktik, die man aus dem nun geöffneten demokratischen politischen Markt her erklären kann. Das hört auf und dann kommt auch dazu, dass die Alliierten schon ab 1947/48 nicht mehr als Einheit auftreten. Der Alliierte Rat wäre ja eigentlich eine zweite Souveränitätsinstanz gewesen in der Republik Österreich und war das formell auch. Der Alliierte Rat, diese zweite Säule von Autorität in Österreich, konnte aber wegen des Kalten Krieges kaum noch einig agieren. Der Alliierte Rat konnte jedes österreichische Gesetz beeinspruchen, für Verfassungsgesetze war aber auch nach dem Zweiten Kontrollabkommen eine einstimmige Zustimmung des Alliierten Rates notwendig[97]. Aus diesem Grund hat sich die Praxis durchgesetzt, dass man Gesetze, die nach der Substanz eher Verfassungscharakter gehabt haben, am deutlichsten die Verstaatlichungsgesetze von 1946 und 1947, als einfache Gesetze beschlossen hat, weil man Grund gehabt hat zur Annahme, die Sowjetunion würde das blockieren, aber die Westalliierten haben für eine relative Mehrheit oder eine absolute Mehrheit im Alliiertenrat gesorgt. Also der Alliierte Rat ist eigentlich zahnlos gewesen, unabhängig davon, dass es insbesondere im sowjetischen Bereich so etwas wie Entführungen gegeben oder die Sowjetunion die Justiz selbst in die Hände genommen hat, Stichwort: Fall Ottillinger. Auch die Briten und die Amerikaner haben schwer belastete Nationalsozialisten jahrelang in Lagern gehalten. Das war z.B. Wolfsberg in Kärnten von den Briten, Glasenbach bei Salzburg von den Amerikanern. Da wurde schon auch von den Alliierten ziemlich energisch etwas vorgegeben. Von Robert Knight gibt es diese Analyse der Ministerratsprotokolle der Jahre ab 1945 und da wird schon klar, dass gerade in der Frage der Entschädigung der 1938 Beraubten, der sogenannten Arisierungsfälle, die Amerikaner die Bundesregierung drängen, hier energischer und konsequenter Wie-

---

96 Hellmut Butterweck (2016): Nationalsozialisten vor dem Volksgericht Wien. Österreichs Ringen um Gerechtigkeit 1945–1955 in der zeitgenössischen öffentlichen Wahrnehmung, Innsbruck: StudienVerlag
97 Das Zweite Kontrollabkommen wurde am 28.07.1946 unterzeichnet

dergutmachung zu betreiben. Von Seiten der Regierung kommt der berühmte Ausspruch von Oskar Helmer „ich wäre dafür, dass man die Sache in die Länge zieht"[98] – lassen wir die Amerikaner reden. Also der Alliierte Rat war insgesamt eher von geringer Bedeutung, anders als das am Papier gestanden ist. Und selbst diese Kontrollinstanz war dann ab 1955 weg. Davor hat man schon die schwer Belasteten ebenfalls politisch integriert und daher gab es dann 1956 auch die Gründung der FPÖ, die ja von Personen gegründet wurde, die 1949 noch gar nicht das Wahlrecht gehabt haben, wie etwa der Vorsitzende, Obmann hat es geheißen, in der FPÖ, Anton Reinthaller. Die Alliierten waren weg, und Figl hat es dann noch als seinen persönlichen Erfolg betrachtet, dass er in den Schlussverhandlungen vor dem Staatsvertrag – da war der eigentliche Text schon längst ausverhandelt – noch in die Präambel hineingebracht hat, dass Österreich sich auf die Moskauer Deklaration berufen kann, sich daher als Opfer sieht und daher keine Verantwortung hat. Das wurde damals als Erfolg gewertet, wird heute aber als sehr ambivalent betrachtet. Hier ist die Fortschreibung der Wahrnehmung von 1938 bis 1945; der Elfmeter, den die Alliierten 1943 Österreich mit der Moskauer Deklaration aufgelegt haben, wurde noch einmal verwandelt, zum ersten Mal am 27. April 1945 und zum zweiten Mal am 15. Mai 1955, indem in der Präambel noch einmal ausdrücklich darauf Bezug genommen wird, dass Österreich keine Verantwortung, keine Schuld hat für die Verbrechen des Nationalsozialismus habe.

Der zweite Teil der Moskauer Deklaration, die Feststellung, dass Österreich auch Mitschuld an den NS-Verbrechen trägt, ist ausgeklammert worden. Davon war keine Rede mehr, das war auch die Ambivalenz der Moskauer Deklaration. Die Moskauer Deklaration hat ja einen geopolitischen Hintergrund gehabt. Als Ende Oktober 1943 der US-amerikanische, der britische und der sowjetische Außenminister in Moskau die Konferenz von Teheran, die für November geplant war, vorbereiten sollten, war das Bestreben – wie bei jeder Vorbereitung für solche oder ähnliche Konferenzen – zu schauen, wo einigen uns. Das schreiben wir dann groß und das wird dann in Teheran verabschiedet. Jenes, bei dem wir uns nicht einigen, das lassen wir lieber weg. Die große Frage, die damals entscheidend war, war Polen. Polen war die große geopolitische Frage, in der die Westalliierten und insbesondere Großbritannien und die Sowjetunion überhaupt nicht einer Meinung waren. Polen wurde deshalb ausgeklammert. Da hat

---

98 Helmer im Wortlaut: „„… Ich wäre dafür, daß man die Sache in die Länge zieht. Bedenken Sie, so müßte man ihm sagen, wir müssen auf verschiedene Dinge Rücksicht nehmen. … Man sollte ihm ganz einfach sagen, wir werden schon schauen.", zit. nach Robert Knight (1988): „Ich bin dafür die Sache in die Länge zu ziehen", Die Wortprotokolle der österreichischen Bundesregierung von 1945–1952 über die Entschädigung der Juden; Frankfurt am Main: athenäum, S. 197

man dann gesucht, wo kann man etwas finden von geringer Bedeutung, wo sind wir uns einig, und da fiel der Blick auf Österreich, da werden wir uns doch einigen können. Schließlich haben die drei Alliierten diese Formel gefunden, die in ihrer Ambivalenz Österreich als erstes Opfer bezeichnet, aber gleichzeitig die Mitverantwortung festhält, aber die Behandlung Österreichs wird davon abhängen, wie viel es selber zu seiner Befreiung beiträgt. Das war die rote Karotte für den österreichischen Widerstand, welchen Beitrag wird Österreich zu seiner Befreiung leisten. Aber das Kriegsziel war die Wiederherstellung Österreichs in den Grenzen von 1937. Und der zweite Teil, der Hinweis auf die Mitverantwortung, das war schon die Ambivalenz: wenn jemand ein Opfer ist, wie kann man dann einem Opfer Mitverantwortung geben? Aber auf das hat man sich damals eben geeinigt. Vor dem Hintergrund der Vorbereitung auf den ersten Dreiergipfel von Teheran. Damit war die Formel gefunden, die ja übrigens im österreichischen Exil überhaupt nicht besondere Sympathien hervorgerufen hat. Also die österreichischen Exilsozialisten in London haben das Ganze zunächst abgelehnt. Interessanterweise war das sozialistische Exil in Schweden da anders. Dort hat man von vornherein kapiert, wir können jetzt nicht gegen die Alliierten anrennen und Otto Bauers gesamtdeutsche Revolution hier vertreten. Das macht keinen Sinn, wir müssen und wir wollen hier die Wiederherstellung der österreichischen Unabhängigkeit akzeptieren, und nicht wie zunächst bei den Londoner Sozialisten im Exil noch die alte Otto Bauer-Formel von der gesamtdeutschen Revolution hochhalten, d.h., Anschluss unter sozialistischen republikanischen Vorzeichen. Das war dann vom Tisch, aber erst mit einiger Verzögerung. Dann gab es natürlich auch das monarchistische Exil, das wahrscheinlich zweitwichtigste nach dem sozialistischen, das war aber schon gar nicht besonders begeistert, dass die Grenzen von 1937 festgeschrieben waren. Die Moskauer Deklaration war also überhaupt nicht mit dem österreichischen Exil abgesprochen. Das österreichische Exil hat eigentlich keine Rolle gespielt, es war Objekt und die Realistischen im österreichischen Exil, wie zunächst jene in Schweden und allmählich auch die im Londoner Exil, haben dann akzeptiert, es ist halt so, o.k. Die Alliierten sind natürlich jene, von denen Rahmenbedingungen vorgelegt werden, aber manche waren dennoch dagegen, wie Julius Braunthal oder Friedrich Adler. Insbesondere Friedrich Adler, der ist deswegen nach 1945 nicht mehr nach Österreich zurückgekommen. Weil er die österreichische Unabhängigkeit nicht anerkennen wollte oder das für eine Fehlentwicklung gehalten hat. Er hat festgehalten an der großdeutschen sozialdemokratischen Vision.

Wer wo im Exil war, war sicherlich reiner Zufall, aber generell kann man wohl sagen, dass in London der Geist des 1938 verstorbenen Otto Bauer, der eben nie seine sozialdemokratische großdeutsche Anschlussvision aufgegeben hat, dominant war, während in Stockholm offenkundig schon eine jüngere Generation den Ton angegeben hat. Es war personenbezogen und hatte nichts mit britischer oder schwedischer Position zu tun, noch dazu, wo der britische Außenminister Eden ja einer der Formulierer der Erklärung war, nach der Österreich wieder in den Grenzen von 1937 hergestellt werden sollte. Das war reiner Zufall, welche Sozialisten wo gesessen sind.

Im ersten Kabinett Kreisky saßen dann einige ehemalige NSDAP-Mitglieder, das war aber ein Trend, der bereits vorher begonnen hat.[99] Wiesenthal hat natürlich schon auch gewusst und er hat darüber gesprochen, dass auch die ÖVP ehemalige Nationalsozialisten in ihre Regierungsmannschaften entsandt hat. In den Koalitionsregierungen vor 1955 waren sowohl bei der ÖVP als auch bei der SPÖ Nationalsozialisten, wenn man so will Minderbelastete. Der Prominenteste war etwa Reinhard Kamitz, ÖVP-Finanzminister. Aber es beginnt schon in den 1960er Jahren auch im öffentlichen Diskurs eine Auseinandersetzung mit der NS-Vergangenheit. Beispielhaft Anfang der 1960er Jahre der Herr Karl, den man hier auf jeden Fall stark betonen muss. Man ist hier also bereit, schon auch öffentlich über die österreichische Rolle 1938 und in den danach folgenden Jahren kritischer zu denken. Allerdings nicht von den Parteien. Der Herr Karl war das Produkt von Literaten, Künstlern, Intellektuellen. Carl Merz, der eigentliche Autor des Herrn Karl und Helmut Qualtinger, der zu Recht mit dieser Figur identifiziert wurde. Dazu kam dann auch das Kabarett mit Gerhard Bronner, alles das war schon langsam da. All das zeigt schon auf, bietet eine Erklärung dafür, warum dieses Thema in den 1970ern noch viel deutlicher wird, und in den 1980er Jahren zu der sehr großen Konfrontation rund um Kurt Waldheim führt. Der Generationenwandel. Jene, die aus irgendwelchen Gründen persönlich kein Interesse daran gehabt haben, dass das diskutiert wird, die werden immer weniger. Und eine junge Generation kommt und es beginnt schon auch die Explosion der Bildung, nicht erst ab 1970. Die österreichischen Universitäten beginnen schon in den 1960er Jahren riesig zu wachsen. Es war ein ÖVP-Unterrichtsminister, Piffl-Perčević, der diese Politik formuliert und durchgesetzt hat, dass in jedem politischen Bezirk eine zur Matura führende höhere Schule sein soll. Und schon in den Schulgesetzen von 1962 wurde die 8-klassige Volksschule aufgelöst. Es hat schon in der Großen Koalition und auch unter

---

99   Josef Moser, NSDAP-Beitritt 1938; Hans Öllinger, SS-Beitritt Dezember 1937 (er tritt bereits nach einem Monat zurück); Oskar Weihs, NSDAP-Beitritt 1932, Austritt August 1934, Wiedereintritt im Mai 1938 wird abgelehnt; Erwin Frühbauer, NSDAP-Beitritt 1940 und Otto Rösch, NSDAP-Beitritt 1938

ÖVP-Unterrichtsministern – wobei hinzuzufügen ist, offenbar nicht unbedingt unter Heinrich Drimmel – massive Reaktionen auf die sich veränderten gesellschaftlichen Rahmenbedingungen gegeben. Das bäuerliche Element wird immer weniger wichtig, die klassische bäuerliche 8-klassige Volksschule irgendwo am Land verliert an Bedeutung, die kann man nicht mehr verteidigen. Es wird immer klarer, dass die Menschen begreifen, dass für die nächste Generation die Matura zu einer fast notwendigen Voraussetzung für höhere Lebensqualität, für höheres Lebenseinkommen wird. Alles das beginnt schon und diese neue Generation, in der der Anteil der besser Gebildeten immer größer wird, die hinterfragt nun, was war 1938 bis 1945? Warum denken wir, wenn wir an Stalingrad denken, an unseren Onkel, der aus Stalingrad nicht zurückgekommen ist? Warum denken wir nicht, wenn wir an die Zeit denken, dass hier offenkundig in Wien oder in einer anderen Großstadt ein jüdischer Nachbar verschwunden ist? Also hier wird etwas aufgetan durch den Generationenwandel. Das war ganz entscheidend: Generationenwandel plus Bildung. Und das wird in den 1970er Jahren noch einmal verstärkt durch die Betonung auf Bildung in der Regierung Kreisky und hier ist einmal mehr Unterrichtsminister Fred Sinowatz besonders hervorheben. Sinowatz ist für eine massive Förderung der Zeitgeschichte eingetreten und versucht, auch in der politischen Bildung wirkliche Akzente zu setzen. Alles das schafft neue Voraussetzungen. Dazu kommt auch die Wissenschaft. Erika Weinzierl war sicherlich eine der ersten, die sich mit dem Thema Nationalsozialismus beschäftigt haben. Neben Erika Weinzierl ist unbedingt auch noch Kurt Schubert zu erwähnen, der allerdings als Professor für Judaistik irgendwie sozusagen ein bisschen weg vom Mainstream der Ausbildung von Lehrerinnen und Lehrern war. Die Geschichtsinstitute an den Universitäten haben ja für das Lehramt in den Schulen ausgebildet, also die Erziehung der Erzieher unternommen, während Schubert wichtig war um den katholischen Diskurs zu verändern, noch vor und dann mit Weinzierl. Schubert war eine halbe Generation vor Weinzierl. Kurt Schubert und vor allem Erika Weinzierl haben dann dazu geführt – und auch Karl Stadler in Linz – dass die Zeitgeschichte, deren Verankerung an österreichischen Universitäten zunächst mit Ludwig Jedlicka begonnen hat, begann, sich mit der Geschichte der Ersten Republik zu beschäftigen. Dann hat sie sich sehr stark geöffnet für die Erforschung der Zeit von 1938 und danach. Und da werden angesichts des wachsenden Bedarfes an Lehrerinnen und Lehrern für den Geschichtsunterricht an Höheren Schulen zunehmend die Multiplikatoren ausgebildet. Das war ganz wichtig und da kommt z.B. hinein, dass in den Lehrplänen festgelegt wurde, dass in der 8. und 12. Schulstufe auch die Geschichte nach 1945 behandeln werden soll. Also war es nicht mehr so leicht möglich, mit Berufung auf den Lehrplan einfach irgendwie bei Kaiser Franz Joseph aufzuhören.

Im Zusammenhang mit der Aufarbeitung der NS-Vergangenheit ist selbstverständlich die Diskussion um Kurt Waldheim von Interesse. Waldheim hat zweimal für die Präsidentschaft kandidiert, 1971 und 1986. Dazwischen hat er einen respektablen Job als UN-Generalsekretär gehabt. Er kandidiert 1986 erneut und plötzlich ist etwas anders. Seine Vergangenheit hat 1971 nicht interessiert, 1986 hat diese Vergangenheit sehr wohl interessiert. 1971 spielt, erstens, sicherlich auch mit, dass die damals noch sozialistische Partei[100] bei der Wiederwahl von Kurt Jonas zunächst einmal die berechtigte Annahme gehabt hat, dass ein amtierender Bundespräsident die besten Chancen hat, wiedergewählt zu werden. Die SPÖ war also nicht besorgt, die Wahl zu verlieren. Zweitens, der Parteivorsitzende Bruno Kreisky hat als Bundeskanzler die Verantwortung gehabt, dass eine Reihe ehemaliger Nationalsozialisten Bundesminister waren. Damals in der Grauzone zu forschen, die ja bewusst lange Zeit in der Grauzone gehalten wurde, und die Vergangenheit von Kurt Waldheim zwischen 1938 und 1945 auszugraben und zu beleuchten, war ganz bestimmt nicht im Interesse der SPÖ. Und drittens, es hat damals auch noch nicht so unabhängige bürgerbewegungsähnliche Initiativen gegeben, die unabhängig vom Interesse der ÖVP und vom Interesse der SPÖ ein solches Thema hätten spielen können. Das war 1986 ganz anders, denn da ging es ja nicht um die Wiederwahl eines amtierenden, sondern die Neuwahl eines Bundespräsidenten. Eine neue Generation, 15 Jahre Unterschied ist eine halbe Generation. Und es gab mit Fred Sinowatz auch einen neuen Parteivorsitzenden. Jetzt also spielt die SPÖ diese Karte und manche in der SPÖ haben rückblickend gesagt, oje, sobald wir gewusst haben, dass wir die Nazikarte spielen, wissen wir, wir haben schon verloren. Sie fühlten sich bestärkt, wir wissen ja nicht, ob Waldheim nicht sowieso gewonnen hätte, auch ohne dass die SPÖ das betrieben hat, was allerdings nicht nur aus der SPÖ kam, sondern auch von unabhängigen Wissenschaftlern, von Historikerinnen und Historikern, der Herr Tidl spielt eine gewisse Rolle, alles das ist auf den Tisch gekommen. Und die SPÖ hat sich hier draufgesetzt. Sie hätte das vermutlich nicht verhindern können. Trotzdem bleibt offen, ob Waldheim deswegen gewonnen hat. Trotz dieser Nazi-Debatte oder wegen dieser Nazi-Debatte. Also Waldheim gewinnt, aber er ist von Anfang an durch die Debatte faktisch gelähmt. Ein gelähmter Bundespräsident, wobei man schon auch anmerken muss, dass die SPÖ schon ein gewisses Maß von Doppelmoral an den Tag gelegt hat: Waldheim 1971 nichts vorzuwerfen, 1986 das zum großen Thema zu machen, 1975 Friedrich Peter gegen Simon

---

100 SPÖ – bis 1991 Sozialistische Partei Österreichs, seit 1991 Sozialdemokratische Partei Österreichs

Wiesenthal verteidigen. Was immer man über Waldheim wusste und heute weiß, das, was man Friedrich Peter vorwerfen konnte, nämlich der freiwillige Dienst in einer SS-Sonderbrigade, das konnte man Waldheim nicht vorwerfen. Also da war die SPÖ schon auch eine Partei von erkennbaren Widersprüchen.

Der Fall Waldheim ist ein Beispiel dafür, dass – wie in so vielen Fällen in Österreich – der Fortschritt durch Druck von außen kommt. Und der Druck von außen war, dass eben die Republik Österreich erkennen musste, dass sie auf der internationalen Bühne primär von einem Mann repräsentiert wird, der keine Einladung in irgendeine westliche Hauptstadt bekommt, dessen diplomatischer Rundreisezirkel zwischen Moskau und Riad hin- und herpendelt. Und das ist nicht unbedingt das, was im Zentrum der österreichischen Außenpolitik gestanden ist, schon auch angesichts der beginnenden Umorientierung gegenüber der Europäischen Gemeinschaft. Und da entsteht etwas, was ganz interessant ist. Der Bundeskanzler der Großen Koalition, Franz Vranitzky, wird gleichsam zum Ersatzwaldheim im Westen. Er fährt in die USA, gibt Liveinterviews im amerikanischen Fernsehen und beginnt auch offen zu sprechen, was ja aufgrund der wissenschaftlichen Erkenntnis ohnehin naheliegend gewesen wäre, dass die Formel Österreich sei das erste Opfer gewesen, ambivalent zu sehen ist. Das gilt zwar für den Staat Österreich, das kann aber nicht für die Gesellschaft Österreichs, für Österreicher und Österreicherinnen gelten. Und dass Österreich daher nicht nur als Opfer gesehen werden darf. Und hier kommt die Formel, die auch Waldheims Nachfolger Klestil aufgegriffen hat, von der Mitverantwortung Österreichs. Und diese Vranitzky-Klestil-Formel ist zustande gekommen, erstens durch den Druck von außen, ein Bundespräsident, der auf der Watchlist der USA steht, ist natürlich – vorher UN-Generalsekretär, vorher auch österreichischer Botschafter bei den Vereinten Nationen; einer der sein halbes berufliches Leben in den USA verbracht hat – das ist schon ein starker Tabak. Wie gerechtfertigt das war, das ist eine andere Frage, aber es ist plausibel argumentiert. Man kann noch immer sagen, auch die USA haben ihr schlechtes Gewissen, dass sie den Wernher von Braun hineingelassen haben und dann plötzlich beim Kurt Waldheim Standards entdecken, die den Wernher von Braun nicht ins Land gelassen hätten, den gefeierten Mann der Mondfahrten. Alles das. Auch in den USA hat es einen Generationenwandel gegeben, genauso wie in Österreich. Aber alles das hilft nichts, Österreichs Westorientierung, die in den späten 1980er Jahren immer deutlicher hervortritt, auch durch das sich abzeichnende – noch nicht Zerfall, aber – das schwächer werden der Sowjetunion. Diese Westorientierung ist durch die Person Waldheims ganz einfach schwer behindert und deswegen, als Reaktion auf diese geopolitische Rahmenbedingung, beginnt die österreichische Regierung zu reagieren und definiert Österreichs Rolle nun anders. Zweitens, auch gestützt auf die wissenschaftliche Erkenntnis. Es stimmt eben nicht, dass Österreich insgesamt ein Opfer des Nationalsozialismus war, sondern die Differenzierung ist notwendig. Und auch wenn es keine Kollektivschuld gibt, weder für Deutschland noch für Österreich, so gibt es eine (kollektive) Verantwortung. Österreich ist eine Republik, die zustande gekommen ist durch die Niederlage des nationalsozialistischen Deutschland. D.h., auch wiederum Generationenwandel, Verbreiterung des akademisch gestützten historischen Wissens, aber schon primär Druck von außen. Das hätte sonst wahrscheinlich länger gedauert. Insofern war Waldheim ein nicht intendierter Katalysator. Es ist schneller etwas zustande gekommen, was sonst auch, aber nicht so schnell gekommen wäre.

Gleich nach 1986 war dann das Jahr 1988 passend. 50 Jahre nach dem Anschluss war das große Thema. Da hat auch die Bildungspolitik reagiert, die Bundesregierung reagiert. Wie gesagt, Waldheim konnte jetzt sagen, was er wollte, er hat später dann auch richtige Worte gefunden. Das war aber ohnehin nicht mehr wahrgenommen worden. Aber die Republik Österreich hat versucht, neben der Schlüsselfigur Franz Vranitzky, dann auch mit Vizekanzler und Außenminister Mock gleichsam das ÖVP-Gegengewicht zu bilden. Die haben Österreich entsprechend vertreten, haben Waldheim vertreten, der natürlich auch nicht nach Israel reisen konnte, Vranitzky konnte nach Israel reisen usw. usf. Rund um das Jahr 1988 ist hier sozusagen das neue offizielle Verständnis von Österreichs Rolle festgeschrieben worden: also Österreich nicht einfach auf Opfer oder Täter zu reduzieren, sondern als ein Land zu sehen, das in seiner Ambivalenz Mitverantwortung hat.

Haider ist in diesem Zusammenhang ein Fall, der zunächst so gar nicht hineinpasst. Denn Haider ist groß geworden, politisch groß geworden durch die Opposition gegen eine FPÖ-Politik. In der Fortsetzung von Friedrich Peters Politik wollte die FPÖ politische Respektabilität erreichen, indem sie sich gleichsam, anbiedern ist ein bisschen hart, aber den Erwartungen der sozialistischen Partei anpasst. Und hat sich damit aber zunächst auch die Debatte über ihre Verwurzelung in der NSDAP ersparen wollen und ersparen können. Und Haider opponiert dagegen, nicht gegen das Aussparen der Debatte über den Nationalsozialismus, sondern einmal persönlich. Haider war offensichtlich ganz einfach beleidigt, dass er nicht in der Regierungsmannschaft von Steger war, nicht von Steger als

Minister geholt wurde. Und dann durch sein populistisches Verhalten. Populismus jetzt nur verstanden als Stil und nicht als Inhalt. Er war der einzige Landesparteivorsitzende, Landesobmann der FPÖ in Kärnten, der in der Zeit der Ära Steger, als Steger 1983–1986 Koalitionspartner der sozialistischen Partei war, Wahlerfolge gehabt hat. Die Verbindung von Stegers relativer Erfolglosigkeit mit der Empörung, dass der Steger hier sozusagen zu wenig deutschnationale Rhetorik übt. Er hat sich zurückgehalten, um die SPÖ hier nicht auf die Barrikaden zu bringen. Der Fall Reder war ja schon ein solches Beispiel, dass die FPÖ wusste, sie muss vorsichtig sein. Diese Unzufriedenheit, strategischer oder inhaltlicher Art, hat Haider genutzt. Wir erinnern uns Haiders Ausspruch „Wir sprechen aus, was Ihr Euch denkt" und er hat auch unglaubliche Dinge ausgesprochen. Haider wird jetzt zum Prototyp der nächsten Generation des hässlichen Österreichers, nachdem die Generation des hässlichen Österreichers, die repräsentiert wird durch Kurt Waldheim, schon ein wenig verblasst war, quasi die Prägekraft verloren hatte.

Die kritische Auseinandersetzung mit Österreichs Rolle im Nationalsozialismus ist jedenfalls ab Mitte der 1980er Jahre unbedingt als nachhaltig einzuordnen. Es ist ziemlich sekundär bis unwichtig, was ÖVP und SPÖ denken und publizieren. Es ist auch wirklich wenig wichtig, was die Regierung sagt. In der Gesellschaft ist das da, wir kommen doch nicht weg davon, dass heute die ersten Lehrerinnen und Lehrer schon in Pension sind, die in den 1970er Jahren ein neues Verständnis von Demokratie und von Österreichs Mitverantwortung mitbekommen haben, vertreten haben, aktiv vertreten haben. Das heißt, die Multiplikation ist gerollt und gerollt. Die Gesellschaft, die österreichische Gesellschaft und deren Zugang gehen voran, können von der Politik nicht mehr eingefangen werden. Solange wir demokratische Rahmenbedingungen haben, ist diese Geschichte gelaufen. Das ist nicht mehr in die Flasche hineinzustopfen. Der Geist ist aus der Flasche und bleibt draußen. Die ganzen Rülpser, die da immer wieder aufkommen, das ist halt ein kleines Segment. Insgesamt ist die österreichische Gesellschaft voller Widersprüche, natürlich gibt es die Neonazis und die Halbnazis und die Nazis, die nicht einsehen, dass sie Nazis sind, alles das gibt's. Das wird es in dem Sinn immer geben, wir dürfen nicht vergessen, die NSDAP gibt es schon lange vor Trump in Lincoln Nebraska.[101] Und es gibt einen Mussolinikult

---

101 Die NSDAP-AO (Auslandsorganisation) wurde 1972 vom Neonazi Gary Lauck in Lincoln gegründet.

in Predappio.[102] Es gibt immer ein gesellschaftliches Segment in allen Gesellschaften, Gruppen die gegen Menschenrechte, gegen die Aufklärung sind und in Österreich hat es die Form dieser mehr oder weniger halbnazistischen, protonazistischen Phänomene, das wird es immer geben. Die Gesellschaft ist deutlich vielfältiger und es wäre eine Illusion zu glauben, wir könnten sie einfältig machen oder einfach machen oder monolitisch machen.

Es gibt zwei Orte in Österreich, an denen sehr viele Verbrechen begangen worden sind: Mauthausen und Hartheim.[103] Mauthausen war irgendwie weithin sichtbar, man hat Mauthausen nicht verstecken können, man hat was tun müssen. In Hartheim ist es ganz anders gelaufen, ist eher versteckt worden in der Zeit. Der Umgang mit Mauthausen beginnt aber auch erst mit den 1960er Jahren. Bis in die 1960er Jahre hinein war Mauthausen, soweit wir das wissen, einmal im Jahr im Mittelpunkt. Da sind Delegationen aus Jugoslawien und der Tschechoslowakei gekommen, und die roten Exilspanier sind gekommen und haben Denkmäler aufgestellt, dann sind sie wieder weg und nix war. Es hat keine Aktion gegeben in den 1950er und 1960er Jahren, Mauthausen sozusagen für die Bewusstseinsbildung zu nutzen. Das beginnt in den 1970ern, auch wieder mit Sinowatz und mit Hermann Langbein. Also Sinowatz hat dann begonnen, Mauthausen als Instrument einer Aufklärungspolitik einzusetzen. Dann beginnt Österreich, beginnt die Republik das zu übernehmen. Mauthausen war ja 1945–1955 von der Sowjetunion irgendwie mehr oder weniger, jedenfalls aber nicht von der Republik Österreich interpretiert.[104] 1955 beginnen dann ausschließlich nationale Delegationen, mehrheitlich aus kommunistischen Ländern, dort Denkmäler aufzustellen, die heute noch dort stehen. Erst in den 1970ern wird es anders. Und Hartheim beginnt natürlich wiederum weitere 20 Jahre später und hier ist Hermann Langbein eine Schlüsselfigur, der die Strategie vertritt, die Zeitzeugen, deren Zukunft eben beschränkt ist, müssen dafür sorgen, dass die nächste Generation hier entsprechend über den Nationalsozialismus aufgeklärt wird. Und neben Mauthausen ist da Hartheim. Hartheim bekommt mit Verspätung, aber dann doch, eine analoge Rolle zu Mauthausen, sicherlich hängt das

---

102 Geburtsort Mussolini in der Emilia-Romagna. Predappio ist ein Wallfahrtsort für Neofaschisten. Geplant ist deshalb mittlerweile, im ehemaligen Haus der Faschisten ein Museum und ein Forschungszentrum als Gegenpol zu errichten.
103 In Hartheim wurden von NationalsozialistInnen etwa 30.000 Menschen mit Behinderungen ermordet.
104 Formell wurde das Gelände des ehemaligen KZ Mauthausen am 20.06.1947 der Republik Österreich übergeben. Die Republik verpflichtete sich dazu, das ehemalige KZ als Denkmal zu erhalten.

damit zusammen, dass Mauthausen von der geographischen Dimension etwas anderes ist. Mauthausen ist einfach groß, Mauthausen eignet sich natürlich noch besser, aufgrund der Größe, für eine Gesamtdarstellung. Insofern Verspätung ja, aber Mauthausen war nicht von Anfang an in dieser Bedeutung.

Eine Person, die ganz wichtig war, war der eben erwähnte Hermann Langbein. Nicht nur für sehr viele Menschen persönlich, das auch, aber Hermann Langbein war insgesamt ganz wichtig. Da spielt hinein, dass er so wichtig wurde, weil er politisch heimatlos war. Als er 1945 aus der KZ-Haft zurückgekommen ist, war er ja Mitglied der Kommunistischen Partei, Mitglied des Zentralkomitees der Kommunistischen Partei. In der Kommunistischen Partei hat er dann versucht, das was man damals so unscharf Antifaschismus genannt hat, auch durch Erfahrungsberichte zu präzisieren: Was bedeutet Auschwitz? Und er hat festgestellt, sehr interessiert war die KPÖ auch nicht. Die anderen Parteien schon gar nicht, aber auch die KPÖ war nicht sehr interessiert daran, es war eher so dieser allgemein antifaschistische Widerstandsmythos da, dem ja schon allein Langbeins Zugang von den Konflikten innerhalb der Häftlinge entgegenstand. Langbeins Aussage, es hat eine Häftlingshierarchie gegeben und die Juden waren immer die untersten in der Häftlingshierarchie, das hat alles nicht so gepasst in den allgemein antifaschistischen Zugang, den die KPÖ vertreten hat. Das war viel zu differenziert und da hätte man auch fragen können und fragen müssen, wieso kommt einer der Gründer der KPÖ, Franz Koritschoner plötzlich nach Auschwitz? Nämlich weil Stalin ihn an Hitler ausgeliefert hat.

Welche die entscheidenden Stationen in Langbeins Leben sind, kann man nicht genau sagen. Von seiner Partei waren aber keine Anstrengungen unternommen worden, ihn in seiner Arbeit der Dokumentation der NS-Verbrechen zu unterstützen. Das spielt sicherlich auch eine Rolle und das hat er auch genau geschildert.[105] Er hat erfahren müssen, dass auch die KPÖ nicht wirklich interessiert an der Wahrnehmung der Realität der Vernichtungslager und Konzentrationslager war. Dann kommt es zum Bruch und anders als andere, hat er um 1958 mit seiner Partei gebrochen, also 10 Jahre bevor ein erheblicher Teil der öffentlich bekannten Kommunisten mit der Partei gebrochen haben. Anders als viele andere hat Hermann Langbein nach dem Bruch mit der KPÖ sich nicht einer anderen Partei angeschlossen. Er ist nicht Mitglied etwa der Sozialistischen Partei

---

105 Vgl. dazu: Anton Pelinka (1993): Ein Gespräch mit Hermann Langbein; in: Anton Pelinka, Erika Weinzierl, Gesellschaft für politische Aufklärung (Hrsg.):Hermann Langbein – Zum 80 Geburtstag. Festschrift, Wien: Braumüller Verlag, S. 45–113

Hermann Langbein

geworden, das wäre vielleicht naheliegend gewesen; er hat auch keine eigene Partei gegründet, etwa eine linkssozialistische Partei oder sowas ähnliches. Sondern er ist bewusst politisch heimatlos geworden und geblieben und hat es nun zu seiner Aufgabe gemacht, hier das Thema Nationalsozialismus – gestützt auf seine Erfahrungen als Häftling in Dachau, vor allem als Häftling in Auschwitz und Neuengamme – öffentlich zu machen im Sinne des Grundgedankens Multiplikation über die Erzieher der übernächsten Generation, also Lehrerinnen- und Lehrerausbildung. Dazu kommt dann auch, dass er vor allem mit Unterrichtsminister Sinowatz zusammen Programme entwickelt hat, wie man das in das normale Ausbildungs- und Fortbildungsprogramm einbauen kann. Und da war eben auch die Idee, als Langbein bei Sinowatz war, das muss ungefähr Mitte der 1970er Jahre gewesen sein, als Langbein ihm die Idee von Bildungsreisen österreichischer Schulklassen nach Auschwitz formuliert und Sinowatz sagt dann, warum Auschwitz, machen wir das doch bei uns in Mauthausen. Von dort weg wird auch Linz für ihn wichtig. Hier arbeitet Langbein sehr eng mit Karl Stadler von der Universität Linz zusammen, genauso eng wie mit Erika Weinzierl. Mauthausen und dann auch Hartheim – Nähe zu Linz, der oberösterreichische Zentralraum – haben so ihre wichtige Bedeutung bekommen, als Beispiele für Anschauungsunterricht. Man hätte natürlich auch andere Außenlager nehmen können von Mauthausen oder andere Gedenkstätten, aber Mauthausen war von der Größe her schon sehr geeignet für die Darstellung des verbrecherischen Regimes und dann Hartheim eben auch. Langbein war ganz wesentlich und eine zentrale Rolle hat dabei seine große Glaubwürdigkeit gespielt. Wichtig war sicherlich auch, dass er keiner Partei zugerechnet werden konnte. Zwar haben ihn alte Kommunisten immer noch als Verräter betrachtet, aber die alten Kommunisten waren nicht relevant im damaligen Österreich. Ausschlaggebend war diese große Glaubwürdigkeit von Hermann Langbein in Verbindung mit seiner Unabhängigkeit.

Antisemitismus

Nachvollziehbar ist der Antisemitismus zunächst einmal ein christliches Phänomen. Es gibt zwar gewisse Wurzeln eines islamischen Antisemitismus mit Berufung auf Mohammed, aber insgesamt ist der Antisemitismus, wie er sich dann im 19. Jahrhundert und im 20. Jahrhundert darstellt, ein Produkt Europas, des Christentums, die Berufungen auf das Christentum spielen eine ganz zentrale Rolle. Und mit der Säkularisierung kommt dann der Biologismus dazu. Der Zugang, den Jean-Paul Sartre geprägt hat, ist sehr logisch: Das Problem ist nicht das Judentum, das Problem ist der Antisemitismus oder anders ausgedrückt, die Antisemiten brauchen die Juden und nötigenfalls erfinden sie welche. Es gibt demnach offenbar ein Grundbedürfnis in der menschlichen Gesellschaft, Schuldige zu benennen, völlig unabhängig von realen Zusammenhängen. Und durch die Vorgeschichte des christlichen Antisemitismus war der Schuldige schon vorhanden. Man hat *den Juden*, die es als homogene Gruppe natürlich genauso wenig gibt wie es *die Europäer* gibt, man hat ihnen alles aufgebürdet. Die Schuld am Kapitalismus, die Schuld am Marxismus, die Schuld an der Ausbeutung der Frauen, die Schuld am Sklavenhandel nach Amerika – auch ein ganz interessantes Spezialphänomen des Antisemitismus. Alles das wird den Juden aufgebürdet und nachdem der Nationalsozialismus seinem Ziel ja relativ nahe gekommen ist, nämlich der Ausmordung des europäischen Judentums, braucht man gleichsam Juden und dann erfindet man welche. Da gibt es auch Beispiele dafür, speziell in Polen. Polen gilt als das Land, in dem die Erfindung von Juden eine besondere Rolle spielt. Aber auch in Österreich. Dazu nur ein Beispiel, in einem Gespräch mit einem gut bekannten Deutschen, der alles andere als ein Nazi war, meinte dieser: „der Waldheim schaut eigentlich so jüdisch aus, ist das nicht ein Jud?" Also hier finden wir einen Nicht-Nazi, der sagt, ich bin doch kein Antisemit, aber der Waldheim war ihm nicht so ganz sympathisch, nicht ganz geheuer. Das ist nur eine anekdotische Betrachtung des Phänomens der Erfindung von Juden und daher ist der Antisemitismus ein Phänomen in dem Sinne wie auch Jean-Paul Sartre es ausdrückt. Die Juden können tun was sie wollen und das Gegenteil von allem, was sie wollen. Sie werden trotzdem an allem schuld sein. Der Antisemitismus ist also, wenn man so will, eine Pathologie der Gesellschaft und nicht nur des 19. und 20. Jahrhunderts, sondern eine Spezialpathologie von etwas, was in Gesellschaften überhaupt vorhanden ist und deswegen ist es nicht einfach den Antisemitismus zu beseitigen; man kann ihn auch nicht lösen, bewältigen, sondern es ist etwas, das wir immer aufmerksam beobachten müssen. Und da kommt jetzt der Holocaust hinein, als die erstmalige Umsetzung eines solchen Verbrechens gegen die Menschheit. Naive Menschen, vor allem auch manche jüdische Überlebende, haben nach der Befreiung 1945 geglaubt, mit dem Verbrechen des Holocaust sei der Antisemitismus endgültig diskreditiert. Natürlich war das nicht so, wie wir wissen, weil eben der Antisemitismus seine Juden braucht und der Antisemitismus kann sich also hier – etwa am Beispiel Israel – bestätigt fühlen. Gleichgültig was Israel macht, wie normal Israel ist oder nicht normal Israel ist, es wird kritisiert. Also der Antisemitismus ist eine konkrete Erscheinungsform des christlichen Europa, die konkrete Erscheinung von einer generellen Pathologie der Gesellschaft.

In der Zweiten Republik hat es immer wieder so Momente gegeben, wo Antisemitismus eine Rolle gespielt hat. Das Plakat von Klaus 1970, der „echte Österreicher". Es ist sicher, dass der Antisemitismus dabei eine Rolle gespielt hat, es ist aber bei weitem nicht so sicher, ob das Klaus bewusst war. Den ÖVP-Strategen war es aber wahrscheinlich bewusst. Und dann gibt es das Phänomen, dass, entgegen den damaligen Erwartungen und Prognosen, der echte Österreicher die relative Stimmenmehrheit gegen den anscheinend nicht echten Österreicher, gegen Bruno Kreisky verliert. Ist das das Ende des Antisemitismus oder ist das der Beweise dafür, dass der Antisemitismus unwichtig geworden ist? Natürlich war das überhaupt so nicht. Gerade dann in der Kreisky-Peter-Wiesenthal-Affäre wird das sehr deutlich. 1975 erscheint in den Salzburger Nachrichten eine Karikatur des damaligen Karikaturisten der Salzburger Nachrichten: Simon Wiesenthal gräbt in einer Grabstätte und auf der Grabstätte steht Antisemitismus. Offensichtlich wird also Wiesenthal die Schuld gegeben, wenn es wieder einen Antisemitismus gibt. Also die Juden sind an allem schuld, auch am Antisemitismus.

Die an sich logische Folgerung, gäbe es keine Juden, gäbe es keinen Antisemitismus, stimmt also auch nicht. Denn man erfindet dann eben die Juden. Es hilft alles nichts, nicht einmal die Ausmordung des Judentums hilft.

Simon Wiesenthal bei einer Besichtigung der mit Hakenkreuzen besprühten Grabsteine auf dem jüdischen Friedhof in Eisenstadt, Oktober 1992

Sicherlich ist in Österreich der offene Antisemitismus mittlerweile weitgehend verschwunden. Der offene, eindeutig erkennbare Antisemitismus ist weitgehend weg. Wenn wir die Texte aus der Ersten Republik lesen, Parteiprogramme, das Programm der großdeutschen Volkspartei etwa, aber auch das Wiener Programm der Wiener christlich-sozialen Partei, nicht der gesamtösterreichischen, der Wiener. Hier ist offener Antisemitismus in einer Form, die heute, das kann man mit Fug und Recht behaupten, nicht möglich wäre. Der Antisemitismus hat in Österreich seine Salonfähigkeit verloren, der offene, als solcher erkennbare, der deklarierte Antisemitismus hat nach 1945 keine Salonfähigkeit mehr in Österreich. Das hat der Antisemitismus offenkundig in manchen Ländern des Nahen Ostens, ein offener Antisemitismus in Ägypten ist sehr wohl möglich. Aber in Österreich und in Europa ist dieser offene Antisemitismus, der salonfähige Antisemitismus nicht mehr da. Er lebt aber sozusagen eine Ebene tiefer weiter. Lebt auf der Ebene der Biertischwitze und der Schmierereien auf Männerklosetts, da lebt er weiter. Deswegen ist er nicht minder gefährlich. Er lebt weiter und es ist gerade auch im Zusammenhang mit der Affäre Waldheim üblich geworden, dass die Parteien, die Parlamentsparteien, sich ständig offen distanzieren, auch die Freiheitliche Partei Österreichs.

Nun gibt es aber auf dieser unteren Ebene eine besondere Tradition im österreichischen Deutschnationalismus. Wir wissen, der Deutschnationalismus ist nicht zwingend antisemitisch, aber in Österreich war er de facto weitgehend bald nach 1848 antisemitisch konnotiert mit den Formeln: „Gegen Juda, Habsburg, Rom bauen wir Germaniens Dom". Drei Feinde, das Judentum, Haus Habsburg und die Katholische Kirche. Das war so der harte Kern des österreichischen Deutschnationalismus. Das lebt eben weiter. Während sich die FPÖ schon, eigentlich könnte man sagen bald, vom offenen Antisemitismus distanziert hat, lebt er eine Ebene tiefer weiter, in der Rekrutierungsgruppe der FPÖ und daher kommt es immer wieder zu diesen Vorfällen, die nicht aktuell häufiger geworden sind. Aktuell häufiger werden sie thematisiert. Man kann behaupten, vor 30 Jahren hat es wahrscheinlich mehr Vorfälle gegeben, nur hat man das halt abgetan mit Worten wie, lasst's es halt, die spinnen halt oder so. Heute wird jeder Vorfall, der bekannt wird, zum Thema. Und es ist ein wesentlicher Fortschritt, dass solche Vorfälle zum Thema werden.

Es gibt Reaktionen, es gibt Reaktion auf Antisemitismus, und es gibt natürlich die Frage, wie definiert man Antisemitismus. Eine Kritik an der Politik der israelischen Regierung ist per se nicht antisemitisch. Eine Kritik an einer Person, die erkennbar jüdischer Herkunft ist, ist per se nicht antisemitisch. Antisemitisch ist eben genau das genaue Gegenteil, wenn man nicht die Normalität jüdischer Existenz, nicht die Normalität eines Staates der sich als jüdischer Staat versteht, akzeptiert, sondern was Besonderes daraus macht. Deswegen ist ja auch in Österreich der nach 1945 punktuell feststellbare Philosemitismus zwar eine insgesamt nicht unsympathische, aber die falsche Antwort. Weil der Philosemitismus dazu neigt, in Juden etwas Besseres zu sehen. Die Antwort auf den Antisemitismus ist, überhaupt das spezifisch Jüdische in Frage zu stellen. Abgesehen natürlich von religiösen Bräuchen des Judentums, aber die sind auch nicht spezifischer als die religiösen Bräuche der römisch-katholischen Kirche oder die spezifischen Bräuche, wenn man will, des sunnitischen Islam. Aber das Jüdische ist nichts Besonderes, das ist die Antwort auf den Antisemitismus, das vermeidet auch die vielleicht sympathische, aber doch eher zu vielen Fehlschlüssen führende Formel des Philosemitismus.

Italien war in Bezug auf Antisemitismus in gewisser Weise eine Ausnahme. In Italien gibt es nationale Besonderheiten. Es gibt genügend Hinweise, dass es Antisemitismus im Zarenreich einschließlich Russisch-Polen, dass es Antisemitismus in Frankreich mit höherer Intensität gegeben hat, als in Großbritannien oder Italien. In der Zeit vor dem Zweiten Weltkrieg. Christentum allein reicht nicht aus für eine Einordnung – es kommen nationale Besonderheiten dazu. Etwa in Frankreich die Auseinandersetzung rund um die konsequente Säkularisierung,

Laizismus, Dritte Republik, das spielt in Frankreich eine Rolle. Wenn man so will, hat sich da die katholische Reaktion massiv antijüdischer Bilder bedient. In Russland spielt eine Rolle, dass es eben hier eine Subkultur in diesem Halbkreis vom Baltikum zum Schwarzen Meer gegeben hat. In Italien spielt offenbar die Größe einer jüdischen Gemeinde keine Rolle. In Großbritannien – übrigens war ja England eines der ersten Länder, das im Mittelalter Juden konsequent ausgewiesen hat – in Großbritannien beginnt wieder eine jüdische Gemeinde durch Zuwanderung zu entstehen. In Italien hat es immer jüdische Gemeinden gegeben. Venedig hat eine lange Tradition jüdischer Kultur und Religion. Auch in Rom mit unterschiedlichen Graden der Duldung von Seiten der Päpste, d.h., in Italien gibt es jüdische Kontinuität, in Großbritannien nicht. Trotzdem kann man sagen, in beiden Ländern, in zwei der größeren europäischen Länder gibt es erkennbar weniger aggressiven Antisemitismus als in Frankreich. Warum? Da kann man spekulieren, wahrscheinlich gibt es auch Untersuchungen, aber es ist einmal festzuhalten, dass das Christentum allein nicht ausreicht. Betrachten wir z.B. eine ganze Weltregion, die mit Europa an sich herzlich wenig zu tun hat: Ostasien. In Ostasien gibt es keinen Antisemitismus. Der kommt erst durch die Wahrnehmung des europäischen Antisemitismus. Die japanische Militärdiktatur hat mit dem Antisemitismus nichts anfangen können, die wussten überhaupt nicht, was das Ganze soll, warum es Deutsche gibt, warum es Vertreter des deutschen Bündnispartners gibt, die darauf bestehen, dass man irgendwelche Juden ausliefert an Deutschland. Und die Japaner haben in der brutalen Behandlung dieser europäischen Enklave in Shanghai von 1937 bis 1945 die Juden genauso schlecht behandelt wie die Amerikaner oder die Franzosen.[106] D.h., es gibt da zunächst keinen Antisemitismus. Erst nach 1945 im Zuge eines Revivals des extremen japanischen Nationalismus kommen die antisemitischen Konnotationen hinein. Ostasien, man kann das vermutlich auch von China sagen, Ostasien war antisemitismusfrei. Der Antisemitismus ist also europäisch, er kommt nach Amerika durch die europäische Auswanderung. Dort wo sich das Christentum ausbreitet, dort kommt auch der Antisemitismus hin, weil es eben in der Bibel, konkret im Neuen Testament sozusagen Passagen gibt, die man auf der Suche nach einem Feindbild als Rechtfertigung für Judenhass verwenden könnte. So die Geschichte von den Christusmördern mit der Legendenbildung, dass nicht die Römer, sondern die Juden Jesus Christus hingerichtet hätten oder auch diese besonders unsinnige Legende, dass man sagt, sein Blut komme über uns und

---

106 Im von Japan besetzten Shanghai lebten in der Zeit von 1938–1945 etwa 20.000 vor den Nazis geflüchtete Juden.

über unsere Kinder als eine Art Erklärung oder gar Rechtfertigung des Antisemitismus des 20. Jahrhunderts. Das ist alles da. Wenn man auf der Suche ist nach Sündenböcken, nach Schuldigen, nach einer Gruppe, die das Bedürfnis nach a priori Schuldigen stillt, gibt es eben eine christliche Tradition. Die Suche nach Hexen ist ein vielleicht ähnliches Phänomen. Hexenzauberer, es hat auch die männlichen Hexer gegeben. Da gibt es im Christentum einen Punkt, dann kann man sagen, quasi rechtfertigen, quasi begründen, die Juden sind das. Und das ist etwas, was die christlichen Kirchen mit zu verantworten haben, wo sie sehr spät draufkommen und auch das zweite Vatikanum in der Katholischen Kirche war ein Schritt, aber das war nur ein Schritt und nicht wirklich das Ende.[107] Die selbstkritische Aufarbeitung hat nicht stattgefunden.

Die Suche nach Feindbildern, nach Sündenböcken ist damit ein zweites wesentliches Kriterium für Antisemitismus.

---

107 Zweites Vatikanum: Zweites Vatikanisches Konzil 1962–1965. In der Erklärung Nostra Aetate (Oktober 1965) wurde das Verhältnis des Katholischen Kirche zu nichtchristlichen Religionen definiert; u.a. beinhaltet Nostra Aetate eine Absage an den christlichen Antijudaismus.

Österreichischer time lag

Österreich ist mittlerweile zu einer normalen, liberalen, westlichen Demokratie geworden. Österreich hat halt manchmal ein bisschen Zeitverzögerung, Österreich braucht manchmal ein bisschen länger.

Der zentrale Punkt dabei ist aber, woran misst man das? Wenn wir es messen, dann meist an Westeuropa. Da gibt es Gründe, von einer Normalisierung zu sprechen. Wobei, wenn wir an Portugal und Spanien denken, auch schon nicht mehr. Also wenn man das an den stabilen etablierten westeuropäischen Demokratien misst, an Nordwesteuropa, an skandinavischen Staaten, den Beneluxländern, dem Vereinigten Königreich, an der Französische Republik, dann gibt es Gründe von einer Verspätung zu sprechen, die aber auch etwas mit dem Nordwest-Südost-Gefälle in Europa zu tun hat. Ist Österreich gleichsam spezifisch verspätet verglichen mit anderen Ländern in Österreichs Osten, Südosten? Kann man nicht seriös beantworten, weil die Phase der kommunistischen Einparteiendiktaturen Bedingungen geschaffen hat, die Österreich durch fast geographischen Zufall erspart geblieben sind. Es gibt eine Verspätung, man muss aber sehr vorsichtig sein, bevor man das zu sehr verallgemeinert. Es gibt eine West-Ost-Differenz, die auch erklärt, warum es faschistische Bestrebungen und Bewegungen, British Fascists zum Beispiel und dann eben auch in Frankreich, warum es also eindeutig faschistische Phänomene in Westeuropa gegeben hat. Genauso in Skandinavien übrigens. Dieses Phänomen konnte sich nie eigenständig durchsetzen. Sondern wenn, wie etwa in Frankreich oder Norwegen, dann nur als Folge der deutschen Besetzung. Warum ist Westeuropa von dem verschont geblieben, was von Deutschland ostwärts in unterschiedlichen Schattierungen überall stattgefunden hat, nämlich dem Zusammenbrechen liberaler Demokratien? Ausnahme Tschechoslowakei. Das ist eine Frage, da passt Österreich natürlich jetzt so hinein und nicht hinein, die Frage ist, wenn man es an Westeuropa misst, was bis 1990 eher „The Point of Reference" war, Österreich war der östlichste Teil von Westeuropa könnte man sagen, dann ist das ziemlich plausibel. Wenn man es an ganz Europa misst, wird die Antwort sehr kompliziert.

Österreich galt lange Zeit gewissermaßen als Ausnahme. Die Vorstellung der Insel der Seligen war natürlich eine plakative Propaganda. In Österreich auch zu Zeiten des Kalten Krieges, als es gewisse Inselphänomene gegeben hat, etwa dass man sich zwar weitgehend ökonomisch und kulturell und auch was das politische System betrifft als westlich etabliert hat, aber strategisch und militärpolitisch weder westlich noch östlich war. Und dann hat man die Sozialpartnerschaft gehabt, man konnte darauf stolz verweisen, dass man viel weniger Streiks als Italien oder Frankreich hat, aber schon mit der Schweiz wird es schwierig, die Schweiz hat noch weniger Streiktage als Österreich. Also das mit der Insel der Seligen war natürlich eine PR-Sache. Aber geklärt ist nicht, ob das direkt vom Papst gekommen ist oder vom Franz Jonas, dem gegenüber ja Paul VI. diese Äußerung gemacht hat. Österreich war anders, aber Österreich war vor allem anders gegenüber dem alten Österreich. Das, was Österreich nach 1945 auszeichnet, ist die Differenz zum Österreich vor 1938. Und nicht so sehr die Differenz zu anderen europäischen Demokratien. Die gibt es zwar auch, aber auch nicht unbedingt anders als die niederländische Demokratie oder die schwedische Demokratie. Dieses Lernerlebnis, die Lernfähigkeit der Republik Österreich nach 1945, das ist schon bemerkenswert, wenn auch natürlich die geopolitischen Parameter mitzudenken sind. Ohne die Alliierten und die Befreiung vom Nationalsozialismus und ohne das Engagement der Westmächte – insbesondere der USA als Folge des Kalten Krieges –, wissen wir nicht, was aus Österreich geworden wäre. Diese beiden Parameter sind ganz entscheidend mitzudenken.

Österreich hat nach 1945 maßloses Glück gehabt. Es hat aber das relativ Beste daraus gemacht. Es gibt irgendein Kreisky-Zitat, das ungefähr so lautet: „Es gibt auch blöde Leut', die aus Glücksfällen nichts machen".[108] Österreich hat aber aus Glücksfällen etwas gemacht. Österreich hat eigentlich, man könnte sagen pragmatisch, man könnte auch sagen opportunistisch, ständig windows of opportunity genützt. 1945 so zu tun, als wäre Österreich Teil der Alliierten, die provisorische Regierung entschuldigt sich noch bei den Alliierten, dass Österreich noch nicht in der Lage ist, Truppen aufzustellen gegen die Nationalsozialisten, die ja noch wenige Tage bestanden hatten. Es ist an sich eigentlich rückblickend fast ein Kabarett. Aber Österreich tut so, als wäre es jetzt ganz und völlig eindeutig auf der Seite der Alliierten. Window of opportunity. 1955 ein weiteres window of opportunity. Die Sowjetunion beschließt ein Signal auszuschicken und wiederum dort, wo es nicht so riskant und wichtig ist. Versuchen wir es einmal in Österreich, Deutschland lassen wir aus, das ist zu heikel. Und die Regierung Raab-Schärf macht das Beste draus. Aber die Rahmenbedingungen wurden nicht von der Regierung Raab-Schärf definiert, sondern von der Sowjetunion und von der

---

108 „Kreiskys Bilanz: ‚Sicher haben wir in den Jahren seit unserem Regierungsantritt Glück gehabt. Aber das allein kann's nicht gewesen sein, denn ich frag: Was macht ein Dummer mit sein' Glück?'", https://diepresse.com/home/zeitgeschichte/3872952/Was-macht-ein-Dummer-mit-sein-Glueck

Bereitschaft der USA – wir sind mitten im Kalten Krieg – keine Konzessionen an die Sowjetunion zu machen. Dann wiederum 1989, die Sowjetunion implodiert oder ist knapp dran zu zerbrechen, es wird klar, der Warschauer Pakt geht zu Ende, damit ist eine entscheidende Rahmenbedingung für Österreichs Nicht-EU-Mitgliedschaft weggefallen und was macht Österreich? Geht durchs Fenster durch und sagt, jetzt wollen wir auch EU-Mitglied werden. Also dreimal tut sich ein Fenster auf, ohne dass Österreich das Fenster geöffnet hätte, aber dreimal macht Österreich, vertreten durch die jeweilige Regierung, alle dreimal nicht zufällig durch eine Große Koalition, das Beste daraus.

Und Österreich ist damit wunderbar gefahren. Wunderbar ist immer in Relation zu sehen. Man kann jedenfalls schlechter fahren, wie wir in anderen – auch europäischen – Staaten sehen.

Damit ein bisschen in Zusammenhang zu sehen ist dieses Obrigkeitsdenken in Österreich. Was von oben vorgeschrieben wird, wird unten dann akzeptiert. Das stimmt zum einen und das stimmt gleichzeitig so nicht, aber zweitens würden wir uns schwer tun, das als spezifisch österreichisch zu sehen. Man kann natürlich argumentieren, Österreich ist das Land, in dem nie eine erfolgreiche Revolution stattgefunden hat, aber in welchem europäischen Land hat denn eine erfolgreiche Revolution stattgefunden? Frankreich, das Land der erfolgreichen Revolutionen. Bei Großbritannien, die Glorious Revolution war eigentlich mehr eine Evolution und ein Wagen, ein Deal, weniger eine Revolution im Sinne der französischen Revolution. Und die russische Oktoberrevolution ist ja nicht unbedingt etwas, was erfolgreich in die Geschichte eingegangen ist. Von der dauerhaften stabilisierenden Wirkung her. Also Österreich ist ein Land ohne erfolgreiche Revolution, aber auch Deutschland ist ein Land ohne erfolgreiche Revolution. Und Italien ist ein Land ohne erfolgreiche Revolution und Schweden ist ein Land ohne erfolgreiche Revolution. Am ehesten können wir noch Belgien nennen, das war eher ein Sezessionismus von den Niederlanden. Also diese österreichische Obrigkeitsgläubigkeit im Zusammenhang mit einer fehlenden erfolgreichen Revolutionsstory, das gilt für viele andere auch. Da würden wir uns schwer tun in Beantwortung der Frage, ob das spezifisch österreichisch ist. Da könnte man einerseits mit ja, andererseits genauso gut mit nein antworten.

Eine erfolgreiche Revolution war am ehesten die Nelkenrevolution in Portugal.[109] Portugal, das hat eindeutig revolutionären Charakter. In Spanien war es dagegen einfach so, dass Franco stirbt und die Eliten beginnen zu verhandeln.

---

109 Ende der jahrzehntelangen Diktatur in Portugal 1974

Was machen wir jetzt damit? Auch ein window of opportunity. Francos Tod war das spanische window of opportunity. Aber in Portugal war es eine Revolution, ja, eindeutig. Portugal ist das jüngste Land einer erfolgreichen Revolution. In Griechenland war der Sturz der Obristen eher die Folge.[110] Wie auch immer, es gibt viele Grauzonen, es gibt wenig entweder oder. Aber Portugal, das kann man eindeutig sagen, passt in das Schema einer erfolgreichen Revolution, die doch demokratische Stabilität gebracht hat.

---

110 Ende der Militärdiktatur in Griechenland 1974.

Der Wandel der politischen Kultur

Grundsätzlich ist bei der Frage nach dem Wandel der Politischen Kultur in Österreich einmal ein Faktor zu beobachten und das ist der Verlust einer österreichischen Besonderheit, nämlich der politischen Loyalität. Politische Loyalität, damit auch politische Identität, ist historisch primär über Lagerbindungen vermittelt worden. Was verbindet Österreich 1900 – damit gemeint sind jene Teile des alten Österreich, die zur Republik wurden – mit dem heutigen Österreich? Was diese Teile mit Österreich 1930 und Österreich 1960 verbindet ist, dass die meisten Menschen in Österreich eine sehr starke Bindung und in vielen Fällen eine primäre Bindung an das jeweilige politische Lager gehabt haben. Ein Teil von ihnen war katholisch; das hat sich darin geäußert, dass sie die Christlich Sozialen und später die ÖVP, jedenfalls immer ein und dieselbe Partei wählen. Dass sie Sport in der Union betreiben und nicht woanders, dass sie die Fronleichnamsprozession als gesellschaftliche Demonstration sondergleichen sehen und dass sie die Angehörigen der anderen Lager grundsätzlich als Feind sehen. Das gleiche gilt mit anderen Vorzeichen für einen anderen Teil, den sozialistischen. Genauso wie die einen zur Fronleichnamsprozession gehen, marschieren sie am 1. Mai auf, Sport betreiben sie beim ASKÖ und sie wählen immer sozialdemokratisch. Das deutschnationale Lager war etwas komplexer, es war insgesamt aber auch deutlich kleiner. Primär gab es die Bindung an ein Lager – das bedeutet an eine Partei, und das äußert sich auch darin, dass in der Zweiten Republik, wie auch schon in der Ersten Republik bis 1930, das Wahlverhalten unglaublich stabil war. Es hat kaum Wechselwähler gegeben. Es war eine Selbstverständlichkeit, dass man von der Wiege bis zur Bahre eine Partei wählt, weil man einem Lager angehört und Österreich als Gesamtes war dabei eher sekundär. Das ändert sich ab 1960, durch den Generationenwandel und das ist vielleicht der größte Erfolg der Zweiten Republik, dass interne Faktoren eine neue Stabilität ermöglicht haben. Proporz und Machtteilung werden weniger wichtig, verschwinden ein bisschen. Der Deal der da lautet ihr kriegt einen Teil, wir kriegen einen Teil, dieser Deal wird langsam aufgegeben oder kann aufgegeben werden. Und die neu entstandene Stabilität hat die Demokratie nicht gefährdet. Im Jahr 2000 haben viele gefürchtet, diese Allianz zwischen Schüssel und Haider werde die Demokratie ernsthaft gefährden. Rückblickend kann man mit Sicherheit sagen, nein. Die Republik Österreich war bereits so stabil, dass sie auch einen Jörg Haider aushält.

Dann gibt es, wenn wir uns die politische Kultur anschauen, noch den Österreichpatriotismus, der manchmal zum Teil ganz bizarre Formen annimmt. In den späten 1940er Jahren, als die Preradović-Mozart-Hymne sozusagen popularisiert werden sollte, haben die Schulkinder in Wien – und sicherlich nicht nur in Wien – gesungen „Land der Erbsen, Land der Bohnen, Land der vier Besatzungszonen".[111] Also Spottlieder. Die Republik Österreich war einfach naja. Die politischen Eliten haben gesagt, machen wir das Beste daraus, was bleibt uns auch anderes übrig. Aber unten, warten wir einmal ab, wer weiß, was draus wird. Der VdU hat 1949/1953 Wahlplakate gedruckt mit der Aussage, dass Hamburg im Jahr soundso viel tausend Wohnungen baut, Wien aber im Jahr soundso viele tausend Wohnungen weniger, es müsste doch möglich sein – so die Assoziation – dass im befreiten Österreich das gleiche gemacht werden kann wie im besetzten, besiegten Deutschland. Das war alles sehr unsicher, instabil, im Hintergrund war das Scheitern der Ersten Republik. Das ist jetzt weg. Dass heute in einer Form, die penetrant unangenehm ist, ein bekannter Sänger ununterbrochen die Hymne singt ohne die Töchter zu erwähnen, ist ja auch Zeichen, dass dieses Österreich-Bewusstsein sehr selbstverständlich geworden ist. Durchaus wie bei allen patriotischen Auffälligkeiten mit unangenehmen Folgen. Das war 1945 überhaupt nicht der Fall. Damals haben die Eliten versucht, das von oben nach unten durchzukriegen. Und offenkundig ist es auch ein bisschen gelungen. Sicherlich vor dem wesentlichen Hintergrund, dass Wohlstand geschaffen worden ist. Die Zweite Republik hat ja auch, auch wenn viele das nicht mehr so primär wahrnehmen, dafür gesorgt, dass Österreich am europäischen Wohlstandsprozess sehr erfolgreich teilnehmen kann.

Der Österreichpatriotismus war natürlich auch eine Abgrenzung zum Deutschnationalismus. Das ist er heute nicht mehr. Man könnte sagen, der Österreichpatriotismus ist zu einem Österreichnationalismus geworden. Der Deutschnationalismus als politische Kraft ist weitgehend tot. Das äußert sich daran, dass bei keiner anderen Partei so viele rot-weiß-rote Fahnen geschwungen werden, wie bei der Freiheitlichen Partei. Wir erinnern uns noch an Diskussionen und Äußerungen von Willfried Gredler, einer der damals wenigen Freiheitlichen der jedenfalls nicht NSDAP-Mitglied war – ob er Nationalsozialist war, ist eine andere Frage, er war in

---

111 Die Söhne von Paula Preradović, Otto und Fritz Molden parodierten den Text ihrer Mutter umgehend folgendermaßen: „Land der Erbsen, Land der Bohnen, Land der vier Besatzungszonen. Wir verkaufen dich im Schleich, vielgeliebtes Österreich! Und droben überm Hermannskogel flattert froh der Bundesvogel." https://austria-forum.org/af/AustriaWiki/%C3%96sterreichische_Bundeshymne

irgendeiner Vorfeldorganisation, wie auch immer. Gredler hat nicht als Nazi gegolten, er war damit einer der wenigen, der als liberal etikettierten Gründer der FPÖ, der gelegentlich gespottet hat, mir sind die Teutonen genauso zuwider wie die Austrobolde, die überall rot-weiß-rote Fahnen schwenken. Wer schwenkt heute ununterbrochen rot-weiß-rote Fahnen? Die Freiheitliche Partei. Willfried Gredler würde sich im Grab umdrehen, wenn die Partei, die er mitgegründet hat, nun gleichsam zu Österreichs nationaler Partei geworden ist. Und damit eigentlich dem alten Deutschnationalismus, mit dem die alte FPÖ in ihrer Gründungsphase nicht wusste, wie sie umgehen soll, eine Absage erteilt hat. Anschluss nein, aber deutsche Kultur ja? Anschluss nein, aber deutsche Kulturgemeinschaft sehr wohl? Deutsche Nation sehr wohl, aber keine österreichische Nation? Dieser Gredler wäre erstaunt, wenn er heute sehen könnte, wo die österreichischen Patrioten sichtbar am stärksten dominieren – nämlich in seiner eigenen Partei.

Das hat sich schon in den 80er Jahren geändert. Mit Jörg Haiders Äußerung von der Missgeburt einer österreichischen Nation hat er gleichzeitig auch gemeint, wir müssen uns vom Deutschnationalismus befreien. Da war diese Ambivalenz, wie immer bei Jörg Haider eine spielerische Ambivalenz. Wir dürfen nie versuchen, Haider so wörtlich ernst zu nehmen, da würden wir ihm nur posthum einen Gefallen tun und das muss wirklich nicht sein. Da war gleichzeitig die österreichische Nation als ideologische Missgeburt und dann aber auch die Parole, die er auch geäußert hat, wir müssen dem Deutschnationalismus Ade sagen. Das ist nicht erst jetzt gekommen. Aber gleichzeitig eben die Widersprüchlichkeit, dass die Rekrutierung nach wie vor zu einem hohen Teil aus den deutschnationalen Burschenschaften heraus stattfindet. Die ganze Widersprüchlichkeit, die dann beim Herrn Landbauer auftaucht, wenn da in einem Liederbuch der Holocaust auf abstoßende Weise verherrlicht wird. Nicht verharmlost, sondern verherrlicht wird. Alles das ist da, das passt dann wiederum nicht zur Strategie eines Herrn Strache, der eben unter einem rot-weiß-roten sirupähnlichen Patriotismus alles zudecken will und man hat den Eindruck, wo der Herr Strache einen Juden sieht, möchte er sofort kommen und ihn umarmen. Was für den Herrn Strolz ein Baum ist, ist für den Herrn Strache ein Jude.

Übrigens wurde der Herr Sichrovsky, Peter Sichrovsky, auch schon von Haider umarmt. Also bei Haider ist das alles auch schon da.

Inszenierungen

Bei einem Club 2 in den 1970er oder frühen 1980er Jahren gab es einen Auftritt von Karl Blecha und Sixtus Lanner, damals SPÖ-Zentralsekretär und ÖVP-Generalsekretär, die engstens befreundet waren. Gerade dass sie nicht gesagt haben, wann wir gehen wir das nächste Mal zum Heurigen. Und plötzlich waren sie im Fernsehen per Sie und haben heftigst gegeneinander polemisiert. Dann war die Fernsehkamera aus und es herrschte umgehend wieder innige Verbundenheit. Das soll man nicht als eine denunziatorische Anmerkung verstehen, sondern das ist Politik. Politik auch in einer stabilen Demokratie. In den 1970er Jahren gab es den Satz von Johannes Agnoli, der damals so ein junger, mittlerweile aber verstorbener, deutscher Politikwissenschaftler war, dass sich SPD und CDU nicht mehr voneinander unterscheiden als die beiden nicht wirklich grundlegend unterschiedlichen Mittelklasseautos Opel Rekord von VW Käfer. Das hat man damals verstanden als kritische Anmerkung zur Fehlentwicklung der westdeutschen Demokratie. Es ist aber die Logik eines demokratischen Wettbewerbes, dass man sich abschleift und der Mitte annähert. Nach außen hin müssen Opel Rekord und VW Käfer dennoch betonen, wie unterschiedlich sie sind, damit der Wettbewerb einfacher wahrnehmbar ist als Wettbewerb. Und die Balance zwischen Konvergenz zur Mitte und Betonung von Differenz, das auszuhalten macht die Demokratie aus. Das ist auch bei diesem Blecha-Lanner-Beispiel sehr deutlich gewesen. Dass die ihr freundschaftliches Du-Wort vor laufender Fernsehkamera nicht demonstrieren wollten, sondern sofort per Sie waren um dann wieder per Du zu sein, das ist Inszenierung, aber eine sehr gut nachvollziehbare Inszenierung und das ist keineswegs als negativer Befund für die österreichische Demokratie zu sehen.

Wie in jeder Demokratie spielt auch in Österreich die Inszenierung eine immense Rolle. Weil ja lange Zeit so getan wurde, als wären Parteiprogramme sakrosankt – Stichwort ist das ungemein von Mythen umrankte Linzer Programm der Sozialdemokratischen Arbeiterpartei Deutschösterreichs von 1926. Die Verfasser dieses Programms waren wirklich der Meinung, große Rätsel werden gelöst, wenn wir da genauer lesen, was zwischen den Zeilen versteckt ist. Das ist natürlich in einer stabilen Demokratie ziemlicher Unsinn, es gilt das Wort von Anthony Downs „Parteien wollen nicht Wahlen gewinnen um ihr Programm umzusetzen. Parteien geben sich Programme um damit Wahlen zu gewinnen." D.h., die Funktionalität des demokratischen Wettbewerbs, das ist Demokratie, das ist oft nicht unbedingt intellektuell sehr spannend, hat oft auch sehr, man könnte sagen miese Akzente, vor allem „negative campaigning", schlechtmachen, persönliches schlechtmachen des Konkurrenten, aber es ist Teil der Demokratie. Denn wenn Wähler so etwas wie negative campaigning goutieren, dann sind die Wähler die Verantwortlichen. Wenn die Wähler es nicht goutieren, werden die, die es versucht haben, abgestraft. Das ruft in Erinnerung, dass die Qualität der Demokratie letztlich nicht von den Parteien abhängt, sondern von den Wählerinnen und Wählern.

Das hat auch mit einer Personalisierung von Politik zu tun. Die Personalisierung ist praktisch die logische Folge. Es gab das bereits angesprochene Bröckeln der Lagermentalität, das Entstehen eines Österreichpatriotismus und die politisch-kulturellen Änderungen. Inzwischen ist es zum Glück eine Selbstverständlichkeit, dass der Wahlverlierer dem Wahlsieger gratuliert. Damals, im März 1970, betont Klaus seine Wahlniederlage und gratuliert dem Sieger Bruno Kreisky und schüttelt ihm die Hand. Das ist auch Inszenierung, aber das ist eine Inszenierung, die zeigt, dass so ein Verhalten notwendig ist, dass man das schon machen muss. Und es ist gut so, dass man das machen muss, auch wenn es gespielt ist. Umgekehrt erlebt Kreisky 1983 eine Niederlage, betont, das nicht beschönigen zu wollen und schüttelt Alois Mock die Hand, großartig. Kreisky weiß ebenso wie vorher Klaus, welche Rolle er spielen muss im Interesse der österreichischen Demokratie. Und dem Klaus wird der Kreisky nicht ganz geheuer gewesen sein, es wird für ihn zu einer Überraschung, wie der Kreisky ihn da ausgebootet hat. Aber Inszenierung, weil zu Recht – zum Glück zu Recht – wahrgenommen wurde, die österreichische Demokratie verlangt das.

Die Personalisierung von Politik ist eindeutig umfangreicher geworden. Wobei es schon Anzeichen gibt, in der Ersten Republik also etwa am Schluss, man könnte auch sagen, eigentlich schon im Ständestaat, die Dollfuß-Kultur, da gibt es ja Arbeiten darüber. Der Märtyrer Engelbert Dollfuß. Es gibt auch Lieder. Aber in der Zweiten Republik beginnt es zunächst schüchtern, etwa mit dem Raab-Kamitz-Kurs im Wahlkampf 1953. Die ÖVP spielt Raab-Kamitz, bei der Wahl 1956 wird Raab als Staatsvertragskanzler hervorgehoben, das kommt also langsam. Die Kommunikationslandschaft wird eine andere. Zunächst gibt es kein Fernsehen. Mit dem Fernsehen werden die Personen in der Politik, die im Wesentlichen zunächst vor allem nur Männer sind, nicht nur als Fotos in den Zeitungen wahrnehmbar, z.B. in Karikaturen. Sondern sie werden Akteure, die lebendig agieren. Die mediale Landschaft in Verbindung mit dem langsamen Versickern der Lagermentalität führt zu einer Personalisierung, die ja sicherlich dann bei Bruno Kreisky einen ersten Höhepunkt erreicht hat: „Lasst Kreisky und sein

Team arbeiten". Die Kreisky-Ära, eine ganze Ära wird nach einer Person benannt. Aber das war die Folge einer Entwicklung, die dann auch die ÖVP versucht hat aufzunehmen. Schüssel zum Beispiel war dabei nicht ganz so erfolgreich, aber immerhin. Schüssel war schon so etwas wie einer, der diese Personalisierung repräsentiert hat.

Gleichzeitig wird dabei die Partei in den Hintergrund geschoben. Das sieht man jetzt ganz deutlich. Kurz als „Die neue Volkspartei". Das ist ganz deutlich der Versuch, die Volkspartei fast zu verstecken. Aufs Erste war diese Strategie sicherlich sehr erfolgreich, man wird sehen, ob der Erfolg dieser Strategie anhält. Auf Landesebene hat es das schon deutlich früher gegeben: Weingartner in den 1990ern in Tirol, alles Mögliche, oder auch in Niederösterreich mit dem Landeshauptmann Erwin Pröll. Man wurde animiert, Erwin Pröll anzukreuzen usw. Das ist schon ganz massiv in der offenkundig begründeten Annahme, dass es günstiger ist, wenn man den Namen der Person in den Vordergrund schiebt und nicht den Namen der Partei, die noch dazu vielleicht etwas mit Wien zu tun hat und das wollte man eher nicht in Erinnerung rufen. Aber das kommt sehr in Verbindung mit der Gesamtentwicklung der Kommunikationsgesellschaft, der abnehmenden Lagerbildung und der wachsenden Beweglichkeit des Wahlverhaltens.

Ausblick

Wie wird es nun mit der Demokratie, wie wird es mit politischen Akteuren weitergehen?

Wir haben Erfahrungen mit der Demokratie auf der Ebene des Nationalstaates und die Erfolgsbilanz der Demokratie ist eine Erfolgsbilanz nationalstaatlicher Demokratie, damit also auch der österreichischen Demokratie. Oder der britischen Demokratie oder der französischen oder der US-amerikanischen. Nun bröckelt der Nationalstaat im Zuge eines Phänomens, das wir – etwas unscharf aber grundsätzlich richtig – Globalisierung nennen. Wird damit die Demokratie weniger wichtig? Oder gibt es Möglichkeiten, die Funktionsweise der Demokratie und die damit verbundenen Grundwerte der Demokratie von der nationalstaatlichen Ebene auf eine andere Ebene zu übertragen? Wenn es diese Möglichkeit der Übertragung auf eine andere Ebene geben soll, dann könnte diese andere Ebene die der Europäischen Union sein. Für uns in Europa, für uns in Österreich. Die Europäische Union ist eine Möglichkeit, dass man dieser erkennbaren Erosion der Demokratie entgegenwirkt. Nicht die Demokratie als solche erodiert, aber sie ist im Nationalstaat gefangen und es spielt eine immer geringer werdende Rolle, was in Österreich irgendwie beschlossen wird, wenn es um Kapitalverschiebungen zwischen Shanghai und Sao Paolo geht. Dem müssen wir etwas entgegenhalten und zwar etwas demokratisch Legitimes, d.h. es geht um transnationale Demokratie. Das wird die große Herausforderung und da gibt es keine rasche Antwort, außer dass wir feststellen können, dass die Europäische Union etwas bietet: Erfahrung, Erfolg, Wahrung der Standards der Demokratie mit ihren vielen Unvollkommenheiten und ihren vielen fehlerhaften Entwicklungen. Trotz dieser Unvollkommenheiten stehen die Standards da. Europa ist heute nicht einfach nur als Summe von Nationalstaaten zu sehen, sondern als wesentlich mehr darüber hinaus. Europa ist heute schon auch so etwas wie ein Demokratieerfolg. Deswegen ist diese EU so wichtig – und zwar wesentlich wichtiger als Angelegenheiten einer Föderalismusreform in Österreich oder einer Reform der Parteifinanzierung oder einer innerparteilichen Demokratie. Es geht um die Frage der Verbesserung und Stabilisierung der europäischen Demokratie. Das ist der zentrale Punkt, denn Österreich hat als kleines Land etwa so viele Einwohner wie ein mittelgroßer US-Bundesstaat oder ein mittelgroßes deutsches Bundesland. Wir sind voneinander abhängig, manchmal sehen wir es besonders dramatisch, etwa bei der Flüchtlingskrise 2015. Aber das könnte man noch als relative Ausnahme sehen, als eine nicht geplante Ausnahme. Es gibt immerhin einen Binnenmarkt, der dazu führt, dass eine hohe Zahl von Menschen aus Österreich außerhalb Österreichs leben und arbeiten und eine hohe Zahl von Menschen, die nicht aus Österreich kommen, in Österreich leben und arbeiten. Damit sind nicht Asylsuchende gemeint, sondern jene die die Freiheiten des europäischen Binnenmarktes nutzen. Und das wird weitergehen, das soll weitergehen. Das sollte man nicht gefährden durch populistisch-neonationalistisches Gerede.

Ein Trend geht allerdings in Richtung Renationalisierung oder in Richtung illiberale Demokratie. Orban betont immer wieder sein Faible für eine illiberale Demokratie, für Einschränkungen von wesentlichen demokratischen Errungenschaften. Dass es das also gibt, steht außer Frage. Das Problem ist, dass die Institutionen der Europäischen Union, der Europäische Gerichtshof etwa oder die Europäische Kommission, die sich auch als Wächterin des EU-Vertrages sieht, wenige Instrumente haben, durchzugreifen. Aber wir dürfen nicht vergessen, dass es in einem anderen bundesstaatlichen System, in dem der USA, auch fast 100 Jahre gedauert hat, bis die eindeutig verfassungswidrigen Jim Crow-Gesetze[112] in den Südstaaten der USA durch Eingriffe des Bundes unterbunden worden sind. Präsident Eisenhower hat Fallschirmjägertruppen nach Arkansas geschickt.[113] Hat Europa so viel Zeit wie die USA zwischen Bürgerkrieg und Eisenhowers Little Rock-Entscheidung von 1957? Wir wissen es nicht, können es aber hoffen oder besser gesagt wir können hoffen, dass es nicht so lange dauern muss. Jetzt nicht unbedingt, dass die Europäische Union Fallschirmjägertruppen braucht, aber dass es schon Möglichkeiten der Sanktionierung von Verstößen gegen europäisches Recht, gegen den europäischen Rechtsstandard, gegen europäische Grundrechte gibt. Denn das bedeutet illiberale Demokratie: Illiberale Demokratie heißt, dass man sozusagen freie Wahlen zulässt, die Fairness dieser Wahlen aber herausnimmt, indem man hier die Medienlandschaft entpluralisiert und indem man Oppositionsstimmen zwar erlaubt, aber gleichsam zunehmend unhörbarer macht. Und dass man jetzt – weniger in Ungarn, noch nicht, aber in Polen sehr wohl –, den Zugang zu den richterlichen Kontrollinstanzen direkt dem Regierungsdiktat unterwirft. Dann gibt es freie, aber keine fairen Wahlen.

---

112 „Jim Crow" (Jim die Krähe) war ein häufig verwendeter, sehr negativ besetzter Begriff zur Diskriminierung von Schwarzen. Als „Jim Crow Gesetze" wurden die in den letzten Jahrzehnten des 19. Jahrhunderts installierten Gesetze zur Rassentrennung bezeichnet, die endgültig erst mit dem Civil Rights Act 1964 außer Kraft gesetzt wurden.

113 Nachdem 1957 in Little Rock schwarze Kinder mehrmals – teilweise auf Anordnung des damaligen Gouverneurs von Truppen der Nationalgarde – am Schulbesuch gehindert worden waren, sicherten am 25. September 1957 auf Anordnung Eisenhowers Bundestruppen den Schulweg für diese Kinder.

Das ist die Gefahr und diese Gefahr besteht in Ungarn und in Polen. Das Sanktionsmittel, das es im Vertrag von Lissabon gibt, baut darauf, dass alle anderen, außer dem betroffenen Staat selbst, möglichen Sanktionen zustimmen aber da gibt es aktuell schon die Vereinbarung zwischen Polen und Ungarn, dass man sich wechselseitig beschützen werde. Dieses Instrument greift also noch zu kurz, es ist zu wenig. Es ist anzunehmen, dass die polnische Regierungspartei PiS und die ungarische Regierungspartei Fidesz zuerst Wahlen verlieren müssen, bevor sich das wieder grundlegend ändert. Bisher hat es in Europa noch keine Regierung geschafft, bei grundsätzlich vorhandenen Mehrparteiensystemen uneingeschränkt einen Wahlsieg nach dem anderen zu erringen. Das ist unsere Hoffnung. Ob diese Hoffnung aber realistisch ist, ist nicht zu sagen. Fallschirmjägertruppen wird es nicht geben, Sanktionen nach dem Vertrag von Lissabon wird es vermutlich auch nicht geben, es mag öffentlichen Druck geben, aber Orban kann auch, die Fidesz kann auch außerhalb der europäischen Volkspartei spielend weiterleben, das stört sie nicht wirklich.

Das heißt der Druck kann in erster Linie bei nationalen Wahlen aus dem Land selbst kommen. Aber erst 2018 waren Wahlen in Ungarn in denen Orban bestärkt wurde, in Polen werden die nächsten Wahlen voraussichtlich im Herbst 2019 sein. In Polen gibt es allerdings eine stärkere Opposition als in Ungarn. Und es gibt auf Polen interessanterweise wirksamen Druck z.B. gegen dieses Historikergesetz: Seit 01.03.2018 ist es verboten, der polnischen Nation nicht nur Verantwortung, sondern auch Mitverantwortung an von Nationalsozialisten begangenen Verbrechen zuzuschreiben.[114] Da gibt es eine breite Allianz, die vollen Druck ausüben wird. Dass dieser Druck konkrete Wirkung zeigt, konnte man schon im Sommer 2018 sehen. Aber das heißt jetzt noch nicht, dass hier möglicherweise die Fairnessdefizite der polnischen Demokratie aufgehoben werden.

Die Logik des Binnenmarktes verlangt nach einer Autorität, die im Europäischen Parlament und in der Europäischen Kommission verankert ist und über die der Europäische Gerichtshof wacht. Und die über der Autorität steht, die z.B. der Österreichische Nationalrat oder die österreichische Bundesregierung hat. In

---

114 Der Historiker Jan Tomasz Gross, der mit seinen Büchern – u.a. mit „Nachbarn. Der Mord an den Juden von Jedwabne" (2001) – intensive Kontroversen über die polnische Beteiligung an NS-Verbrechen in Gang gesetzt hatte, bezeichnete das Gesetz als idiotisch und als Versuch, kritische Stimmen zum Schweigen zu bringen (http://science.orf.at/stories/2898345/). In Jedwabne wurden im Juli 1941 mehrere Hundert Juden von polnischen Bewohnern ermordet. Bereits im Juni 1941 wurden – unter maßgeblicher Beteiligung der polnischen Bevölkerung – in der Umgebung von Jedwabne mehrere Hundert Juden ermordet. Ende Juni 2018 wurde dieses Gesetz abgeschwächt – statt einer möglichen Haftstrafe sind nun nur mehr Geldstrafen möglich.

der Diskussion auf europäischer Ebene versteht man unter Föderalisierung ja Zentralisierung, die Weiterentwicklung des unvollendeten Bundesstaates EU in Richtung Vollendung, in Richtung eines föderalen Bundesstaates.

Auch die Anforderungen an die politischen Akteure haben sich geändert und werden sich weiter ändern. Der Typus des braven Parteisoldaten wird an Bedeutung verlieren und der Typus des über die Parteigrenze hinweg schillernden Politikers oder einer solchen Politikerin wird an Bedeutung gewinnen. Das ist eine Entwicklung, die durchaus ambivalent ist, da können auch die kleinen Trumps kommen, die auf kuriose Weise, auf zunächst kurios wirkende Weise für Aufmerksamkeit sorgen. Das sehen wir ja schon. Der Peter Pilz ist ein solches Phänomen, der ist genau genommen eine Einpersonenfirma in der Politik. Und hat damit zunächst durchaus auch Erfolg. Ob das wünschenswert ist, ist ganz was anderes. Viele wünschen sich das nicht unbedingt, aber es ist so, dass die braven Parteisoldaten weniger werden. Musterbeispiel eines positiven Parteisoldaten ist Heinz Fischer. Der war immer ungemein loyal. Manchmal zähneknirschend, aber immer loyal. Hat sich nie profiliert auf Kosten jemandes Anderen in der Partei. Zu befürchten und zu erwarten ist aber – und das ist zunächst nicht einfach nur positiv oder negativ – dass Heinz Fischer ein Politikertypus von gestern ist. Diese Loyalität, diese ungeheuer ungebrochene Loyalität, die wird in Zukunft immer weniger belohnt werden. Daher werden ambitionierte Leute immer wieder aus der Loyalität ausbrechen. Sie werden auch ausbrechen, weil sie den Rückhalt bei Wählerinnen und Wählern brauchen. Der Politiker vom Typus Heinz Fischer wurde in der unmittelbaren Nachkriegszeit sozialisiert, wurde in einer Zeit sozialisiert, als 90 Prozent der Wählerinnen und Wähler immer ein und dieselbe Partei gewählt haben. Diese Rahmenbedingung ist weg. Schon Busek hat es in den 1970er Jahren mit den bunten Vögeln versucht, das kann man auch positiv konnotieren. Mit dem Begriff Trump kann man es auch negativ konnotieren. Auffallen um des Auffallens Willens. Hier gilt die Schlagzeile als Wert an sich. Die tägliche Schlagzeile muss durch eine immer noch ungeheuerlichere Vereinfachung geliefert werden.

Der missionarische Typ des Politikers, jener der für sein Gewissen lebt, ist sicherlich nicht unbedingt der, dem die nahe Zukunft gehört, wobei es in der fernen Zukunft wieder anders aussehen kann. Das Gegenstück zum Missionar wäre jener Politikertypus, der die Anliegen der WählerInnen vertritt. Da gibt es diesen klassischen populistischen Slogan, den die FPÖ unter Haider einmal plakatiert hat „Er sagt, was wir denken".[115] Der Politiker wird als ein Sprachrohr präsentiert, als einer, der artikuliert, was die weniger Artikulationsfähigen gerne artikuliert hätten, hätten sie die Möglichkeit und das Talent dazu. Das ist die Vorstellung eines Verstärkers, der gar nicht mehr beansprucht zu überzeugen, der sich eher als Rammbock gegen ein System versteht – aber mit demokratischem Auftrag. Donald Trump verkörpert das ja auch. Das ist der klassische Populismus, die Berufung auf ein vages Volk und die Übernahme der Rolle des Sprachrohres und der Speerspitze dessen, was angeblich aus dem Volk kommt. Das ist natürlich immer eine Vereinfachung und das könnte auch immer wieder zu einer noch gröberen und gefährlicheren Vereinfachung werden. Aber umgekehrt ist die Vorstellung des Politikers als Missionar auch eine nicht ungefährliche Sache. Denn der Missionar ist schon auch der latente Fundamentalist, der meint genau zu wissen, was für die Anderen gut ist. Politische Missionare, das sind die Jihadisten unterschiedlicher politisch-konfessioneller Prägung.

Es ist nicht so einfach, die Balance zu halten zwischen der Rolle als Sprachrohr und Verstärker auf der einen Seite und jener des Missionars auf der anderen Seite, weder in die eine, noch in die andere Richtung völlig abzukippen.

---

115 Der Slogan „Er sagt was wir denken" wurde von der FPÖ bei der Nationalratswahl 1994 verwendet; ein weiterer Slogan damals war „Sie sind gegen Ihn, weil er für Euch ist" – und dieser Slogan wurde wortgleich mit dem Konterfei Straches bei der Nationalratswahl 2008 verwendet.

Zeittafel

1945:

14. April: Gründung der SPÖ

17. April: Gründung der ÖVP

27. April: Ausrufung der Republik Österreich; Karl Renner wird zum Staatskanzler ernannt.

05. Mai: Befreiung des KZ-Mauthausen

04. Juli: Erstes Kontrollabkommen: Abschluss des ersten Kontrollabkommens der Alliierten über Österreich (in London)

22. August: Österreich wird in das UNRRA (United Nations Relief and Rehabilitation Administration) Programm miteinbezogen; die ersten CARE-Pakete kommen im März 1946 nach Österreich.

25. November: Nationalratswahl. Die ÖVP erreicht 49,8% (85 Mandate), die SPÖ 44,6% (76 Mandate) und die KPÖ 5,5% (4 Mandate). Die Wahlbeteiligung lag bei 93%; 64% der Wahlberechtigten waren Frauen. Minderbelastete ehemalige NSDAP-Mitglieder waren zur Wahl nicht zugelassen.

20. Dezember: Karl Renner wird von der Bundesversammlung zum Bundespräsidenten gewählt, Leopold Figl als Bundeskanzler angelobt; Vizekanzler wird Adolf Schärf. In der ersten Regierung Figl sind ÖVP, SPÖ und KPÖ vertreten; Energieminister Karl Altmann (KPÖ) scheidet am 24. November 1947 aus der Regierung aus.

1946:

26. Juli: 1. Verstaatlichungsgesetz; das 2. Verstaatlichungsgesetz wird am 26. Mai 1947 beschlossen.

05. September: Gruber-Degasperi-Abkommen über die Autonomie Südtirols.

1947:

01. August: Abschluss des ersten Lohn-Preis-Abkommens; vier weitere folgen in der Zeit bis 1951.

1948:

16. April: Österreich ist Gründungsmitglied der OEEC (Organisation for European Economic Cooperation), der Vorläuferorganisation der OECD (Organisation für Economic Development and Cooperation).

02. Juli: Österreich wird in den Marshall-Plan miteinbezogen (ERP – European Recovery Program).

27. August: Österreich wird Mitglied des IWF (Internationaler Währungsfonds) und der Weltbank.

1949:

09. Oktober: Nationalratswahl. Die ÖVP erreicht 44% (77 Mandate), die SPÖ 38,7% (67 Mandate), der WdU (Wahlverband der Unabhängigen) 11,7% (16 Mandate) und die KPÖ 5,1% (4 Mandate). Leopold Figl bleibt Bundeskanzler; Adolf Schärf Vizekanzler.

1950:

26. September – 06. Oktober: Oktoberstreik als Reaktion auf das vierte Lohn-Preis-Abkommen.

1951:

06. Mai/27. Mai: Erste Direktwahl eines Bundespräsidenten; Theodor Körner gewinnt die Stichwahl mit 52,1%; Heinrich Gleißner erreicht 47,9%.

1953:

22. Februar: Nationalratswahl. Die SPÖ erreicht mit 42,1% die relative Mehrheit (1.818.517 Stimmen), aufgrund der Wahlarithmetik aber mit 73 Mandaten eines weniger als die ÖVP (1.781.777 Stimmen; 41,3%, 74 Mandate). Der WdU kommt auf 10,9% (14 Mandate) und die KPÖ (als Wahlgemeinschaft österreichische Volksopposition) auf 5,3% (4 Mandate). Am 02. April wird Julius Raab als Bundeskanzler angelobt; Adolf Schärf bleibt Vizekanzler.

1955:

15. April: Moskauer Memorandum. Nach Verhandlungen in Moskau wird der österreichischen Delegation seitens der UdSSR zugesichert, dass der Unterzeichnung eines Staatsvertrags nichts mehr im Wege stünde, wenn Österreich die immerwährende Neutralität nach Schweizer Muster erklärt.

15. Mai: Unterzeichnung des Staatsvertrags von Wien durch die Außenminister der USA (John Foster Dulles), der UdSSR (Wjatscheslaw Michailowitsch Molotow), Großbritanniens (Harold Macmillan), Frankreichs (Antoine Pinay) und Österreichs (Leopold Figl) sowie vier Hochkommissare der Alliierten.

26. Oktober: Beschluss des Neutralitätsgesetzes. Am 27.07. hinterlegt Frankreich als letzter Signatarstaat des Staatsvertrags die Ratifizierungsurkunde, womit der Staatsvertrag rechtskräftig wird. 90 Tage später muss der letzte Soldat der Alliierten Österreich verlassen haben (25. Oktober) und tags darauf wird das Gesetz beschlossen.

14. Dezember: Österreich wird UNO-Mitglied.

1956:

07. April: Gründung der FPÖ.

13. Mai: Nationalratswahl. Die ÖVP wird mit 46% und 82 Mandaten stärkste Partei; die SPÖ erreicht 43% (74 Mandate), die erstmals antretende FPÖ 6,5% (6 Mandate) und die KPÖ 4,4% (3 Mandate). Julius Raab bleibt Bundeskanzler, Adolf Schärf Vizekanzler.

1957:

04. Jänner: Bundespräsident Theodor Körner stirbt in Wien.

12. März: Gründung der Paritätischen Kommission (Raab-Böhm-Abkommen).

05. Mai: Bundespräsidentschaftswahl. Adolf Schärf wird mit 51,1% zum neuen Bundespräsidenten gewählt. Sein Gegenkandidat Wolfgang Denk kommt auf 48,9%. Bruno Pittermann wird Nachfolger von Adolf Schärf als Vizekanzler.

1959:

10. Mai: Nationalratswahl. Nach 1953 erreicht die SPÖ wieder mit 44,8% die relative Mehrheit (1.953.935 Stimmen, 78 Mandate), erhält aber – wie bereits 1953 – ein Mandat weniger als die ÖVP (1.928.043 Stimmen, 44,2%, 79 Mandate). Die FPÖ kommt auf 7,7% (8 Mandate). Die KPÖ kann mit bundesweit 3,3% der Stimmen kein Grundmandat erreichen und ist seither im Nationalrat nicht mehr vertreten. Julius Raab bleibt Bundeskanzler, Bruno Pittermann Vizekanzler.

):

': Österreich wird Gründungsmitglied der EFTA (European Free Trade Association – Eu-
che Freihandelsassoziation).

1961:

11. April: Alfons Gorbach löst Julius Raab als Bundeskanzler ab.

03.-04. Juni: Gespräche zwischen Nikita Chruschtschow und John F. Kennedy in Wien.

1962:

18. November: Nationalratswahl. Die ÖVP wird mit 45,4% (81 Mandate) stärkste Partei; die SPÖ
kommt auf 44% (76 Mandate) und die FPÖ auf 7% (8 Mandate). Alfons Gorbach bleibt Bundeskanzler, Bruno Pittermann Vizekanzler.

1963:

28. April: Bundespräsidentschaftswahl: Bundespräsident Adolf Schärf wird mit 55,4% wieder gewählt. Sein Gegenkandidat Julius Raab kommt auf 40,6%.

05. Juni: Sondersitzung des Nationalrats zum „Fall Habsburg".

04. Juli: Entschließungsantrag von SPÖ und FPÖ. Die Rückkehr Otto Habsburgs wird als unerwünscht erklärt, weil sie dem Ansehen Österreichs schade.

1964:

02. April: Josef Klaus löst Alfons Gorbach als Bundeskanzler ab.

05.–10. Oktober: Das Rundfunkvolksbegehren wird von 832.353 Personen unterzeichnet.

21. November: der Versuch, ein Bodenseeschiff auf den Namen *Karl Renner* zu taufen, wird durch
massive und gewaltsame Proteste verhindert. Etwa 20.000 Menschen waren an den Protesten
beteiligt.

1965

28. Februar: Bundespräsident Adolf Schärf stirbt in Wien.

24. März: die Staatsanwaltschaft ermittelt gegen Taras Borodajkewycz (Verstoß gegen das Verbotsgesetz)

31. März: Studierendenorganisationen demonstrieren gemeinsam mit ehemaligen Widerstands-
kämpferInnen und dem ÖGB gegen Borodajkewycz; der RFS (Ring Freiheitlicher Studenten)
organisiert eine Gegendemonstration. Der ehemalige Widerstandskämpfer Ernst Kirchweger
wird vom Neonazi Gottfried Kümel niedergeschlagen und stirbt einige Tage später an den dabei erlittenen Verletzungen. Kirchweger – das erste Todesopfer politisch motivierter Gewalt in
der Zweiten Republik – wird in einem Staatsbegräbnis beigesetzt. Im Mai 1966 muss Borodajkewycz in Pension gehen.

23. Mai: Bundespräsidentschaftswahl: Franz Jonas (SPÖ) gewinnt mit 50,7%, sein Gegenkandidat
Alfons Gorbach erreicht 49,3%. Es ist dies das bislang knappste Ergebnis einer Bundespräsidentschaftswahl.

26. Oktober: erstmals wird der 26. Oktober als Nationalfeiertag gefeiert.

1966

06. März: Nationalratswahl. Erstmals erreicht eine Partei die absolute Mandatsmehrheit: die ÖVP gewinnt mit 48,3% (85 Mandate), die SPÖ kommt auf 42,6% (74 Mandate) und die FPÖ auf 5,4% (6 Mandate). Franz Olah erreicht mit der DFP (Demokratisch Fortschrittliche Partei) zwar 3,3%, bleibt aber ohne Mandate. Josef Klaus leitet als Bundeskanzler von April 1966 bis April 1970 die ÖVP-Alleinregierung. Vizekanzler wird Fritz Bock, der in dieser Funktion am 19. Jänner 1968 von Hermann Withalm abgelöst wird.

1968

13. November: Das aktive Wahlalter wird auf 19 Jahre gesenkt, das passive auf 25 Jahre.

1969

30. Jänner: Franz Olah wird zu einem Jahr schweren Kerkers verurteilt.

1970

03. Februar: Bruno Kreisky erklärt, dass im Falle eines Wahlsieges der SPÖ die Dauer des Präsenzdienstes auf sechs Monate herabgesetzt werde.

01. März: Nationalratswahl. Die SPÖ erreicht mit 48,4% und 81 Mandaten die relative Mehrheit, die ÖVP kommt auf 44,7% (79 Mandate) und die FPÖ mit 5,5% auf 5 Mandate.

21. April: Nachdem Regierungsverhandlungen zwischen SPÖ und ÖVP erfolglos bleiben wird die erste SPÖ Alleinregierung angelobt. Bruno Kreisky wird der erste SPÖ-Bundeskanzler. Vizekanzler wird Rudolf Häuser.

04. Oktober: Die Nationalratswahl muss in drei Wiener Wahlkreisen wiederholt werden; ein Mandat wandert von der ÖVP zur FPÖ.

26. November: Beschluss der Änderung der Nationalratswahlordnung mit den Stimmen von SPÖ und FPÖ. Die Anzahl der Mandate wird von 165 auf 183 erhöht; anstelle der bisherigen 25 Wahlkreise gibt es nunmehr 9 (identisch mit den Bundesländern).

1971

25. April: Bundespräsidentschaftswahl. Franz Jonas wird mit 52,8% neuerlich zum Bundespräsidenten gewählt. Sein Gegenkandidat Kurt Waldheim erreicht 47,2%.

10. Oktober: Nationalratswahl. Erstmals erreicht die SPÖ die absolute Mehrheit (50%; 93 Mandate). Die ÖVP kommt auf 43,1% und 80 Mandate, die FPÖ mit 5,5% auf 10 Mandate. Bruno Kreisky bleibt Bundeskanzler, Rudolf Häuser Vizekanzler.

22. Dezember: Kurt Waldheim wird zum UN-Generalsekretär gewählt.

1972

20. Jänner: Das Autonomiestatut für Südtirol tritt in Kraft.

22. Juli: Unterzeichnung des Freihandelsabkommens mit den Europäischen Gemeinschaften in Brüssel. Das Freihandelsabkommen tritt mit 01. Jänner 1973 in Kraft.

20. September: in Kärnten beginnt die Aufstellung zweisprachiger Ortstafeln. Diese werden im Zuge des sogenannten „Ortstafelsturms" umgehend wieder demontiert.

1974

24. April: Bundespräsident Franz Jonas stirbt in Wien.

23. Juni: Bundespräsidentschaftswahl: der von der SPÖ nominierte Rudolf Kirchschläger gewinnt mit 51,7%; sein Gegenkandidat Alois Lugger erreicht 48,3%.

1975

02. Juli: Beschluss des Parteiengesetzes. Erstmals sind damit politische Parteien in der Verfassung verankert. In Österreich gibt es 2018 insgesamt 1110 angemeldete politische Parteien (Stand 02. August 2018).

19. Juli: ÖVP-Bundesparteiobmann Karl Schleinzer stirbt bei einem Verkehrsunfall.

04. Oktober: Nationalratswahl. Neuerlich erreicht die SPÖ die absolute Mehrheit (50,4%; 93 Mandate). Die ÖVP kommt auf 42.9% (80 Mandate) und die FPÖ auf 5,4% (10 Mandate). Bruno Kreisky bleibt Bundeskanzler der SPÖ-Alleinregierung, Rudolf Häuser Vizekanzler. Am 01. Oktober 1976 wird Häuser von Hannes Androsch als Vizekanzler abgelöst.

21. Dezember: Bei einem Terroranschlag auf den Sitz der OPEC in Wien werden drei Menschen getötet und mehrere weitere verletzt.

1976

01. Jänner: Das neue Familienrecht tritt in Kraft. Die seit 1811 geltenden §§ 91 und 92 werden grundlegend geändert; u.a. werden gleiche Rechte und Pflichten der beiden Eheleute festgeschrieben.

1978

05. November: Volksabstimmung zur friedlichen Nutzung der Kernenergie (Zwentendorf): 50,5% Nein-Stimmen, 49,5% Ja-Stimmen.

15. Dezember: Der Nationalrat beschließt das Atomsperrgesetz

1979

06. Mai: Nationalratswahl: Zum dritten Mal in Folge erreicht die SPÖ die absolute Mehrheit. (51%; 95 Mandate). Die ÖVP kommt auf 41,9% (77 Mandate) und die FPÖ auf 6,1% und 11 Mandate. Kreisky bleibt Bundeskanzler, Androsch Vizekanzler. Am 20. Jänner 1981 wird Androsch von Fred Sinowatz als Vizekanzler abgelöst.

1980

18. Mai: Bundespräsidentschaftswahl. Rudolf Kirchschläger wird erneut zum Bundespräsidenten gewählt. Da die ÖVP keinen eigenen Kandidaten nominiert kommt Kirchschläger auf 79,7% der Stimmen. Wilfried Gredler (FPÖ) erreicht 16,9% und der Neonazi Norbert Burger von der 1988 verbotenen NDP (Nationaldemokratische Partei) erreicht 3,2%.

1983

24. April: Nationalratswahl. Die SPÖ bleibt trotz Verlusts der absoluten Mehrheit die stimmen- und mandatsstärkste Partei (47,6%; 90 Mandate). Die ÖVP erreicht 43,2% und 81 Mandate, die FPÖ 5% und 12 Mandate. Fred Sinowatz wird Bundeskanzler, Norbert Steger Vizekanzler.

1984

08. Dezember: Beginn der Besetzung der Stopfenreuther Au, um die Rodungen als Vorbereitung zur Errichtung des Donaukraftwerks Hainburg zu verhindern.

21. Dezember: Bundeskanzler Sinowatz erklärt den sogenannten „Weihnachtsfrieden". Der Beginn der Rodungen wird am 03. Jänner 1985 auf unbestimmte Zeit verschoben.

1985

24. Jänner: der Kriegsverbrecher und ehemalige SS-General Walter Reder wird am Flughafen Graz-Thalerhof von Verteidigungsminister Frischenschlager per Handschlag als „letzter Kriegsgefangener" begrüßt.

09. Juli: das deutsche Gesundheitsministerium warnt vor österreichischen Weinen, denen das Frostschutzmittel Diethylenglycol beigefügt sein könnte. Beginn des Weinskandals.

19. November: Intertrading-Skandal: VÖEST Generaldirektor Abfalter erklärt, dass die Intertrading Spekulationsverluste in Höhe von knapp 6 Milliarden Schilling (ca. € 450 Millionen) verursacht habe.

1986

08. Juni: Bundespräsidentschaftswahl: Im zweiten Wahlgang wird der von der ÖVP nominierte Kurt Waldheim mit 53,9% der Stimmen zum neuen Bundespräsidenten gewählt. Sein Gegenkandidat Kurt Steyrer kommt auf 46,1%.

16. Juni: Franz Vranitzky (SPÖ) wir als neuer Bundeskanzler angelobt.

15. Juli: Hans Hermann Groer wird von Papst Johannes Paul II zum Erzbischof von Wien ernannt.

13. September: Am Bundesparteitag der FPÖ in Innsbruck wird Jörg Haider mit knapp 58% zum neuen Bundesparteiobmann gewählt. Umgehend erklärt Vranitzky das Ende der SPÖ-FPÖ Koalition.

23. November: Nationalratswahl: Die SPÖ bleibt mit 43,1% (80 Mandate) stärkste Partei; die ÖVP kommt auf 41,3% (77 Mandate) und die FPÖ erreicht mit 9,7% 18 Mandate. Erstmals ziehen die Grünen in den Nationalrat ein (4,8% und 8 Mandate). Vranitzky bleit Bundeskanzler, Alois Mock wird Vizekanzler. Mock wird am 24. April 1989 von Josef Riegler als Vizekanzler abgelöst.

1987

27. April: Kurt Waldheim wird auf die Watchlist gesetzt und darf nicht mehr in die USA einreisen.

1988

08. Februar: Eine internationale Historikerkommission stellt in ihrem Abschlussbericht fest, dass Waldheim zwar persönlich keine Kriegsverbrechen begangen habe, von Massakern aber gewusst haben musste.

29. Mai: Hans Hermann Groer wird zum Kardinal ernannt.

21. November: Als bislang einzige politische Partei wird die NDP aufgrund von Verstößen gegen das Verbotsgesetz behördlich aufgelöst.

1989

27. Juni: Außenminister Alois Mock durchschneidet mit seinem ungarischen Amtskollegen Gyula Horn medienwirksam den Eisernen Vorhang. Bereits im Mai hatte Ungarn begonnen, die Grenzbarrikaden zu beseitigten.

17. Juli: Das österreichische Beitrittsansuchen an die EG wird abgeschickt („Brief nach Brüssel").

19. August: Beginn der Flucht von DDR-BürgerInnen aus Ungarn nach Österreich.

1990

07. Oktober: Nationalratswahl: Neuerlich wird die SPÖ mit 42,8% (80 Mandate) stärkste Partei, die ÖVP erreicht 32,1% (60 Mandate) und die FPÖ 16,6% (33 Mandate). Die Grünen ziehen zum zweiten Mal in den Nationalrat ein (4,8% und 10 Mandate). Vranitzky bleibt Bundeskanzler, Vizekanzler Riegler wird am 02. Juli 1991 von Erhard Busek abgelöst.

1992

24. Mai: Bundespräsidentschaftswahl: Thomas Klestil (ÖVP) wird im zweiten Wahlgang mit 56,9% zum Bundespräsidenten gewählt. Sein Gegenkandidat Rudolf Streicher (SPÖ) erreicht 43,1%.

10. Juni: Der Nationalrat beschließt eine Änderung der Nationalratswahlordnung. Durch die Schaffung von 43 Regionalwahlkreisen soll der Kontakt zwischen WählerInnen und Gewählten verbessert werden; das Vorzugstimmensystem wird ausgebaut und die 4% Hürde eingeführt. Außerdem wird das Wahlrecht für AuslandsösterreicherInnen verbessert.

1993

23. Jänner: zwischen 250.00 und 300.000 Menschen demonstrieren in Wien mit einem Lichtermeer gegen die xenophobe Politik der FPÖ. Ähnliche Demonstrationen finden in zahlreichen anderen Orten Österreichs statt.

01. Februar: Beginn der Beitrittsverhandlungen zur EU.

04. Februar: Gründung des Liberalen Forums

1994

12. Juni: Volksabstimmung zum EU-Beitritt: Mehr als 82% der Wahlberechtigten beteiligen sich an der Volksabstimmung; 66,6% stimmen für den Beitritt zur Europäischen Union.

09. Oktober: Nationalratswahl: die SPÖ bleibt mit 34,9% (65 Mandate) stärkste Partei, fällt aber erstmals unter die 40% Marke. Die ÖVP erreicht mit 27,7% (52 Mandate) erstmals weniger als 30%, die FPÖ kommt mit 22,5% (42 Mandate) erstmals über 20% und die Grünen kommen auf 7,3% (13 Mandate). Das im Februar von fünf aus der FPÖ ausgetretenen Nationalratsabgeordneten gegründete Liberale Forum (LiF) zieht mit 11 Abgeordneten (6%) in den Nationalrat ein. Vranitzky bleibt Bundeskanzler. Vizekanzler Busek wird am 04. Mai 1995 von Wolfgang Schüssel in dieser Position abgelöst.

1995

01. Jänner: EU-Beitritt; gemeinsam mit Finnland und Schweden.

27. April: Gründung des Nationalfonds für Opfer des Nationalsozialismus (50 Jahre nach Ausrufung der Republik Österreich).

17. Dezember: Nationalratswahl: die SPÖ bleibt mit 38,1% (71 Mandate) stärkste Partei; gefolgt von der ÖVP mit 28,3% (53 Mandate) und der FPÖ mit 21,9% (40 Mandate). Das LiF wird mit 5,5% (10 Mandate) vor den Grünen (4,8%; 9 Mandate) viertstärkste Partei. Vranitzky bleibt Bundeskanzler, Schüssel Vizekanzler.

1996

23. Jänner: Waltraud Klasnic (ÖVP, Steiermark) wird die erste Landeshauptfrau in Österreich.

13. Oktober: EU-Parlamentswahl. Die ÖVP wird mit 29,7% (7 Mandate) stärkste Partei vor der SPÖ mit 29,2% (6 Mandate) und der FPÖ mit 27,5% (6 Mandate). Auch die Grünen (6,8%) und das LiF (4,3%) ziehen mit jeweils einem Abgeordneten ins EU-Parlament ein. Die Wahlbeteiligung liegt bei 67,7%.

1997

27. Jänner: Viktor Klima (SPÖ) löst Franz Vranitzky als Bundeskanzler ab.

1998

19. April: Thomas Klestil wird mit 63,4% erneut zum Bundespräsidenten gewählt. Von der SPÖ wird kein eigener Kandidat aufgestellt.

01. Juli: Österreich übernimmt zum ersten Mal die EU-Ratspräsidentschaft.

1999

13. Juni: EU-Parlamentswahl: Die SPÖ wird mit 31,7% (7 Mandate) stärkste Partei vor der ÖVP mit 30,7% (7 Mandate) und der FPÖ mit 23,4% (5 Mandate). Die Grünen erreichen 9,3% und 2 Mandate.

03. Oktober: Nationalratswahl: die SPÖ bleibt mit 33,2% und 65 Mandaten stärkste Partei; erstmals wird die FPÖ mit 26,91% (52 Mandate) zweitstärkste Partei. Die ÖVP erreicht ebenso 26,91% und 52 Mandate, bekommt aber um 415 Stimmen weniger als die FPÖ. Die Grünen erreichen mit 7,4% 14 Mandate; das LiF scheitert mit 3,6% an der 4% Hürde.

2000

04. Februar: Nach der Angelobung der ÖVP-FPÖ Bundesregierung unter Bundeskanzler Wolfgang Schüssel erklären die 14 anderen EU-Mitglieder aus Protest gegen die FPÖ-Regierungsbeteiligung bilaterale Maßnahmen. Mit Susanne Riess-Passer wird erstmals eine Frau Vizekanzlerin.

08. September: nach Präsentation des Weisenberichts werden die bilateralen Maßnahmen beendet.

2002

24. November: Nationalratswahl: erstmals seit 1966 wird die ÖVP stärkste Partei (42,3%; 79 Mandate); die SPÖ erreicht mit 36,5% 69 Mandate. Die FPÖ erlebt einen massiven Rückgang auf 10% (18 Mandate) und die Grünen kommen mit 9,5% auf 17 Mandate. Die ÖVP-FPÖ Koalition unter Bundeskanzler Wolfgang Schüssel wird fortgesetzt. Vizekanzler wird Herbert Haupt, ab 21. Oktober 2003 Hubert Gorbach.

2004

25. April: Bundespräsidentschaftswahl: Heinz Fischer (SPÖ) wird mit 52,4% zum Bundespräsidenten gewählt. Seine Gegenkandidatin Benita Ferrero-Waldner (ÖVP) erreicht 47,6%.

13. Juni: EU-Parlamentswahl: Die SPÖ erreicht als stärkste Partei 33,3% (7 Mandate), die ÖVP 32,7% (6 Mandate) und die FPÖ fällt auf 6,3% (1 Mandat) zurück. Die neu angetretene Liste Dr. Hans Peter Martin wird mit 14% (2 Mandate) drittstärkste Partei, gefolgt von den Grünen mit 12,9% (2 Mandate). Die Wahlbeteiligung erreicht mit 42,4% einen Tiefpunkt.

06. Juli: Bundespräsident Thomas Klestil stirbt zwei Tage vor der Angelobung Heinz Fischers.

2005

04. April: Abspaltung des BZÖ (Bündnis Zukunft Österreich) von der FPÖ. Die Regierungskoalition mit der ÖVP wird fortgesetzt.

2006

01. Jänner: Österreich übernimmt zum zweiten Mal die EU-Ratspräsidentschaft.

01. Oktober: Nationalratswahl: Die SPÖ wird wieder stärkste Partei (35,3% und 68 Mandate); die ÖVP folgt knapp dahinter mit 34,3% und 66 Mandaten. Die Grünen werden erstmals in ihrer Geschichte drittstärkste Partei (11,05% und 21 Mandate). Die FPÖ kommt auf 11,04% und ebenso 21 Mandate – damit liegt die FPÖ um 532 Stimmen hinter den Grünen. Das BZÖ schafft mit 4,1% (7 Mandate) den Einzug in den Nationalrat. Die neue SPÖ-ÖVP Koalitionsregierung unter Bundeskanzler Alfred Gusenbauer (SPÖ) wird am 11. Jänner 2007 angelobt. Vizekanzler wird Wilhelm Molterer.

2007

05. Juni: Beschluss der Wahlrechtsreform: Das Wahlalter wird auf 16 (aktiv) bzw. 18 Jahre (passiv) herabgesetzt; die Dauer der Legislaturperiode von vier auf fünf Jahre verlängert und die Briefwahl wird eingeführt.

2008

28. September: Nationalratswahl: Die SPÖ fällt erstmals unter 30%, bleibt aber mit 29,3% und 57 Mandaten stärkste Partei. Die ÖVP erreicht 26% und 51 Mandate; die FPÖ landet mit 17,5% und 34 Mandaten vor dem BZÖ (10,7% und 21 Mandate) und den Grünen (10,4% und 20 Mandate). Werner Faymann (SPÖ) wird Bundeskanzler der neuerlichen SPÖ-ÖVP Koalitionsregierung; Vizekanzler Josef Pröll wird am 21. April 2011 von Michael Spindelegger abgelöst.

2009

07. Juni: EU-Parlamentswahl: Die ÖVP erreicht mit 30% (6 Mandate) den ersten Platz vor der SPÖ mit 23,7% (4 Mandate) und der Liste Martin mit 17,7% (3 Mandate). Die FPÖ kommt auf 12,7% (2 Mandate) und die Grünen auf 9,9% (2 Mandate).

2013

20. Jänner: Erstmals findet in Österreich eine bundesweite Volksbefragung statt. 59,7% befürworten die Beibehaltung der allgemeinen Wehrpflicht und des Zivildienstes; 40,3% sind für die Einführung eines Berufsheeres und eines bezahlten freiwilligen Sozialjahres.

29. September: Nationalratswahl: Die SPÖ wird erneut stärkste Partei (26,8% und 52 Mandate). Die ÖVP erreicht 24% (47 Mandate) und die FPÖ 20,5% (40 Mandate). Die Grünen erreichen mit 12,4% (24 Mandate) ihr bislang bestes Ergebnis bei Nationalratswahlen, während das BZÖ mit 3,5% an der 4% Hürde scheitert. Den Einzug in den Nationalrat schaffen die 2012 gegründeten Neos (5%; 9 Mandate) und das Team Stronach (5,7%; 11 Mandate). Die Koalition SPÖ-ÖVP mit Bundeskanzler Werner Faymann wird fortgesetzt. Vizekanzler Spindelegger wird am 01. September 2014 von Reinhold Mitterlehner abgelöst.

2014

25. Mai: EU-Parlamentswahl: Die ÖVP siegt erneut mit diesmal 27% (5 Mandate), die SPÖ kommt auf 24,1% (5 Mandate) und die FPÖ auf 19,7% (4 Mandate). Die Grünen erreichen 14,5% (3 Mandate) und die Neos 8,1% (1 Mandat).

2016

24. April: Bundespräsidentschaftswahl; Norbert Hofer erreicht 35% der Stimmen, Alexander van der Bellen 21,3%.

17. Mai: Christian Kern löst Werner Faymann als Bundeskanzler ab.

22. Mai: Bundespräsidentschaftswahl: Bei der Stichwahl erreicht Alexander van der Bellen 50,4%; sein Gegenkandidat Norbert Hofer 49,6%. Der Anfechtung des Wahlergebnisses durch die FPÖ wird vom VfGH stattgegeben.

04. Dezember: Bundespräsidentschaftswahl: Bei der Wiederholung der Stichwahl vom Mai wird Alexander van der Bellen mit 53,8% der Stimmen zum neuen Bundespräsidenten gewählt. Norbert Hofer erreicht 46,2%. Alexander van der Bellen wird am 26. Jänner 2017 als Bundespräsident angelobt.

2017

15. Oktober: Nationalratswahl: Die ÖVP wird mit 31,5% und 62 Mandaten stärkste Partei, gefolgt von der SPÖ mit 26,9% und 52 Mandaten. Dahinter folgt die FPÖ mit 26% und 51 Mandaten. Die Neos ziehen mit 5,3% und 10 Mandaten ebenso in den Nationalrat ein wie die Liste Pilz mit 4,4% und 8 Mandaten. Die Grünen scheitern mit 3,8% an der 4%-Hürde. Am 18. Dezember wird die neue ÖVP-FPÖ Koalitionsregierung angelobt. Sebastian Kurz wird Bundeskanzler, Heinz-Christian Strache Vizekanzler.

2018

01. Juli: Österreich übernimmt zum dritten Mal die EU-Ratspräsidentschaft.

Personen

Adenauer, Konrad, CDU, deutscher Bundeskanzler 1949–1963
Adler, Friedrich, SDAP, 1923–1940 Sekretär der Internationale der Sozialistischen Arbeiterparteien
Agnoli, Johannes, deutscher Politikwissenschaftler
Ahtisaari, Martti, finnischer Politiker, Friedensnobelpreis 2008, Mitglied des Weisenrats 2000
Altmann, Karl, KPÖ, Energieminister 1945–1947
Androsch, Hannes, SPÖ, Finanzminister 1970–1981
Apfalter, Heribert, VÖEST Generaldirektor 1977–1985

Bacher, Gerd, Journalist, ORF-Generalsekretär 1967–1974; 1978–1986 und 1990–1994
Bauer, Otto, SDAP, sozialdemokratischer Theoretiker und Politiker
Békessy, Imré, Herausgeber der Tageszeitung *Die Stunde*
Ben-Gurion, David, erster Premierminister Israels
Benya, Anton, SPÖ, ÖGB Präsident 1963–1987
Blau, Paul, SPÖ, Journalist, 1967–1970 Chefredakteur der *Arbeiterzeitung*
Blecha, Karl, SPÖ, Innenminister 1983–1989
Bock, Fritz, ÖVP, Handelsminister, 1956–1968
Böhm, Johann, SPÖ, ÖGB Präsident 1948–1959
Borodajkewycz, Taras, Univ.Prof. Hochschule für Welthandel, Wien
Brandt, Willy, SPD, deutscher Bundeskanzler 1969–1974
Braun, Wernher von, NSDAP, SS, Raketeningenieur
Braunthal, Julius, SDAP, Journalist
Broda, Christian, SPÖ, Justizminister 1960–1966 und 1970–1983
Bronner, Gerhard, Schauspieler und Kabarettist
Broukal, Josef, SPÖ, Journalist, NR-Abgeordneter 2002–2008
Burger, Norbert, NPD
Burger, Rudolf, Univ.Prof. Universität für Angewandte Kunst, WIen
Busek, Erhard, ÖVP, Bundesparteiobmann und Vizekanzler 1991–1995
Butschek, Felix, Wirtschaftshistoriker, 1981–1987 stv. Leiter des WIFO
Butterweck, Hellmut, Journalist

Cameron, David, Conservatives, britischer Premierminister 2010–2016
Cap, Josef, SPÖ, Abgeordneter zum Nationalrat 1983–2017
Carillo, Santiago, 1960–1982 Generalsekretär der Kommunistischen Partei Spaniens (PCE)
Cercas, Javier, spanischer Schriftsteller
Chirac, Jacques, RPR, französischer Staatspräsident 1995–2007
Chruschtschow, Nikita, Parteichef der KPdSU 1953–1964
Czettel, Hans, SPÖ, Innenminister 1964–1966

Dalma, Alfons, Journalist, ehemals Mitarbeiter bei Hrvatski Narod, dem Organ der Ustascha
De Gasperi, Alcide, italienischer Ministerpräsident 1945–1946
De Gaulle, Charles, französischer Staatspräsident 1949–1959
Denk, Wolfgang, ÖVP/FPÖ Kandidat Bundespräsidentschaftswahl 1957
Denz, Egon, SS, VdU, NS-Oberbürgermeister von Innsbruck 1938–1945
Denz, Elmar, FPÖ, Innsbruck
Dichand, Hans, bis 2010 Herausgeber der Kronen Zeitung
Diem, Peter, Jurist und Publizist
Dinghofer, Franz, Großdeutsche Volkspartei; Präsident der Provisorischen Nationalversammlung
    1918–1919
Dollfuß, Engelbert, CS, Bundeskanzler 1932–1934

Downs, Anthony, Univ.Prof. University of Chicago
Drimmel, Heinrich, ÖVP, Unterrichtsminister 1954–1964
Dulles, John Foster, US-Außenminister

Eden, Anthony, britischer Außenminister
Ederer, Brigitte, SPÖ, Staatssekretärin 1992–1995
Erhard, Ludwig, CDU, deutscher Bundeskanzler 1963–1966

Faymann, Werner, SPÖ, Bundeskanzler 2008–2016
Ferrero-Waldner, Benita, ÖVP, Außenministerin 2000–2004
Figl, Leopold, ÖVP, Bundeskanzler 1945–1953
Fink, Jodok, CS, Präsident der Provisorischen Nationalversammlung 21.10.1918–30.10.1918
Firnberg, Hertha, SPÖ, Wissenschaftsministerin 1970–1983
Fischer, Ernst, KPÖ, Abgeordneter zum Nationalrat 1945–1959
Fischer, Heinz, SPÖ, Bundespräsident 2004–2016
Fischer, Joschka, Bündnis 90/Die Grünen; deutscher Vizekanzler und Außenminister 1998–2005
Franco, Francisco, spanischer Diktator 1936/39–1975
Franz Joseph I, Kaiser
Frischenschlager, Friedhelm, FPÖ, Liberales Forum, Verteidigungsminister 1983–1986
Frowein, Jochen, deutscher Jurist, Mitglied des Weisenrats 2000
Frühbauer, Erwin, SPÖ, Verkehrsminister 1970–1973

Gleißner, Heinrich, CS, ÖVP, Landeshauptmann OÖ 1934–1938 und 1945–1971
Gmoser, Rupert, SPÖ, Abgeordneter zum Nationalrat 1979–1994
Goldmann, Nahum, Präsident des World Jewish Congress WJC 1949–1977
Gorbach, Alfons, ÖVP, Bundeskanzler 1961–1964
Gorbach, Hubert, FPÖ, BZÖ, Vizekanzler 2003–2007
Gorbatschow, Michail, Generalsekretär des Zentralkomitees der KPdSU 1985–1991
Gramsci, Antonio, Schriftsteller, Mitbegründer der KP Italiens
Grasser, Karl Heinz, FPÖ, Finanzminister 2000–2007
Gratz, Leopold, SPÖ, Bürgermeister Wien 1973–1984
Gredler, Wilfried, FPÖ, Abgeordneter zum Nationalrat 1953–1963
Grewe, Wilhelm, deutscher Diplomat
Groer, Hermann, Erzbischof von Wien (1986) bzw. Kardinal (1988–1994)
Gruber, Karl, ÖVP, Außenminister 1945–1953
Gugerbauer, Norbert, FPÖ, stv. Bundesparteiobmann 1988–1992
Gulick, Charles A., Univ.Prof. University of California, Berkeley
Gusenbauer, Alfred, SPÖ, Bundeskanzler 2007–2008
Guterres, António, portugiesischer Politiker, seit 2017 UN-Generalsekretär

Habsburg, Otto, ältester Sohn von Kaiser Karl I
Haider, Jörg, FPÖ, Bundesparteiobmann 1986–2000
Harand, Irene, Autorin, u.a. „Sein Kampf. Antwort an Hitler" (1935)
Häupl, Michael, SPÖ, Bürgermeister Wien 1994–2018
Haupt, Herbert, FPÖ, Vizekanzler 2003
Hauser, Johann, CS; Präsident der Provisorischen Nationalversammlung 30.10.1918–16.02.1919
Häuser, Rudolf, SPÖ, Vizekanzler 1970–1976
Helmer, Oskar, SPÖ, Innenminister 1945–1959
Hesse, Hermann, Schriftsteller
Hitler, Adolf
Hochner, Robert, Journalist
Hofer, Norbert, FPÖ, seit 2017 Verkehrsminister
Horn, Gyula, 1994–1998 ungarischer Ministerpräsident

Inglehart, Ronald, Univ.Prof. University of Michigan
Innitzer, Theodor, Erzbischof von Wien (1932) bzw. Kardinal (1933–1955); 1929–30 Sozialmimister

Jedlicka, Ludwig, Univ.Prof. Universität Wien
Johannes Paul II – Karol Wojtyla, Papst von 1978–2005
Johannes XXIII – Angelo Giuseppe Roncalli, Papst 1958–1963
Jonas, Franz, SPÖ, Bundespräsident 1965–1974
Juncker, Jean-Claude, EU-Kommissionspräsident 2014–2019

Kabas, Hilmar, FPÖ
Kahn, Jean, Präsident des Europäischen Jüdischen Kongresses EJC 1991–1995
Kaltenegger, Ernest, KPÖ, Gemeinderat Graz 1981–2009
Kamitz, Reinhard, ÖVP, Finanzminister 1952–1960
Kapellari, Egon, Diözesanbischof der Diözese Gurk-Klagenfurt (1982–2001) bzw. Graz-Seckau (2001–2015)
Karas, Othmar, ÖVP, seit 1999 Abgeordneter zum EU Parlaments
Kautsky, Benedikt, SPÖ, Ökonom; KZ-Häftling in Dachau, Buchenwald und Auschwitz
Kennedy, John F., US-Präsident 1960–1963
Kern, Christian, SPÖ, Bundeskanzler 2016–2017
Kirchschläger, Rudolf, parteilos, Bundespräsident 1974–1986 (nominiert von der SPÖ)
Kirchweger, Ernst, Widerstandskämpfer
Klasnic, Waltraud, ÖVP, Landeshauptfrau Steiermark 1996–2005
Klaus, Josef, ÖVP, Bundeskanzler 1964–1970
Klestil, Thomas, ÖVP, Bundespräsident 1994–2006
Klima, Viktor, SPÖ, Bundeskanzler 1997–2000
Kneucker, Raoul, Jurist
Knight, Robert, Historiker
Knoll, August Maria, Soziologe und Jurist
König, Franz, Erzbischof von Wien (1956) und Kardinal 1958–1985
Koplenig, Johann, KPÖ, Parteivorsitzender 1927–1965
Koren, Stephan, ÖVP, Finanzminister 1968–1970
Koritschoner, Franz, KPÖ, Opfer des stalinistischen und NS-Terrors, ermordet m KZ-Auschwitz
Körner, Theodor, SPÖ, Bundespräsident 1951–1957
Kostelka, Peter, SPÖ, Staatssekretär 1990–1994
Kraus, Herbert, VdU, Abgeordneter zum Nationalrat 1949–1956
Kreisky, Bruno, SPÖ, Bundeskanzler 1970–1983
Krenn, Kurt, Bischof von St. Pölten 1991–2004
Kreuzer, Franz, SPÖ, Gesundheitsminister 1985–1987
Kümel, Gottfried, Burschenschaft Olympia
Kunschak, Leopold. ÖVP, Mitbegründer der ÖVP
Kurz,, Sebastian, ÖVP, Bundeskanzler seit 2017

Lacina, Ferdinand, SPÖ, Verkehrs- bzw. Finanzminister 1984–1995
Lanc, Erwin, SPÖ, Verkehrs-, Innen- bzw. Außenminister 1973–1984
Landbauer, Udo, FPÖ, Landtagsabgeordneter NÖ
Langbein, Hermann, Widerstandskämpfer und KZ-Überlebender, „Gerechter unter den Völkern"
Lanner, Sixtus, ÖVP, Generalsekretär 1976–1982
Lugger, Alois, ÖVP, Innsbrucker Bürgermeister 1956–1983
Lunacek, Ulrike, Grüne, Abgeordnete zum EU-Parlament 2009–2017

Macmillan, Harold, britischer Außenminister
Macron, Emmanuel, französischer Präsident
Maleta, Alfred, ÖVP, Nationalratspräsident 1962–1970

Malik, Franz, KPÖ,

Marboe, Peter, ÖVP, Hauptgeschäftsführer der ÖVP 1987–1996

Maria Theresia, 1740–1780 Erzherzogin von Österreich und Königin von Böhmen und Ungarn

Masaryk, Tomáš, erster Staatspräsident der Tschechoslowakei 1918–1935

McCarthy, Joseph, Republikaner, US-Senator 1947–1957

Merkel, Angela, CDU, deutsche Bundeskanzlerin (seit 2005)

Merz, Carl, Schriftsteller

Mikl-Leitner, Johanna, ÖVP, Landeshauptfrau von Niederösterreich seit 2017

Milborn, Corinna, Journalistin

Mitterand, Francois, französischer Staatspräsident 1981–1995

Mitterlehner, Reinhold, ÖVP, Bundesparteiobmann und Vizekanzler 2014–2017

Mock, Alois, ÖVP, Bundesparteiobmann 1979–1989, Vizekanzler 1987–1989

Molden, Fritz, Widerstandskämpfer, Journalist und Verleger

Molotow, Wjatscheslaw Michailowitsch, UdSSR Außenminister

Molterer, Wilhelm, ÖVP, Vizekanzler 2007–2008

Moser, Josef, ÖVP, Justizminister seit 2017

Moser, Josef, SPÖ, Bautenminister 1970–1980

Mozart, Wolfgang Amadeus

Murer, Franz, NSDAP, „Schlächter von Vilnius"

Mussolini, Benito, Duce der italienischen Faschisten

Naßmacher, Karl Heinz, Politikwissenschaftler, Univ.Prof. Universität Oldenburg

Neck, Rudolf, Historiker

Neisser, Heinrich, ÖVP, Zweiter Nationalratspräsident 1994–1999

Nixon, Richard, US-Präsident 1969–1974

Olah, Franz, SPÖ, Innenminister 1963–1964

Öllinger, Hans, SPÖ, Landwirtschaftsminister 1970

Oreja, Marcelino, spanischer Politiker

Ottilinger, Margarethe, österreichische Beamtin

Palme, Olof, Sozialdemokrat, schwedischer Ministerpräsident 1969–1976 und 1982–1986

Paul VI – Giovanni Battista Montini, Papst von 1963–1978

Persson, Göran, Sozialdemokrat, schwedischer Ministerpräsident 1996–2006

Peter, Friedrich, FPÖ, Bundesarteiobmann 1958–1978

Pick, Ernst Peter, Univ.Prof, 1932–1933 Dekan der medizinischen Fakultät der Universität Wien

Piffl-Perčević, Theodor, ÖVP, Unterrichtsminister 1964–1969

Pinay, Antoine, französischer Außenminister

Pittermann, Bruno, SPÖ, Parteivorsitzender 1957–1967, Vizekanzler 1957–1966

Pius XII – Eugenio Pacelli, Papst von 1939–1958

Pompl, Margarethe, Ministerialrätin im Wissenschaftsministerium

Pollak, Oskar, Journalist

Portisch, Hugo, Journalist, 1958–1967 Chefredakteur des *Kurier*

Prager, Theodor (Teddy), Ökonom

Preradovič, Paula, Schriftstellerin

Prinzhorn, Thomas, FPÖ, Zweiter Nationalratspräsident 1999–2002

Pröll, Erwin, ÖVP, Landeshauptmann NÖ 1992–2017

Pröll, Josef, ÖVP, Bundesparteiobmann und Vizekanzler 2008–2011

Pühringer, Josef, ÖVP, Landeshauptmann OÖ 1995–2017

Qualtinger, Helmut, Schauspieler

Raab, Julius, ÖVP, Bundeskanzler 1953–1961
Rauscher, Hans, Journalist
Reder, Walter, SS-Sturmbannführer
Reinthaller, Anton, FPÖ, SS-General, Bundesparteiobmann 1956–1958
Renner, Karl, SPÖ, Bundespräsident 1945–1950
Ribbentrop, Joachim von, NSDAP, Reichsaußenminister 1938–1945
Riegler, Josef, ÖVP, Parteiobmann 1989–1991
Riess-Passer, Susanne, FPÖ, Bundesparteiobfrau und Vizekanzlerin 2000–2002
Rösch, Otto, SPÖ, Innen- bzw. Verteidigungsminister 1970–1983
Rosenzweig, Wilhelm, SPÖ, Mitglied des VfGH 1954–1978
Roth, Joseph, Schriftsteller

Salcher, Herbert, SPÖ, Gesundheits- bzw. Finanzminister 1979–1984
Sallinger, Rudolf, ÖVP, Präsident der Bundeswirtschaftskammer 1964–1990
Sartre, Jean Paul, französischer Schriftsteller
Schärf, Adolf, SPÖ, Bundespräsident 1957–1965
Scharf, Erwin, SPÖ, KPÖ, SPÖ-Zentralsekretär 1945–1948
Scheibner, Herbert, FPÖ, Verteidigungsminister 2000–2003
Scheich, Manfred, Diplomat
Scheuch, Manfred, SPÖ, Journalist, 1970–1989 Chefredakteur der *Arbeiterzeitung*
Schleinzer, Karl, ÖVP, Bundesparteiobmann 1971–1975
Schmied, Claudia, SPÖ, Bildungs- bzw. Unterrichtsministerin 2007–2013
Schober, Johann, NWB (Nationaler Wirtschaftsblock – Großdeutsche und Landbund), Bundes-
    kanzler 1922; 1929–1930
Scholten, Rudolf, SPÖ, Unterrichts- bzw. Wissenschaftsminister 1990–1996
Schubert, Kurt, Univ. Prof. für Judaistik, Universität Wien
Schuschnigg, Kurt, CS, Bundeskanzler 1934–1938
Schüssel, Wolfgang, ÖVP, Bundeskanzler 2000–2007
Seipel, Ignaz, CS, Bundeskanzler 1922–1924; 1926–1929
Seitz, Karl, SDAP, Präsident der Provisorischen Nationalversammlung 1918–1919; Wiener Bürger-
    meister 1923–1934
Sekanina, Karl, SPÖ, Bautenminister 1979–1985
Sichrovsky,, Peter, FPÖ, EU-Parlamentsabgeordneter 1996–2004
Silbermayr Walter, KPÖ, Bundesparteivorsitzender 1990–1991
Sinowatz, Fred, SPÖ, Bundeskanzler 1983–1986
Skalnik, Kurt, Journalist
Slavik, Felix, SPÖ, Wiener Bürgermeister 1970–1973
Sohn, Susanne, KPÖ, Bundesparteivorsitzende 1990–1991
Spindelegger, Michael, ÖVP Bundesparteiobmann und Vizekanzler 2011–2014
Stadler, Karl, Historiker, Univ. Prof. Universität Linz
Stalin, Josef, Generalsekretär des Zentralkomitees der KPdSU 1922–1953
Steger, Norbert, FPÖ, Bundesparteiobmann 1980–1986; Vizekanzler 1983–1986
Steyrer, Kurt, SPÖ, Gesundheitsminister 1981–1985
Strache, Heinz Christian, FPÖ, Bundesparteiobmann seit 2005
Strasser, Ernst, ÖVP, Innenminister 2000–2004
Streicher, Rudolf, SPÖ, Verkehrsminister 1986–1992
Strolz, Matthias, Neos, Parteivorsitzender 2012–2017
Stronach, Frank, Team Stronach
Suárez, Adolfo, spanischer Ministerpräsident 1977–1981

Taus, Josef, ÖVP, Bundesparteiobmann 1975–1979
Trump, Donald, US-Präsident

Van der Bellen, Alexander, Grüne, Bundespräsident seit 2017
Van Staa, Herwig, ÖVP, Tiroler Landeshauptmann 2002–2008
Verzetnitsch, Friedrich, SPÖ, ÖGB-Präsident 1987–2006
Vilimsky, Harald, FPÖ, EU-Parlamentsabgeordneter seit 2014
Vogelsang, Karl von, Mitbegründer der Christlichsozialen Bewegung
Voggenhuber, Johannes, Grüne, EU-Parlamentsabgeordneter 1995–2009
Vranitzky, Franz, SPÖ, Bundesparteivorsitzender (1988–1997) und Bundeskanzler 1986–1997

Waldbrunner, Karl, SPÖ, Verkehrsminister 1949–1962
Waldheim, Kurt, ÖVP, Bundespräsident 1986–1992
Wallnöfer, Eduard, ÖVP, Tiroler Landeshauptmann 1963–1987
Weihs, Oskar, SPÖ, Landwirtschaftsminister 1970–1976
Weingartner, Wendelin, ÖVP, Tiroler Landeshauptmann 1993–2002
Weinzierl, Erika, Historikerin, Univ. Prof. für Zeitgeschichte, Universität WIen
Westenthaler, Peter, FPÖ, NR-Abgeordneter 1999–2002, 2006–2013
Wiesenthal, Simon, Holocaust-Überlebender, Architekt und Schriftsteller
Willi, Georg, Grüne, Innsbrucker Bürgermeister seit 2018
Wilson, Harold, britischer Premierminister 1964–1970 und 1974–1976
Winkler, Günther, Jurist, Univ.Prof. Universität Wien
Winter, Ernst Florian, Historiker und Politikwissenschaftler
Withalm, Hermann, ÖVP, Bundesparteiobmann 1970–1971, Vizekanzler 1968–1970
Worm, Alfred, Journalist, Chefredakteur von *profil*, *News*

Zilk, Helmut, SPÖ, Wiener Bürgermeister 1984–1994
Zulehner, Paul, Theologe, Univ.Prof. Universität Wien